花遮重重樹
雲輕處處山
十竹齋寫

嫏嬛文集

【明】張岱 著

欒保群 注

故宫出版社

十竹斋临

前言

好像在哪裏見人說過，如果張岱沒有《陶庵夢憶》，那麼他就什麼也不是。說這話的好像並不是只看過《湖心亭看雪》中學生，雖然他對張岱的認識也就是那水準。

很多人的認識張岱都是從《陶庵夢憶》或其中的某篇開始的。確實如此，《夢憶》可以說是張岱的代表作，但他的代表作不是只此一種，起碼還要包括他的雜文集《瑯嬛文集》和傾注一生心血的史學巨著《石匱書》。而如果想用較少的時間來瞭解張岱其人其文，那就非《瑯嬛文集》莫屬，但如果還想更便捷些，那就請看《文集》中的《自為墓誌銘》。

但這篇《墓誌銘》可不是如某些學者說的，是什麼張岱的「懺悔錄」。

把《墓誌銘》乃至《陶庵夢憶》說成是「懺悔錄」，可能與當時的政治形勢有關。為了向讀書界介紹這位天才的史學家、文學家，却又不能回避這個大官僚地主子弟的出身，何況那本《夢憶》儘是些嚴重「脫離工農兵」的東西，在新時期剛剛開始，知識分子改造的餘威還沒有消歇的時候，強調張岱對以往生活的懺悔，往往就是一張通行證。但自然也容易給不了解當時特定環境的後人造成誤解，以為張岱在國變之前真的就是一個紈袴，即使不是薛蟠，也近似於賈璉吧，一般來說，那時一提「紈袴子弟」也就是這樣的意思。

是的，「紈袴子弟」是他自己說的，就在他的《自為墓誌銘》裏，而且還毫無掩飾地坦白着：「極愛繁華，好精舍，好美婢，好孌童，好鮮衣，好美食，好駿馬，好華燈，好煙火，好梨園，好鼓吹，好古董，好花鳥，兼以茶淫橘虐，書蠹詩魔」，然後是一句「勞碌半生，皆成夢幻」。這最後的一句最像對前面的紈袴生活的懺悔了，但其實和懺悔根本就挨不上邊兒。如果說有些「悔」，那也許只是後悔沒有充分利用以往的大好時光來做現在正在須付出十倍的努力才能完成的事，他要在舉炊為艱，安身無地，圖書蕩盡的窮窘境地中完成《石匱書》的寫作；而如果這一切早就完成，他便有可能在國變之時「引決」，選擇以身殉國的壯烈了。

這是一種「悔」，正如他的好友陳老蓮於國亡之後自稱悔僧、雲門僧，改號為悔遲、老遲一樣。老蓮曾有題壁之句自諷：「國亡不死，不忠不孝。」宗子自題像也有「忠孝兩虧，仰愧俯怍。聚鐵如山，鑄一大錯」之語。此「悔」也可以參照張岱所景仰並以之自況的三外野人鄭所南，這位南宋遺民臨終時囑其友曰：「思肖死矣，煩為書一位牌，當云大宋不忠不孝鄭思肖。」

但他並沒有從道德層面對自己以往的「紈袴」生活懺悔，而以明代士大夫的生活習性來看，他也沒有認為這些癖好有什麼不道德的地方。我們不妨翻看一下《陶庵夢憶》：《葑門荷蕩》、《虎丘中秋夜》寫了他的「愛繁華」；《砎園》、《岣嶁山房》寫了他的「愛精舍」；「好美婢」見於《王月生》；「好孌童」見於《龍山雪》；「好鮮衣，好美食」見於《露兄》、《蟹會》；「好駿馬，好華燈，好煙火」見於《牛首山打獵》、《世美堂燈》、《魯藩煙火》；「好梨園，好鼓吹」見於《過劍門》、《金山夜戲》；

「好古董」見於《朱氏收藏》、《仲叔古董》；「好花鳥」見於《菊海》、《秦吉了》；《閔老子茶》、《禊泉》寫其「茶淫」，《樊江陳氏橘》、《方物》寫其「橘虐」，《三世藏書》寫其「書蠹」，《木猶龍》寫其「詩魔」。所有這些篇章，都倾注着张岱的一往深情，誰能從中看出一絲懺悔的意思？更何況，即是對妓女歌童，張岱也是充滿了對人性的尊重，絕對看不到褻慢和輕浮，而他的物質與精神享受，也充滿了對文化的追求，並不是對豪華的炫耀和對天物的暴殄。他不是如魯迅所說的那種人：「吃完許多米肉，搽了許多雪花膏之後，就什麼也不留一點給未來的人們。」如果我們要對他有什麼指責，那只能說他「不幸」生於富貴家，但也應該承認，他在這樣的家庭中已經做到了最好。話說回來，除了一個「好孌童」，張岱的那些癖好，就是在幾百年後的今天，（只是三十年前那段扭曲人性的歷史要被除外。）都被社會認作正常甚至高雅，那麼我們憑什麼要讓張岱去懺悔呢？他有什麼可懺悔的？在那個時代，他懺悔之後又能選擇什麼樣的生活道路呢？試看《瑯嬛文集》中的《魯雲谷傳》、《山民弟墓誌銘》，那是他晚年所作，不是依舊癡情於啜茗焚香、絲肉紛雜的韻事麼。

窮至斷炊，困到擔糞，這些都不足以改變他的生活品味與趣尚。他仍然緬懷着過去的生活，那是與他的故國、家族血肉相連而不可分的。尋夢憶夢，是對故國故園之思，而不是人生懺悔。國變之後張岱的人格魅力，不在於他對以往繁華的「懺悔」，而在於雖然他不忘富貴繁華，但絕對不會為了重新得到這些而出賣自己的靈魂，哪怕做一絲絲的屈服都不肯，寧可斷炊和擔糞！正如他自己所說：「五羖大夫，焉肯自鬻！」

但《陶庵夢憶》向讀者展示的究竟只是張岱人生的一個側面，容易給人一個生活在繁華與閒適之中，寫著娛性小品的富貴閒人形象。如果我們真的認為這就是張岱的全部，那就正如盲人摸象，僅得一體了。

首先，張岱是一個志向弘遠、眼光高卓的史學家。他主張「史貴一手成」，這是他以《左傳》、《史記》為標的的志趣密切相關的。他不滿足於僅做一個歷史編纂家，而是要做一個成一家之言的「史學家」。這些我們可以從《瑯嬛文集》的《石匱書自序》、《徵修明史檄》、《與李硯翁書》中清楚地看到。他的《家傳》及《附傳》是他的史學思想的一個傑出實踐，通篇看去，就是一個江南官僚地主家族的興衰史。這個家族至其末造，一面是詩文風雅，一面是驕奢淫逸，對外是欺男霸女，對內是明爭暗鬬，但在張岱筆下卻似在壁上觀，只是娓娓道出，並不疾言厲色，却又不隱惡，不諱疾，其情也深，其痛也深。

其次，張岱是一個有多方面情趣和技藝的大文學家。即使除去《陶庵夢憶》不算，《五異人傳》、《王謔庵先生傳》、《周宛委墓誌銘》等篇，應是明末傳記文學的白眉；氣勢恢宏的遊記長卷《岱志》和《海志》，在明末遊記文學中應是別開生面的上乘佳作；他的書畫跋語可以雜入董其昌的《畫禪室》而不露痕跡；他的人物銘贊堪與袁中郎齊肩。

他還是一個有多方面技藝和才學的戲曲學者，從編劇、導演、評論，他都能在當時立一席地，至於山水遊歷、風俗方物的癖好，文玩書畫、美食茗泉的鑒賞，弄絲品竹、蒔花拜石的雅致，也都讓他的天份和才情得到充分的展開。

但他人格中最具魅力的似乎還不止這些，而是他自述的「七不可解」：

向以韋布而上擬公侯，今以世家而下同乞丐，如此則貴賤紊矣，不可解一。產不及中人，而欲齊驅金谷，世頗多捷徑，而獨株守於陵，如此則貧富舛矣，不可解二。以書生而踐戎馬之場，以將軍而翻文章之府，如此則文武錯矣，不可解三。上陪玉皇大帝而不諂，下陪悲田院乞兒而不驕，如此則尊卑溷矣，不可解四。弱則唾面而肯自乾，強則單騎而能赴敵，如此則寬猛背矣，不可解五。奪利爭名，甘居人後，觀場遊戲，肯讓人先，如此則緩急謬矣，不可解六。博奕摴蒱，則不知勝負，啜茶嘗水，則能辨澠淄，如此則智愚雜矣，不可解七。

「上陪玉皇大帝而不諂，下陪悲田院乞兒而不驕」，舉世中能到此境界的就屈指可數，可見張岱對自己人品的估價是相當自負的。當然，怵於當時權勢者的網羅，他回避不談自己勝國遺民的忠節操守，而在這一節上，他完全無愧於自己的楷模鄭所南，也堪與當時隱遯窮山、潛心著作的王船山相比。

當然，從另一個角度來看，他也是個死不改悔的政治上的「頑固派」。對李自成、張獻忠，無論其成敗，他都不會認可；而對清政權的仇視，更是至死不改。至於他的種田擔糞，也只是為生活所迫，他在詩中做了記述，並不是因為得到了什麼「思想改造」的快感，至於大變動對他的改造，也不要企望太奢，不能因為他擔過糞就認為他貼近「貧下中農」了。同樣，他的才學他的志向也並不是國變之後才有，國破家亡對張岱一生的影響是相當大的，但也不能做過高的估價，天崩地坼既沒有讓他屈躬卑膝，也談不上讓他脫胎換骨，他的人品性格才學志向在五十歲前已經大致定型了。蘇軾有言：「古之君子，如伊尹、太公、管仲、樂毅之流，其王霸之略，皆定於畎畝中，非仕而後學者也。」從功業上張岱雖然不能與上述諸人相比擬，但道理上却是一致的。

下面简单介绍一下《瑯嬛文集》僥倖而坎坷的传世及出版情況。

此書在張岱去世之后二百餘年的光緒三年方才付梓，而此前連知道此稿的人都不多。關於光緒刻本的源頭，在黎培敬序和王惠及其子王介臣的跋中寫得很清楚了。此本出於張岱後人的家藏，落入山陰余文毅（浣公）侍御的大觀樓，而王惠見到後借走，此後不久，大觀樓失火，「萬卷頃刻成燼，是書以借出獨完」。王惠把此本一直隨身攜帶著，「五十年來，藏之敝篋，時一披閱，不少廢離」。王惠遊黔，此書隨身，而此後紹興失守，「家藏悉盡，是書亦以攜出獨完」。其子介臣見而悅之，「屬同人錄出」，又請王惠校正，「分為六卷，合作一函，什襲藏之」。至丙子年即光緒二年，此本為贵州巡抚黎培敬看到，「見而愛之，急勸付梓」，並為之作序，這就是光緒三年刻於貴州的六卷本《瑯嬛文集》。

這是《瑯嬛文集》唯一的一種木刻本，但命薄如紙，連入《續修四庫全書》的資格都沒有，編者寧肯收入雖然被某些人詫為「奇書」，其實在張岱著作中僅可列於下乘的《夜航船》。這是很令人難解的。

但此后的鉛印本也很稀少，僅三種而已。最早的是民國二十四年上海雜誌公司《中國文學珍本叢書》劉大杰標點本，相隔五十年，到一九八五年才出現岳麓書社的雲告點校本，然後是一九九一年上海古籍出版社夏咸淳校點本《張岱詩文集》中的「文集」部分。

這三種鉛印本全是以光緒三年《瑯嬛文集》刻本為底本。但上海古籍版的《張岱詩文集》又用「鈔稿本」

《張子文秕》對校，且有詳細的校記，明顯是勝人一籌了。但老實地說，這三個本子全都有不同程度的錯字，其中難免有的是「手民」的誤植，但光緒原刻本和鈔稿本《張子文秕》本身的錯誤還是主要的。如卷一中《老饕集序》「虞悰」誤為「虞宗」，《茶史序》的「閔汶水」誤為「閔文水」。《孫忠烈公世乘序》「桃李不言，下自成蹊」之「蹊」誤為「溪」之類，很是不少。

除了版本問題之外，張岱的文字本身也有一些問題。張岱學識的廣博和寫作態度的認真，那是毋庸置疑的，但每個人都有自己習慣性的「死角」，越是對自己最熟悉的領域却越容易犯同一個錯誤，張岱的一些筆誤往往就是出人意料的。比如《世說新語》是他家曾經刻印過，而他自己在幾歲時就開始讀過的書，他在自己的各色文章中更是幾十次引用，用事的靈動俏皮充分顯示了他對此書的純熟理解。但就是在用這本書的習見典故時，張岱也不止一次地出現很低級的失誤。當然明末學風的空疏草率也不能對張岱毫無影響，他編的《夜航船》就是一例，這也不必為他掩飾。

張岱的文章雖然可以看出竟陵派的影響，但總體上是比較好讀的。但對于今天的讀者還是有些障礙，所以不揣淺陋，在為本書重新校點之外，又加了些注釋。其中的謬誤之處，還請方家與廣大讀者指正，是為至盼。

欒保群　二〇一〇年七月

目錄

卷之一

序

銘

贊

卷之六

祭文

附　原刻序跋

卷之一

序

石匱書自序

能為史者，能不為史者也，東坡是也。有能力作史，但又能堅持不肯作史的人。蘇東坡事見下文注。不能為史者，能為史者也，弇州是也。王世貞，字元美，號鳳洲，又號弇州山人。江蘇太倉人。嘉靖二十六年進士，官至南京刑部尚書。文倡復古，與李攀龍、謝榛等並稱「後七子」。攀龍歿後，獨領文壇二十年，聲華籠海內。好史學，以史才自許。生前刻有《弇山堂別集》一百卷，死後門人又編成《弇州史料》前集三十卷，後集七十卷，均為重要史料集，惜未成書。弇州高抬眼，闊開口，飽蘸筆，眼前腕下，實實有「非我作史，更有誰作」之見橫據其胸中，史遂不能果作，而作不復能佳，是皆其「能為史」之一念有以誤之也。

太史公其得意諸傳，皆以無意得之，不苟襲一字，不隨便襲用別人的一字一句。不輕下一筆，銀鈎鐵勒，古代形容書法及繪畫白描，有「銀鈎鐵畫」之說。此處則指寫文章的筆力剛健。簡煉之手，出以生澀。至其論贊，則淡淡數語，非頰上三毫，則睛中一畫，睛中一畫：唐張彥遠《歷代名畫記》：晉顧愷之，字長康，小字虎頭。多才藝，尤工丹青，傳寫形貌，莫不妙絶。畫人常數年不點目睛，人問其故，答曰：「四體妍媸，本無關於妙處；傳神寫照，正在阿堵之中。」又畫裴楷寫真，頰上加三毛，云：「楷俊朗有識具，此正是其識具。觀者詳之，定覺神明殊勝。」墨汁斗許，亦將安所用之也！後世得此意者，惟東坡一人，而無奈其持之堅，拒之峻，歐陽文忠、王荆公力勸之不為動，宋徐度《却掃編》：劉羲仲，道原之子也。道原以史學自名，羲仲世其家學，嘗摘歐陽公《五代史》之訛誤為《糾繆》，以示東坡。東坡曰：「往歲歐陽公著此書初成，王荆公謂余曰：『歐陽公修《五代史》而不修《三國志》，非也，子盍為之乎？』余固辭不敢當。夫為史者，網羅數十百年之事以成一書，其間豈能無小得失邪！余所以不敢當荆公之托者，正畏如公之徒掇拾其後耳。」按：陳壽《三國志》裴松之注，其中材料甚多，甚至勝過原書。此處王荆公言修《三國志》，即指利用注中材料重修《三國志》。又按：熙寧間，神宗曾有意讓蘇軾修國史，為宰相王珪所阻。其真有見於史之不易作，與史之不可作也。嗟嗟！東坡且猶不肯作，則後之作者亦難乎其人矣。

余之作史，尚不能萬一弇州，敢言東坡？第見有明一代，國史失誣，家史失諛，野史失臆，臆：臆測。缺少事實的猜測。故以二百八十二年總成一誣妄之世界。余家自太僕公以下，太僕公：張岱高祖張天復，嘉靖丁未（二十六年）進士。授祠部主事，歷吏、兵二部，視全楚學政，調雲南臬副，官至甘肅道行太僕卿。被誣，昭雪後歸鄉里。構別業於鏡湖之址，高梧深柳，日與所狎縱飲其中。留心三世，聚書極多。《陶庵夢憶》卷二有「三世藏書」一則，略云：「余家三世積書三萬餘卷。天啓乙丑，大父去世，余適往武林，父叔及諸弟、門客、匠指、臧獲、巢婢輩亂取之，三代遺書一日盡失。余自垂髫聚書四十年，不下三萬卷。乙酉避兵入剡，略攜數簏隨行，而所存者為方兵所據，日裂以吹煙，並舁至江干，籍甲內，擋箭彈，四十年所積，亦一日盡失。」余小子苟不稍事纂述，則茂先家藏三十餘乘，西晉張華，字茂先。《晉書》本傳云其雅愛書籍，身死之日，家無餘財，惟有圖書。嘗遷居，載書三十乘。亦且蕩為冷煙，冷煙：無火之煙。鞠為茂草矣。《詩·小雅·小弁》：「踧踧周道，鞠為茂草。」我心憂傷，惄焉如擣。」余自崇禎戊辰，崇禎元年，時張岱三十二歲。遂泚筆此書，十有七年而遽遭國變。國變：崇禎十七年，明朝滅亡。攜其副本，屏跡深山，又研究十年，而甫能成帙。據此，《石匱書》初成於順治十一年。幸余不入仕版，仕版，由國家掌握的官員名冊。入仕版，此處作入仕做官解。既鮮恩仇，沒有介入朝野各黨派之爭，故對各方人士無私人恩怨。不顧世情，復無忌諱，事必求真，語必務確，五易其稿，九正其訛，稍有未核，寧闕勿書。故今所成書者，上際洪武，下訖天啓，後皆闕之，以俟論定。此序寫後兩年，即順治十三年，谷應泰任浙江提學，倡修《明史紀事本末》，聘張岱預其事。張岱參加編寫的同時，也利用谷應泰提供的材料成《石匱書後集》，記崇禎一朝及南明五王時人物紀傳。時張岱六十歲。余故不能為史，而不得不為其所不能為，固無所辭罪。然能為史而能不為史者，世尚不乏其人，余其執簡俟之矣。

《石匱書》，張岱所著有明一代史籍，自洪武至天啓，二百二十卷，現存二百零八卷。又《石匱書後集》六十三卷，闕八卷，記崇禎一朝及南明五王時人物事件。故宮出版社二〇一八年出版。

一卷冰雪文序

魚肉之物，見風日則易腐，入冰雪則不敗，則冰雪之能壽物也。壽物：使物品延長壽命。今年冰雪多，來年穀麥必茂，則冰雪之能生物也。蓋人生無不藉此冰雪之氣以生，而冰雪之氣必待冰雪而有，則四時有幾冰雪哉！若吾之所謂「冰雪」則異是。凡人遇旦晝則風日，而夜氣則冰雪也；此句大意是：既然在白晝所遇為

「風日」，那麼就可以把夜間看做「冰雪」了。下面各句意同。按「夜氣」之説，始於孟子，見于《孟子·告子上》，謂晚上靜思所産生之良知善念。所謂夜氣清而晝氣濁，平旦之氣則介於清濁之間也。故儒家談修養，即言「長存夜氣」。遇煩燥則風日，而清靜則冰雪也；遇市朝則風日，市朝：市場與朝廷。此處指追逐名利的塵世。而山林則冰雪也。冰雪之在人，如魚之於水，龍之於石，日夜沐浴其中，特魚與龍不之覺耳。宋陸佃《埤雅》引《陰陽自然變化論》，有「龍不見石，人不見風，魚不見水，鬼不見地」之説，但未言龍日夜沐浴於石中。

故知世間山川雲物、水火草木、色聲香味，莫不有冰雪之氣，其所以恣人挹取受用之不盡者，莫深於詩文。蓋詩文只此數字，出高人之手，遂現空靈，一落凡夫俗子，便成臭腐。此其間真有差之毫釐，失之千里。特恨遇之者不能解，解之者不能説；即使其能解能説矣，與彼不知者説，彼仍不解，説亦奚為？故曰：詩文一道，作之者固難，識之者尤不易也。

干將之鑄劍於冶，干將，春秋時鑄劍名師。《吳越春秋》云：干將作劍，採五山之鐵精，六合之金英。候天伺地，陰陽同光，百神臨觀，天氣下降，遂以成劍。與張華之辨劍於斗，雷煥之出劍於獄，晉初，斗牛之間常有紫氣，張華聞豫章人雷煥妙達天象，乃約其登樓仰觀其氣。雷煥曰：「寶劍之精，上徹於天耳。劍在豫章豐城。」華即補煥為豐城令，約共尋劍。煥到縣，掘獄屋基，入地四丈餘，得一石函，中有雙劍，並刻題，一曰龍泉，一曰太阿。識者之精神，實高出於作者之上。由是推之，則劍之有光芒，與山之有空翠，空翠：山間草木的青翠氣色。氣之有沆瀣，沆瀣：夜間的水露之氣。月之有煙霜，竹之有蒨，食味之有生鮮，古銅之有青綠，玉石之有胞漿，胞漿：即包漿。玉器上的光澤。詩之有冰雪，皆是物也。

蘇長公曰：蘇長公：蘇軾。蘇軾、蘇轍兄弟同時立朝為官，故別稱蘇軾為「長公」。「子由近作《棲賢僧堂記》，蘇軾弟蘇轍，字子由。讀之慘涼，覺崩崖飛瀑，逼人寒慄。」此段見於蘇軾信札《與李公擇》，「慘涼」原作「慘懍」。噫！此豈可與俗人道哉！筆墨之中，崖瀑何從來哉！

《一卷冰雪文》，張岱所選詩文，民國間周作人曾見於書肆，因價昂未收，此後存否遂不可知。

張子說鈴序

說何始乎？說：陳述見解。《論語》始也。說何止乎？《論語》止也。《論語》之後無《論語》，而象之者《法言》也。象：模仿。《法言》，西漢揚雄撰。《論語》卒不可象，而止成其為《法言》者，亦《法言》也。何也？象者像也。方相氏虎目執戈以怖鬼，《周禮·夏官》：「方相氏，掌蒙熊皮，黃金四目，玄衣朱裳，執戈揚盾，帥百隸而時儺，以索室驅疫。」蓋古人大儺時，以人扮方相氏，披熊皮，戴面具，揚戈以驅疫鬼。童子蒙虎皮以怖人。鬼與人卒不可怖，而方相氏、童子止自怖者，自怖然後謂可怖鬼、可怖人也。此句意謂：鬼和人都是嚇不着的，不過是方相氏和童子自己覺得可怕而已，他們自己覺得害怕了，然後就認為以此可嚇鬼嚇人了。

余之為說也則異於是。食龍肉，謂不若食豬肉之味為真也；貌鬼神，謂不若貌狗馬之形為近也。余主何說哉！言天則天而已矣，言人則人而已矣，言物則物而已矣。余主何說哉？嘗片臠而定其為豬肉，則其味不能變也；見寸鞟而呼其為狗馬，寸鞟：一小塊皮革。則其形不能遁也。何論大小哉，亦得其真、得其近而已矣。大塊，風也，竅亦風也。《莊子·齊物論》云：大塊噫氣，其名為風。而山林大木百圍之竅穴，亦叱吸叫譹而和之。又海，水也，人之津液涎淚無不水也。揚雄氏之言曰：「好說而不見諸仲尼，說鈴也。」見《揚子法言·吾子》：「好書而不要諸仲尼，書肆也；好說而不要諸仲尼，說鈴也。」本篇改「要」為「見」，義亦通。此句大意謂：喜好孔子之書卻不明白孔子之書義，那不過是個書鋪；喜好孔子之說卻不理解孔子之意旨，那不過是只「說鈴」。鈴雖然是金屬的，但體小，發出的聲音也很碎小，「說鈴」即沒有大影響的「小說」。而孔子為「木鐸」，鐸之體大，雖然「金口木舌」，但傳聲弘遠。《法言》是把小鈴與大鐸對立起來說的。鈴亦何害於說哉！此處張岱不同意揚雄之說，認為「說鈴」雖小也不是沒有意義。這就是他命名為「說鈴」的理由。但他下面又把鈴與鐸混為一談，就與揚子本意不合了。秦始皇振鐸驅山而山如鹿走。鈴，鐸屬也。張岱《夜航船》：「晉時，雨後有大鐘從山流出，驗其銘，乃秦時所造。又漁人得一鐘，類鐸，舉之，聲如霹靂，草木震動。漁人懼，沉於水。或曰此秦驅山鐸也。」秦始皇驅山入海傳說，自河北至浙江多處都有，大抵由於當地海中礁石外露而生說。一說是以鞭驅石，一說是搖鐸驅山。能驅山的鐸絕非小鈴，所以「鈴為鐸屬」固然不差，但鈴究竟還不是鐸。傳說有漁人於海中得始皇驅山鐸，擊之聲如霹靂，鈴是沒有那麼大威力的。

《張子說鈴》，張岱撰。無刊本，其稿亦不知存世與否。

史闕序

《春秋》「夏五」，闕文也，《春秋》桓公十四年：「夏五，鄭伯使其弟語來盟。」「夏五」下缺「月」字。有所疑而闕之也。如疑，何不並「夏五」而闕之？闕矣，而又書「夏五」者何居？孔子曰：「其義則丘竊取之矣。」孔子語見《孟子·離婁下》。義，《春秋》大義也。書之，義也；不書，義也；不書而又書之，亦義也。故不書者，月之闕也；不書而書者，月之食也。月食而闕，其魄未始闕也，魄：月缺時發暗的那部分叫月魄。從魄而求之，則其全月見矣。

由唐言之，六月四日，語多隱微，六月四日，指玄武門之變，實為李世民策劃的一場宮廷政變，而《舊唐書·太宗紀》僅云：武德九年，皇太子建成、齊王元吉謀害太宗。六月四日，太宗率長孫無忌、尉遲敬德等於玄武門誅之。月食而匿也。此事不書，如月食之隱匿一部分。太宗令史官直書玄武門事，則月食而不匿也。食而匿，則更之道不存；食而不匿，則更之道存。《論語·子張》：「君子之過也，如日月之食焉：過也，人皆見之；更也，人皆仰之。」更，改也。不匿，則人得而指之，指則鼓，鼓則馳，馳則走。走者救也，救者更也。使太宗異日而悔焉，則更之道也；太宗不自悔而使後人知鑒焉，亦更之道也。此史之所以重且要也。雖然，玄武門事，應匿者也。此而不匿，更無可匿者矣。

余讀唐野史，太宗好王右軍書，出奇吊詭，如蕭翼賺《蘭亭》一事，史反不之載焉。賺《蘭亭》事，詳見《太平廣記》卷二〇八引《法書要錄》。大略云：《蘭亭》由王羲之子孫相傳，至七世孫智永禪師，又傳至弟子辯才。辯才藏於臥室屋梁中。太宗偵知，向辯才求取，辯才自云不知所在。太宗遣蕭翼微服作商人，至越州，刻意與辯才結交，意甚相得。談法書，蕭翼出二王帖，辯才云：「確是真蹟，但未臻於佳善。」於是取出《蘭亭》相示。後蕭翼趁辯才不在室中，遂竊以走。辯才懊恨無加，年餘竟卒。豈以此事為不佳，故為尊者諱乎？抑見之不得其真乎？余於是恨史之不賅也，為之上下古今，搜集異書，每於正史世、紀之外，正史世、紀：「正史」中記載帝王事蹟的「本紀」、「世家」。拾遺補闕。得一語焉，則全傳為之生動，得一事焉，則全史為之活現。蘇子瞻燈下自顧，見其頰影，使人就壁摸之，不作眉目，摸，讀如「模」，蘇軾《傳神記》即作「模」。「模」即「摹」字，此言在牆上勾摹其燈影輪廓，不加畫五官。見者皆失笑，知其為東坡，蓋「傳神正在阿堵」耳。傳神正在阿堵：見《石匱書自序》注。阿堵，猶言「這個東西」。

余又嘗讀正史，太宗之敬禮魏徵，備極形至，使後世之拙筆為之累千百言不能盡者，只以「鷂死懷中」四字盡之，唐劉餗《隋唐嘉話》：太宗得鷂，絕俊異，私自臂之，望見魏徵，乃藏於懷。公知之，遂前白事，語久。帝惜鷂且死，而素嚴敬徵，欲盡其言。徵語不時盡，鷂死懷中。又見王讜《唐語林・方正》。此事兩《唐書》俱不收，但見於《資治通鑑》。是張岱以溫公《通鑑》亦為「正史」，而極欽服其取材傳神，所謂「得一事則全史活現」也。則是千百言闕而四字不闕也。讀史者由此四字求之，則書隙中有全史在焉，奚闕哉！

奇字問序

《史闕》十四卷，張岱著。有道光四年刊本，民國七年排印本。

夫《爾雅》不識「菋」「薮」，字書不見「揖」「揎」，字學之難窮也，自古記之矣。余內手捫心，內，納也。內手即以手探懷。胸中貯有幾字，敢學揚子雲乃來玄亭問字也？成都有草玄亭，云是揚雄故居，揚雄寫作

《太玄經》於此。揚雄多識古文奇字，仿《倉頡篇》而作《訓纂》。「問字也」，《文秕》作「之問耶」。然余嘗見人讀書及自讀書，目數行下，奇字歷落，不究訓詁，混入眼中，若可解若不可解，如人忙中吃飯，泥沙與餴餑同咽，餴，蒸飯；餑，麵食。此處連稱泛指米飯乾糧。胾骼與沫餑同啜者多矣。胾骼：大塊的肉和骨頭。有旁觀者，摘一二字詰之，始茫然不能置對；如或不問，則終身安之無忤也。

余不能博聞洽記，近取《左》、《國》、《史記》、兩《漢》、《文選》、《莊》、《列》、《韓》、《管》諸書在人耳目前者，聊摘其一二奇字解釋之，以自問問人，頗有奧義。猶之天台、雁宕、五泄、洞巖，天台、雁宕、五泄、洞巖，以上都是浙東名勝，分別在今天台、樂清、諸暨、蘭溪等地。近在鞋靸下，靸：無後跟的鞋。鞋靸泛指鞋。天下人裹糧宿舂，千里來遊，問之山下里人，鮐背蒼耇，多有不至者，咫尺松楸，茫然如雲霧，亦是大可笑事。又有如越人食蟛蜞、桀步，蟛蜞：似蟹而小，螯足無毛，步足有毛。桀步：蟹之類，螯一大一小，大者與物鬬，小者進食。或云即蝤蛑。稚子狎弄，而山東人見之，以為鯊虎，鯊虎：《廣東新語》卷二二「鯊虎」條：南海多鯊魚，虎頭鱉足，有黑紋，巨者二百餘斤。嘗以暮春至海山之麓，旬日化為虎，惟四足難化，經月乃成。或曰：鱷魚一名忽雷，秋時亦多化虎而三爪。但山東人本不知「鯊虎」為何物，此處當理解為「可怕如鯊魚、老虎」。無不驚走。山東人雖然沒有見過蟛蜞、桀步，但河蟹、海蟹却並不希罕，尚不至於見而驚走。估計張岱要說的是山西等地的內陸人。舉以告越人，越人亦第笑之而已。余所輯字義，有如蟛蜞、桀步之類，人見之而驚者，存以待人之問；又有如天台、雁宕，人問及而余之不知者，存以自問以待人之問。故名之曰《奇字問》焉。

雖然，余以為奇，而人且耳而目之者久矣。漁者握鱣，婦人拾蠶，則是其所見不同也。《韓非子·說林下》：「鱣似蛇，蠶似蠋（似蠶毒蟲），人見蛇，則驚駭；見蠋則毛起。漁者持鱣，婦人拾蠶，利之所在，皆為賁、諸。」張岱此處所說與韓非稍異，以為「漁者持鱣，婦人拾蠶」，都是習見而知其性且不以為怪的緣故。以此嘲余，余不任受。

《奇字問》，張岱撰。未見傳本。

老饕集序

世有神農氏，而天下鳥獸、蟲魚、草木之滋味始出。蓋鹹酸苦辣，着口即知，至若雞味酸，羊味辣，牛酪與栗之味鹹，非聖人不能辨也。以上所說諸「味」，都是從藥性上說，不是平時說的口味。所以只有神農那樣的聖人才能嘗出。中古之世，知味惟孔子，「食不厭精，膾不厭細」，「精」「細」二字，已得飲食之微。至熟食，則概之「失飪不食」；蔬食，則概之「不時不食」。以上引文均見於《論語·鄉黨》。四言者，食經也，亦即養生論也。

孔子之後，分門立戶。何曾有「單」，何曾，晉武帝時官至太尉，性奢豪，務在華侈。廚膳滋味，過於王者。日食萬錢，猶曰無下箸處。「單」，食單，即食譜之類。虞悰云：何曾有《食疏》。《通雅》載「何曾有《安平公食單》」。韋巨源有《食經》，宋陶穀《清異錄》載有韋巨源家的「食賬」，即食譜。《通雅》載其「有《燒尾宴食單》」。段文昌有《食憲章》五十卷，《清異錄》：段文昌丞相尤精饌事，自編《食經》五十章，時稱「鄒平公食憲章」。鄒平公即段文昌。虞悰有《食方》十卷，虞悰，原作「虞宗」，誤，據《南史》改。南齊時人。《南史》云其富於財而善為滋味。齊武帝曾就其求飲食方。宋沈作喆《寓簡》載虞悰著有《食珍錄》。謝諷有《食史》十卷，謝諷，隋時人。《清異錄》載謝諷有《食經》，並錄其五十三種。孟蜀有《食典》百卷。孟蜀即五代時之後蜀。《十國春秋》載高祖孟知祥晚年專務奢侈，尚食掌《食典》至百卷。煎熬燔炙，雜以膟膋膻薌，膟膋：動物體內的血和脂肪。膻薌：指五穀的香氣。但此處疑指諸種香料。食之本味盡失。於今之大官法膳，大官：即太官。太官令、丞，秦官，屬少府。漢以後各朝大體因之，掌皇帝膳食及燕亨之事。宋以後，皇帝膳食歸尚食局，太官只掌祭物。但此處仍指掌皇帝膳食的機構。法膳：帝王所用的膳食。純用蔗霜，蔗霜：蔗糖。亂其正味，則彼矯強造作，罪且與生吞活剝者等矣。

後來解事，止有東坡。《老饕賦》與《豬肉頌》，二文今具見蘇軾集中。清饞領略，口口流涎，但知有「熟」之一字，則思過半矣。《豬肉頌》云：「待他自熟莫催他，火候足時他自美。」嗣後宋末道學盛行，不欲以口腹累性命，此道置之不講，民間遂有「東坡茶」、「撮泡肉」之誚。循至元人之茹毛飲血，則幾不火食矣。我興，至宣廟，此句「我」字下疑有闕字，是「明」是「朝」或是「大明」，無可查考。宣廟，即明宣宗，年號宣德。始知有飲食器皿之事。語云：「三代仕宦，着衣食飯。」魏文帝曹丕有「三世長者知被服，五世長者知飲食」語，陸游《老學庵筆記》亦引諺云「三世仕宦，方解著衣吃飯」。世雖概論平民，要之帝王家法，亦不能外也。

余大父與武林涵所包先生、貞父黃先生為飲食社，涵所包先生：包應登，字涵所，官福建提學副使，靈隱寺西有包莊，即包涵所別業。《陶庵夢憶》卷三有「包涵所」一篇，記其窮奢極欲，可參看。又「張氏聲伎」一則云：「我家聲伎，前世無之，自大父於萬曆年間與范長白、鄒愚公、黃貞父、包涵所諸先生講究此道，遂破天荒為之。」貞父黃先生：黃汝亨，字貞父，浙江仁和人，萬曆二十六年進士，官至江西布政司，後隱居西湖小蓬萊，著書為樂。張岱之父及叔四人均為黃汝亨門弟子。講求正味，著《饔史》四卷，然多取《遵生八牋》，《遵生八牋》：明高濂撰。全書分為《清修妙論牋》、《四時調攝牋》、《却病延年牋》、《起居安樂牋》、《飲饌服食牋》、《靈秘丹藥牋》、《燕閑清賞牋》、《塵外遐舉牋》等八牋，為著名養生學著作。猶不失椒姜葱渫，椒薑葱渫：渫原作「滐」，二字通。《禮記・曲禮上》：「膾炙處外，醯醬處內，葱渫處末，酒漿處右。」注：葱渫，蒸葱也。用大官炮法。余多不喜，因為搜輯訂正之。窮措大亦何能有加先輩，第水辨澠淄，春秋時齊桓公寵臣易牙，善知味，能分辨出澠、淄二河之水滋味的不同。見《列子・說符》。但《列子・仲尼》又說：「耳將聾者，先聞蚋飛；口將爽者，先辨淄澠。」澠，讀如「繩」。鵝分蒼白，食雞而知其棲恒半露，《晉書・苻朗傳》：苻朗善識味。人或殺雞以食之，朗曰：「此雞棲恒半露。」檢之，皆驗。又食鵝肉，知黑白之處。時人咸以為知味。啖肉而識其炊有勞薪，《晉書・荀勗傳》：嘗在帝坐進飯，謂在坐人曰：「此是勞薪所炊。」問膳夫，云：「實用故車脚。」一往深情，余何多讓？遂取其書而銓次之，割歸於正，味取其鮮，割歸於正，味取其鮮：《論語・鄉黨》：孔子「割不正，不食。」「魚餒而肉敗，不食。色惡，不食。臭惡，不食。」一切矯揉泡炙之制不存焉。雖無《食史》、《食典》之博洽精腆，精騎三千，亦足以勝彼羸師十萬矣。羸，衰病。《北齊書・孫搴傳》：孫搴學淺行薄。邢邵謂之曰：「更須讀書。」搴曰：「我精騎三千，足敵君羸卒數萬。」鼎味一臠，則在嘗之者之舌下討取消息也。

《老饕集》，張岱據《饕史》四卷「搜輯訂正」而成，今不存。

四書遇序

《六經》、《四子》自有注脚，六經：儒家以《詩》、《書》、《禮》、《樂》、《易》、《春秋》為六經，《樂經》早佚，漢以後僅有「五經」。四子：因為《論語》、《大學》、《中庸》、《孟子》四部儒家經典，分別以記載孔子、曾子、子思、孟子的言行為主，故稱「四子書」，後世又與「五經」並稱，為「四書」。而十去其五六矣；自有詮解，而去其八九矣。故先輩有言，《六經》有解不如無解，完完全全幾句好白文，却被訓詁講章說得零星破碎，豈不重可惜哉！

余幼遵大父教，不讀朱注。朱熹有《論語集注》、《孟子集注》、《大學章句》、《中庸章句》，合稱「四書朱注」，為官方法定必讀的「四書」解釋。凡看經書，未嘗敢以各家注疏橫據胸中。正襟危坐，朗誦白文數十餘過，其意義忽然有省。間有不能強解者，無意無義，貯之胸中；或一年，或二年，或讀他書，或聽人議論，或見山川雲物、鳥獸蟲魚，觸目驚心，忽於此書有悟，取而出之，名曰《四書遇》。蓋「遇」之云者，謂不於其家，不於其寓，直於途次之中邂逅遇之也。

古人見道旁蛇鬬而悟草書，北宋文與可（文同，字與可）見蛇鬬，草法遂能飛動。見公孫大娘舞《劍器》而筆法大進，唐張旭見擔夫與公主爭道，及公孫大娘舞《劍器》，而草書大進。蓋真有以遇之也。古人精思靜悟，鑽研已久，而石火電光，忽然灼露，其機神攝合，政不知從何處着想也。舉子十年攻苦，於風簷寸晷之中構成七藝，風簷寸晷：科舉時場屋不蔽風雨，條件很差，時間又很緊促。七藝：藝，制藝，即八股文。明代鄉試及會試，三場共試「五經」各試本經一道，「四書」義一道，禮樂論，詔誥表箋，經史、時務策，共七藝。而主司以醉夢之餘，忽然相投，如磁引鐵，如珀攝芻，如琥珀之吸攝草屑。相悅以解，直欲以全副精神注之。其所遇之奧竅，真有不可得而自解者矣。推而究之，色聲香味觸發中間，無不有「遇」之一竅，特留以待深心明眼之人，邂逅相遇，遂成莫逆耳。

余遭亂離兩載，順治二年、三年，張岱先追隨魯王抗清，後因魯王受方國安控制，遂入山隱居，不時逃難。至順治四年方定居於項王里。東奔西走，身無長物，委棄無餘。獨於此書，收之篋底，不遺隻字。曾記蘇長公儋耳渡海，遇颶風，舟幾覆，自謂《易解》與《論語解》未行世，蘇軾曾續父作成《易傳》，復作《論語說》，後居海南，作《書傳》。雖遇險必濟。然則余書之遇知己與不遇盜賊水火，均之一遇也。遇其可易言哉！

《四書遇》，張岱撰。現存稿本六冊，藏浙江圖書館。浙江古籍出版社一九八五年整理出版。

昌谷集解序

長吉詩自可解，唐詩人李賀，字長吉。有解長吉者，而長吉遂不可解矣。劉須溪以不解解之，劉須溪：劉辰翁，字會孟，吉安廬陵人。宋太學生。宋亡不仕。著有《須溪文集》。吴澄評其文，謂奇詭變化，能成一家之言。有《箋注評點李長吉歌詩》傳世，其中箋注為吴正子，評點為劉辰翁。所謂「吴質懶態，月露無情」，此為劉辰翁評《李憑箜篌引》末二句「吴質不眠倚桂樹，露脚斜飛濕寒兔」語。此深解長吉者也。吴西泉亦以不解解之，吴西泉：即吴正子，時代爵里不詳，大約亦南宋人。每一詩下，第箋注其字義出處，而隨人之所造以自解，人之所造：個人所達到的學養識見。此亦深解長吉者也。

有此二人，而余可不復置解矣；乃余之解長吉也，解解長吉者也。解解長吉：對那些評解長吉詩的書作評解。張岱著《昌谷集解》，除吳注、劉評外，又收徐青藤、董日鑄二家評注，此為「解長吉」者，而張岱對所收諸家評注也有斷語，所以是「解解長吉者」。

凡人有病則藥之，藥之不投，則更用藥以解藥，所謂救藥也。藥救藥，藥復救救藥，至於不可救藥，而病者真死矣。故余之解，非解病也，解藥也。夫藥亦有數等：庸醫殺人，着手即死者無問矣，乃有以偏鋒劫劑，偏鋒劫劑：奇偏之方，急效之藥。活人什三，殺人什七者；有以大方脈、官料藥，堂堂正正而手到病除者；乃有草澤醫人，名不出於里，而以丹方草頭藥起人於死者；乃有不用刀圭，刀圭：中藥所用量器，此即指藥劑。不用針砭，而第吸其夜半沆瀣之氣，而使其自愈者。療之之法不同，而用以療病則一。至病一愈，而藥與不藥等。等不一之藥，皆可勿用矣，安用救藥哉！

故徐青藤、董日鑄，用劫藥者也。徐渭，字文長，號青藤道士、天池山人等。浙江山陰人。詩學李賀，並有評點。董懋策，字揆仲，號日鑄。紹興人。精易學，設帳於蕺山，從學者數百人。注李長吉詩為《昌谷詩注》。吳西泉，用官料藥者也。劉須溪，則不用藥者也。若余則何居？余則遠謝雷公，不問岐伯，雷公、岐伯，均為黃帝大臣，通經脈，精醫藥。服參朮多，則用山藥、蘿菔汁解之，服生熟多，服生熟：此處当指中藥裏的生地、熟地。則用大黃、芒硝解之，道聽途說，為一日草澤醫人，而病已霍然除矣。故曰：余之解，非解病也，解藥也。

《昌谷集解》，張岱撰。據祁彪佳《祁忠敏公日記》，此書應成於崇禎十年或之前。至今未見傳本。

夢憶序

陶庵國破家亡，無所歸止，披髮入山，駴駴為野人。駴駴：驚懼貌。駴，原書作「駭」，即「駴」字異體，現改正體。故舊見之，如毒藥猛獸，愕窒不敢與接。愕窒：愕然而僵，不相通語。作《自挽詩》，陶淵明屬纊之際，自作《擬挽歌辭》三篇。張岱《張子詩秕》存《和挽歌辭》三首，其一云：「張子自覓死，不受人鬼促。義不帝強秦，微功何足錄。出走已無家，安得貍首木。行道或能悲，親舊敢撫哭。我死備千辛，世界全不覺。千秋萬歲後，豈遂無榮辱。但恨《石匱書》，此身修不足。」每欲引決。引決：自盡。因《石匱書》其未成，參見本卷《石匱書自序》一文。尚視息人世。此處張岱以司馬遷自勵。司馬遷《報任安書》：「所以隱忍苟活，函糞土之中而不辭者，恨私心有所不盡，鄙沒世而文采不表於後也。」又云：「僕竊不遜，近自托於無能之辭，網羅天下放失舊聞，考之行事，稽其成敗興壞之理，凡百三十篇，亦欲以究天人之際，通古今之變，成一家之言。草創未就，適會此禍，惜其不成，是以就極刑而無慍色。僕誠已著此書，藏之名山，傳之其人通邑大都，則僕償前辱之責，雖萬被戮，豈有悔哉。」然瓶粟屢罄，不能舉火，始知首陽二老直頭餓死，只是沒有糧食吃而直截餓死，無須別的緣由。「不食周粟」，還是後人粧點語也。《史記·伯夷叔齊列傳》：伯夷、叔齊，孤竹君之二子也，互讓其國而出逃。值武王東伐紂，伯夷、叔齊叩馬而諫。武王既滅殷，而伯夷、叔齊恥之，義不食周粟，隱於首陽山，采薇而食，遂餓死。張岱言「不食周粟」為司馬遷粧點語，意謂本無粟可食，總歸要餓死，所以為義而死只是粧點的好話罷了。

饑餓之餘，好弄筆墨，因思昔人生長王、謝，王、謝：東晉時王導、謝安並為賢相，出處關係着東晉國運。二家簪纓相繼，人材眾多，且世系較長久，為眾豪族中最有名者，故一般以王謝作為豪門的代稱。頗事豪華，今日罹此果報：以笠報顱，以蕢報踵，蕢：草鞋。仇簪履也；以下俱為「以…報…仇」句式。諸「報」字，皆「以直報怨，以德報德」之「報」，用在文章中，自有其感情色彩。但在對文句的理解上，就不能太拘泥。比如此句，用白話來說，就是：現在頭上只能戴竹笠，脚上只能穿草鞋了，這就是對過去穿履戴簪的報應。以衲報裘，以苧報絺，仇輕暖也；衲為布袍，裘為皮衣。以藿報肉，以糲報粻，仇甘旨也；藿，野菜。糲，粗米。粻，此指精米。《楚辭・離騷》：「精瓊靡以爲粻。」以薦報床，以石報枕，仇溫柔也；薦，草席。以繩報樞，以甕報牖，仇爽塏也；以繩為門樞，以甕片為窗牖，極言室陋。爽塏：高爽乾燥的房屋。以煙報目，以糞報鼻，仇香豔也；以途報足，以囊報肩，仇輿從也。種種罪案，從種種果報中見之。

雞鳴枕上，夜氣方回，「夜氣」，見本卷《一卷冰雪文》注。因想余生平，繁華靡麗，過眼皆空，五十年來，總成一夢。今當黍熟黃粱，唐沈既濟《枕中記》：開元十九年，道者呂翁，經邯鄲道上邸舍中，遇邑中少年盧生，言笑殊暢。久之，盧生乃發歎：「大丈夫應取功名方能適意。」言訖，目昏思寐，是時主人蒸黃粱為饌，翁乃探囊中枕以授之曰：「子枕此，當令子榮適如志。」其枕瓷而竅其兩端，生俯首枕之，寐中，見其竅大而明朗可處，舉身而入，遂至其家。娶清河崔氏女，舉進士，登甲科，歷官至宰相，榮華富貴，崇盛赫奕，一時無比。末節頗奢蕩，好逸樂，後庭聲色皆第一。前後賜良田甲第，佳人名馬，不可勝數。後年漸老，屢乞骸骨，不許，及病，上遺表於帝，其夕遂卒。於是盧生欠伸而寤，見方臥于邸中，主人蒸黃粱尚未熟。車旅蟻穴，唐李公佐《南柯太守傳》：淳于棼，家住廣陵郡，所居宅南有大古槐一株。淳因沉醉，昏然若夢。見二紫衣使者，跪拜曰：「槐安國王遣小臣致命奉邀。」生不覺隨二使上車出戶，驅入穴中。生見山川風候，與人世甚殊。又入大城，題曰「大槐安國」。國王招生為金枝公主駙馬，榮曜日盛，次於王者。王又任生為南柯太守，守郡二十載，風化廣被，百姓歌謠。後公主薨，生罷郡還國，威福日盛，王疑憚之，因命生曰：「卿離家多時，可暫歸本里。」王顧左右以送生，俄出一穴，見本里閭巷，不改往日。二使者引生下車，入門升階，己身臥於堂東廡之下。生遂發寤如初，斜日方西，夢中倏忽，若度一世。生呼二客而語之，尋槐下穴，上有積土，以為城郭臺殿之狀，有蟻數斛，隱聚其中，即槐安國都也。又窮一穴，直上南枝可四丈，即生所領南柯郡也。當作如何消受？遙思往事，憶即書之，持向佛前，一一懺悔。不次歲月，異年譜也；不分門類，別《志林》也。《志林》：蘇軾有《志林》，或稱《東坡志林》，傳本較多，其中有的版本是按門類而編者。偶拈一則，如遊舊徑，如見故人，城郭人民，翻用自喜，真所謂癡人前不得說夢矣。《陸象山語錄》：「癡人面前說不得夢。」又：宋僧惠洪《冷齋夜話》卷九有「癡人說夢夢中說夢」條：「僧伽（即後世所說的泗州大聖）于龍朔中游江淮間，其跡甚異。有問之曰：『汝何姓？』答曰：『姓何。』又問：『何國人？』答曰：『何國人。』唐李邕作碑，不曉其言，乃書傳曰：『大師姓何，何國人。』此正所謂對癡人說夢耳，李邕遂以夢為真，真癡絶也。」癡人說夢，本為成語，謂癡人以夢話為真也。今顛倒用之，則以前朝舊事為夢，而自嘲為癡人。

昔有西陵脚夫為人擔酒，西陵脚夫：西陵，鎮名，又作西興，在杭州錢塘江之南，屬蕭山境，蘇小小墓在焉。因是水陸碼頭，脚夫多集中于此，人稱「西興脚子」。失足，破其甕，念無所償，癡坐佇想曰：「得是夢便好！」一寒士鄉試中式，方赴鹿鳴宴，自唐代以迄明清，於鄉試放榜次日，宴請新科舉人和內外簾官，歌《詩經》中《鹿鳴》篇，因稱「鹿鳴宴」。恍然猶意非真，自嚙其臂曰：「莫是夢否？」一夢耳，惟恐其非夢，又惟恐其是夢，其為癡人則一也。余今大夢將寤，猶事雕蟲，雕蟲：揚雄以文章詞賦為「雕蟲篆刻，壯夫不為」。又是一番夢囈。因歎慧業文人，慧業：佛教語，此即指天生聰明敏慧。名心難化，正如邯鄲夢斷，漏盡鐘鳴，盧生遺表，猶思摹拓二王，以流傳後世，盧生於黃粱夢中官至極品，年老病篤，遂上遺表而卒。而「猶思摹拓二王」，則是張岱發揮以自嘲。二王，羲之、獻之父子，並以書名世。已經要死了，所上遺表還要講究書法，可見「名心難化」。張岱這一發揮是借用湯顯祖《邯鄲夢》第二十九折情節，原劇大略為：盧生道：「叫大兒子將文房四寶，掃席焚香，待我寫下遺表，謝了朝廷，便死瞑目矣。」其妻道：「公相不煩自寫。」盧生道：「你不知，俺的字是鍾繇法帖，皇上最所愛重。俺寫下一通，也留與大唐家作鎮世之寶。」則其名根一點，名根：好虛名的業根。堅固如佛家舍利，舍利：即舍利子，佛教徒遺體火化後留下的堅硬珠狀物。劫火猛烈，猶燒之不失也。

合采牌序

太史公曰：「凡編戶之民，富相什則卑下之，富相什：財產相差十倍。伯則畏憚之，伯：即「佰」字。千則役，萬則僕，物之理也。」引文見《史記·貨殖列傳》。古人以錢之名不雅馴，薦紳先生難言之，難言之：《史記·五帝本紀》：「百家言黃帝，其文不雅馴，薦紳先生難言之。」雅馴，典雅之訓。故易其名曰賦、曰祿、曰餉，天子千里外曰采。《禮記·王制》：天子「千里之內，曰甸，千里之外，曰采，曰流。」采者，采其美物以為貢，猶賦也。貢，猶賦也：貢、賦，都是一種租稅。諸侯在天子之縣內曰采，縣：古稱天子所居之州曰縣。有地以處其子孫亦曰采，名不一，其實皆穀也，飯食之謂也。周封建多采則勝，秦無采則亡。采在下無以合之，則齊桓、晉文起矣。春秋時，齊桓公九合諸侯，以匡天子。齊桓死後，晉文公繼霸，屢合諸侯，代行征伐。列國有采而分析之，則主父偃之謀也。主父偃之謀：漢武帝時，主父偃上書，以諸侯國強盛，不利於皇權，建「推恩策」，使諸侯皆得推恩分封子弟為侯國，實分其國而削弱之。由是而亮采服采，好官不過多得采耳。輔佐政事稱亮采，天子近侍之臣稱服采，故此云「好官不過多得采」。充類至義之盡，語見《孟子·萬章下》，意謂用同類事物比照類推，把道理引申到極點。所以下面把官祿「采」引申到竊、盜。竊亦采也，盜亦采也，鷹虎豹由此其選也。鷹、虎、豹，指文章開始提到的三種葉子牌。說因為盜、竊亦采，所以才出現了鷹、虎、豹之牌。然則奚為而不禁？曰：「小役大，弱役強，斯二者天也。」《孟子・離婁上》：「天下無道，小役大，弱役強，斯二者天也。」《皋陶謨》曰：「載采采。」《書・皋陶謨》：皋陶曰：「都！亦行有九德。亦言，其人有德，乃言曰，載采采。」注：載，行。采，事也。稱其人有德，必言其所行某事某事以為驗。微哉！之哉！庶哉！「之哉」難通，疑是「旨哉」之訛。這三句的意思是：皋陶這話真微妙啊，真有味啊，真豐富啊。

《陶庵夢憶》有《合采牌》一則，前云：「余作文武牌，以紙易骨，便於角鬭，而燕客復刻一牌，集天下之鬭虎、鬭鷹、鬭豹者，而多其色目、多其采，曰『合采牌』。余為之作敘曰」云云，後即此文。按合眾牌之「采」，故稱「合采」。按賭博时博具如骰子、葉子之類呈现的花色稱「采」，優勝則稱「得采」、「成采」。本文就是張岱「考證」賭博為何稱「采」的來歷，但這滿是調侃的「考證」把帝王將相與盜竊賭徒沆瀣一氣，當亦「合」之一義。

陶庵肘後方序

泰昌改元冬十一月，萬曆四十八年，明神宗死，光宗朱常洛即位，改元泰昌，僅一月，光宗病死，熹宗朱由校即位，明年改元天啓。此時在位的已經是熹宗了。先大夫病傷寒，先大夫：指已經去世的父親張耀芳，因為張耀芳生前仕宦，級別相當於古之大夫，故稱。諸名醫咸集，競以銷導藥投之，銷導藥：消散疏導之藥。銷，或作「消」。勺水不入口者旬有八日矣。氣喘舌短，鬚着手即折，諸醫却走，勢在垂盡，子女繞牀泣。

老醫吳竹庭者遲遲至，診脈已，却坐而笑。余曰：「奈何？」竹庭呼余至廳事，附耳曰：「病至萬死，爾能萬死，爾父或得不死。」病情已經到萬死不治的地步，而你如果也認為確是萬死不治了，你父親或者就可以不死了。余曰：「何說也？」竹庭曰：「余醫法奇，人不識，集天下醫人具不識。爾不視若父為萬死，余不醫；余不視若父為萬死，余亦不醫。」余曰：「醫亦死，不醫亦死。不醫死，不若醫而死也。」竹庭曰：「信然。房中止留病人，侍人出，若亦出。若止備地黃一二十斤，清河參一二斤，水火藥鐺一二事。予自擕蒼頭一人司火，假我以一晝夜，弗余問。」弗余問：對我做的事不要過問。余灑淚而出。藥餌水火俱備。竹庭先用熟地黃一兩煮汁灌之，眼稍合。竹庭喜曰：「是矣。」遂以大銅鍋煮熟地黃五六斤，一晝夜啜盡之，齁齁睡去。竹庭呼余入視，驚喜。竹庭曰：「未也。腸胃燥結，積食不得出。」又服地黃五六斤，曰：「可矣。」遂服大黃下之。及下，皆肥鵝肉生吞不化者。蓋半月前先大夫啖鵝半隻，又啖雪數升壓之，肉不化亦不敗。瀉後疲苶幾脫。苶，亦疲意。脫，虛脫致死。竹庭曰：「無害。」又以大鍋煮參斤許，亦一晝夜啜盡之，眼能左右視。竹庭曰：「痰來矣。」先大夫翹首起，嘔痰數盆，稠如縑帛，牽扯不斷。余曰：「奈何？」竹庭曰：「無別法，亦即以熟地黃治之。」仍煮地黃五六斤灌之，痰立止。又一日，竹庭附耳曰：「神且歸舍，防之。」余兄弟環坐牀第，至丙夜，丙夜：相當於三更時分。先大夫忽然起立，握拳亂築人，若具數百斤勇士力者。逮至五鼓，即省人事矣。一時竹庭之名，不減扁鵲。

曾記竹庭與余說：一日，夢中喧嚷雜遝，說上帝宴天醫。天醫：由天庭掌管其籍的醫生，為天帝行醫於人間。多人赴宴，竹庭與焉。及在席，衣冠者三四人，而内多緇衣黃冠、緇衣黃冠：僧人穿黑衣，道士戴黃冠。乞兒貧子、鶉衣百結、提囊負笈之輩。蓋草澤醫人，其以丹方草頭藥活人為多，故天宴亦多此輩也。

余家向有大父所集《方書》二卷，葆生叔所集《丹方》一卷。葆生叔：張岱二叔張聯芳，字爾葆，號二酉。余聞竹庭言，遂有意丹方草頭藥。凡見父老長者，高僧羽士，輒卑心請問，及目擊諸病人有服藥得奇效者，輒登記之。積三十餘年，遂得四卷，收之傒囊，傒囊：出行時小僮背負的囊。李賀每旦日出，騎弱馬，從小奚奴，背古錦囊，遇所得，書投囊中。邂逅旅次，出以救人，抵掌稱快。因憶歐陽文忠公語：「人有乘船遇風，驚悸而得疾者，取多年柂牙為長年手汗所漬處，柂牙：船舵的手柄。長年：長年的雇工，即長工。此指舵工。刮末服之而愈。」歐陽修語見蘇軾《東坡志林》。「柂」字原作「拖」，據《東坡志林》改。良醫用藥，多以意造。若吳竹庭之療吾先大夫，匠意獨出，不拘古方，與草澤醫人用草頭藥者亦復何異！蓋竹扇止汗，破蓋斷瘧，此中實有至理，殆未易一二為俗人道也。

《陶庵肘後方》，張岱集。今不存。

桃源曆序

天下何在無曆？自古無曆者，惟桃花源一村人。以無曆，故無漢無魏晉；無漢無魏晉：陶淵明《桃花源記》：桃源中人自云：「先世避秦難，率妻子來此，遂與外隔絶，不知有漢，不論魏晉也。」以無曆，故見生樹生，見死獲死，樹，栽培。看到草木生長，就栽培莊稼。獲，收穫。見到莊稼枯黄，就開始收穫。有寒暑而無冬夏，有稼穡而無春秋；以無曆，故無歲時伏臘之擾，伏臘：伏為夏季的伏日，臘指冬季的臘月，古人於時均有祭祀。此以伏臘代指一年的節日。無王税催科之苦；王税催科：朝廷的租税，官府的催討科派。雞犬桑麻，桃花流水，其樂何似！桃源以外之人，惟多此一曆，其事千萬，其苦千萬，其感慨悲泣千萬。乃欲以此曆曆我桃源，下「曆」字為動詞，此句意謂，用這個曆來作我桃源之曆。則桃源之人亦不幸甚矣。雖然，余之作曆也則異於是。

余讀《四民月令》有曰：《四民月令》，東漢崔寔所撰。記一年十二月的時令及農事。「河射角，堪夜作。犁星沒，水生骨。」河、角、犁星皆為星象。此言以天上的星象來掌握農時，男子耕作。又曰：「蜻蛉鳴，衣裘成。蟋蟀鳴，懶婦驚。」此言以昆蟲的鳴叫來掌握時令，女子織縫。無事璣璿，無須用觀測天象的璿璣儀器。推開灰葭，拋棄候驗節氣用的葭灰玉管。古人用葭灰占律，即於一密封之室，按方位列十二木案，案面内卑外高，將十二律的律管即玉管依序排列，玉管長短不一，内填以葭莩（即蘆葦膜）之灰。直聲音的十二律與十二月相對應，時節一至，葭灰即自動吹起。仍以星出蟲吟推人耕織。不存年號，無魏晉也；不立甲子，無壺官也。壺官：欽天監設有壺漏，觀其刻度以計時。掌管者古稱壺人，或稱壺官。春蠶秋熟，歲序依然，木落草榮，時令不失。桃源人見之，曰：「是曆也，非以曆曆桃源，仍以桃源曆曆也。」不是以外面的曆法來作為桃源之曆，而是以桃源的無曆之曆來作為天下曆法。無曆而有曆，曆亦何害桃源哉！作《桃源曆》。

《桃源曆》，張岱撰集。今不存。

紀年詩序

毅儒方有《明詩存》之選。張弘，字毅儒，張岱為其族兄，稱之為八弟。與張岱同為祁彪佳發起的詩社「楓社」成員。他除把自作詩編成《紀年詩》外，又選明詩為《明詩存》。本書卷三有張岱與毅儒論詩書牘兩封，可參看。蓋欲選明詩以存明詩也，乃先自選其詩，欲自選其詩，則又先自存其詩，因取甲子以來諸詩編年記之，甲子：天啓四年。遂爾成帙。諸詩存矣，然則何以待之？毅儒又輒自丹鉛甲乙彈謫之，一筆不阿，一筆不苟，是蓋以選選存，則亦不外乎以存存選矣。「選」是張毅儒對自己所作詩的丹鉛彈謫，這是「選」其所「存」詩，但又因其所「存」而保留下他的丹鉛彈謫，即選詩的標準。以上言《明詩存》。

毅儒髮未燥，剛生出來，胎髮還沒有乾。所謂乳臭未乾，還在童子時。輒以全力為詩。受知於王季重、倪鴻寶兩先生，王季重，字思任，號謔庵，又號遂東。四明人。官至工部主事，宦途坎坷。明亡後，魯王監國，起為禮部尚書。紹興既破，絶食死。小品為明末大家，著有《王季重十種》及《文飯小品》。與張岱祖父為同年，故張岱稱為「年祖」。事蹟生平詳見本書卷四《王謔庵先生傳》。倪元璐，字玉汝，號鴻寶。浙江上虞人。明末官戶部尚書、翰林院侍讀學士。李自成陷北京，自縊死。詩文卓然成家，對張岱頗有影響。迭相酬和，詩亦輒不得自苟。故毅儒諸詩，其深心厚力，真有出兩先生之上者。無論知己，即有投溷之仇，《紺珠集》云：李藩常搜集李賀歌詩，所得甚富。知賀表兄與賀有筆硯之舊，托訪所遺。其人曰：「某盡記其數，亦多點竄，請得所緝者為改正。」李藩遂並付之。彌年絶跡，藩怒召詰之。答曰：「恨其傲忽，常思報之，其文已投溷中矣。」故李賀篇什流傳者少。亦決不忍輕棄，毅儒即不欲自存其詩，不得也。

雖然，毅儒豈苟存哉！指張弘於己詩不任其苟存，而要加以篩選。悉怛太子析骨還父，析肉還母，棄其骨肉，政是存其父母。悉怛太子，即悉達多，釋迦佛為淨飯王太子時之名。但析骨還父、析肉還母乃哪吒太子事，此為張岱誤記。《五燈會元》卷二：「那吒太子，析肉還母，析骨還父，然後現本身，運大神力，為父母說法。」既已還骨肉與父母，則何為哪吒「本身」？故禪宗常以此為一公案。佛菩薩於自己一身無不割棄，方能出其手眼，割棄眾生。割棄諸天王、修羅、餓鬼、畜生，佛教言輪回，有地獄、餓鬼、畜生、阿修羅、人、天六道。修羅，即阿修羅，佛教中是介於「天」、「魔」之間的惡神，男性醜陋，女性極美。而天王即指諸天。取其所為骨肉者，屠裂而搜剔之。骨之無損於父者，始堪還父；肉之無損於母者，始堪還母。其不堪還父母者，即不堪飼餓鬼，餵畜生。地獄生天，判於一瞬，是無中立、無等待也。毅儒佞佛乎？見經則捧，遇佛則拜，有存佛，無選佛也。

茶史序

周又新先生每啜茶，輒道白門閔汶水，周又新，號墨農。張岱詩友，楓社成員。白門：南京別稱白門。因六朝建康南門宣陽門又名白門也。閔汶水：清初周亮工《閩小記》云：「歙人閔汶水，居桃葉渡上。予往品茶其家，見其水火皆自任，以小酒盞酌客，頗極烹飲態。」俞樾《茶香室叢鈔》卷二二：「閩茶有二，一在九華山。一在休寧。萬曆末閔汶水所製。其子閔子長、閔際行繼之，既以得名，亦以獲利。市于金陵桃葉渡邊，名花乳齋。」原刻文中諸處俱誤作「閔文水」，據《陶庵夢憶・閔老子茶》及當時筆記改正。嘗曰：「恨不令宗子見。」一日，汶水至越訪又新先生，攜茶具，急至予舍。余時在武陵，武陵在湖南，就眼下所見材料，張岱一生無入湘記錄，且武陵為桃花源所在，張岱遊則必記乎。故頗疑武陵為「武林」（杭州）之誤。不值，後歸，甚懊喪。

戊寅，崇禎十一年。余至白門。甫登岸，即往桃葉渡訪汶水。桃葉渡：今位於秦淮河與古青溪合流處附近，以东晋王獻之於此送其愛妾桃葉渡河得名。為金陵四十八景之一。時日晡矣。余至汶水家，汶水亦他出，余坐久。余意汶水一少年好事者，及至，則瞿瞿一老子，瞿瞿：此指閔老子初見有身份的生客而現驚懼不安貌。與余敘款曲，愕愕如野鹿不可接。愕愕：此處即指「噩噩」，古樸貌。《莊子・天地》「民如野鹿」，亦言淳樸。方欲縱談，而老子忽起曰：「余杖忘某所，去取杖。」起席竟去。此是閔老子藉故避客。

余曰：「今日豈可空去。」待其返，更定矣。更定：入夜，開始打一更了。老子睨余曰：「客尚在耶？客尚在何為者？」余曰：「周又老嘗道閔先生精飲事，願借餘瀝以解渴思。」汶水喜，即自起當爐，茶旋煮，速如風雨。導至一室，幽窗淨几，荊溪壺及成、宣窰瓷甌十餘具，荊溪壺：宜興有荊溪，故荊溪亦代指宜興。荊溪壺即紫砂壺。成、宣窰瓷甌：明成化、宣德時的官窰茶具。皆精絶。余問老子曰：「此茶何產？」老子曰：「閬苑茶也。」余再啜之，曰：「莫紿余。是閬苑製法而味不似。」老子匿笑曰：匿笑：無聲暗笑。原本作「暱」，誤，據《陶庵夢憶・閔老子茶》改。「客知是何產？」余再啜之，曰：「何其似羅岕甚也！」羅岕：岕茶，產於浙江長興羅岕山者最佳。明人最為推崇，冒辟疆有《岕茶匯鈔》一卷述之最詳。今長興有白茶，或說即是岕茶。老子吐舌曰：「奇！奇！」余問水曰：「何水？」老子曰：「惠水。」惠水：江蘇無錫惠山泉，為陸羽評定為天下第二。余又曰：「莫紿余，惠水至此千里，豈有水之圭角毫芒不動、生磊若是乎！」圭角：棱角，應即口感中的「洌」。生磊，或作「鮮磊」，與圭角義近，只是圭角言水之性，鮮磊言人之感。老子曰：「不復敢隱。舍間取水，必俟惠山人靜，夜分涸其井，淘洗數次，至黎明，涓流初滿，載以大甕，藉以文石。舟非風則勿行，水體不勞，水性不熟，故與他泉特異。」又吐舌曰：「奇！奇！」言未畢，老子自去。少頃，持一壺滿斟余曰：「客啜此。」余曰：「香撲烈，味甚渾厚，此春茶也。向瀹者的是秋採。」瀹：熱水沖泡。老子大笑曰：「余年七十，精飲事五十餘年，未嘗見客之賞鑒若此之精也。五十年知己，無出客右。豈周又老諄諄向余道山陰有張宗老者，得非客乎？」余又大笑，遂相好如生平歡，飲啜無虛日。

因出余《茶史》，細細論定，劂之以授好事者，劂之：刻成書版。使世知茶理之微如此，人毋得浪言茗戰也。茗戰：鬬茶。起源於唐代惠州的一項民間茶事競賽活動，大抵是春茶開採之後，茶農及茶客各出所藏名茶，輪流品嘗，以決勝負。

《茶史》，張岱撰，今亦不存。

越絶詩小序

忠臣義士多見於國破家亡之際，如敲石出火，一閃即滅，人主不急起收之，則火種絶矣。我太祖高皇帝，於元末忠義如余闕、福壽、李黼之輩，余闕，字廷心，一字天心。廬州人。元統元年進士。官至翰林待制。丁母憂，歸廬州。元末兵起，余闕以江淮行省參政守安慶，城為陳友諒軍攻破，自殺。闕既死，陳友諒求屍塘中，具棺斂葬於西門外。及安慶歸明，朱元璋詔為余闕立廟於忠節坊云。議者謂自兵興以來，死節之臣闕與褚不華為第一。通經學，為文有氣魄。著有《青陽集》。福壽：元末官江南行臺御史大夫，守集慶。明軍克城，死於亂兵中。李黼：元末為江西行省參政，守江州，城破戰死。寶恤之不啻如祥麟威鳳。積薪厝火，成語有「厝火積薪」，置火於堆積的柴薪之下。其焰立見，革除之際，已食其報矣。革除，指燕王朱棣發動「靖難」之役，建文帝兵敗身亡，政權轉移後，朱棣就不承認建文一朝，稱這段歷史為「革除」。所謂「食報」，指方孝孺等眾士大夫對朱元璋之孫建文帝的效忠。成祖滅竈揚灰，火星已盡。明成祖朱棣即位後，屠戮建文帝忠臣，斬盡殺絕，所以說滅了灶還要棄其灰，不留一點兒忠義的火種了。而吾烈皇帝身殉社稷，烈皇帝：崇禎帝，死後謚莊烈愍皇帝。光焰燭天，天下忠臣烈士聞風起義者，踵頂相籍。譬猶陽燧，陽燧：用日光取火的凹面銅鏡。對日取火，火自日出，不薪不燈，不木不石，蓋其所取種者大也。張岱此處有微辭。此火不接傳於薪柴、燈燭，也不是鑽木敲石所出，而是來自天日之中。即謂明帝自朱棣之後，慘刻寡恩，滅忠義之火殆盡，而明末死節諸臣，其忠義之氣乃出於天地，並非明帝一向培植的結果。某以蜀人住越，張岱晚年著作常自署「蜀人」或「古劍」，是因祖先於南宋末自蜀中綿竹宦遊至紹興，而其始祖則可追溯至綿竹的張浚、張栻父子。張浚在南宋初為抗金名將，而張栻則為始終堅持抗金的大儒。張岱晚年特意強調是蜀人，就暗示着與滿清政權（滿人的祖先即金人）勢不兩立的立場。得之聞見者二十六人，何況天下之大乎？

昔田常作亂，移兵伐魯，而孔子以魯為墳墓所處，命子貢一出，本欲存魯，遂至亂齊、強晉、破吳而霸越。《史記·仲尼弟子列傳》：齊大臣田常欲作亂於齊，憚高、國、鮑、晏諸大臣，故移其兵欲以伐魯。孔子聞之，謂門弟子曰：「夫魯，墳墓所處，二三子何為莫出？」子貢請，孔子許之。遂行至齊，說田常曰：「君如破魯以廣齊，則君之必難立足於齊，不如伐吳。伐吳不勝，民人外死，大臣內空，是君上無強臣之敵，下無民人之過，孤主制齊者，唯君也！」子貢又南見吳王，說其救魯伐齊。又使越國，令越王襲吳。子貢又之晉，說晉君修兵休卒以待時機。子貢去而之魯。吳王果與齊人戰於艾陵，大破齊師，獲七將軍之兵而不歸，果以兵臨晉。與晉人相遇黃池之上。吳、晉爭強，晉人擊之，大敗吳師。越王聞之，涉江襲吳，去城七里而軍。吳王聞之，去晉而歸，與越戰於五湖。三戰不勝，城門不守。越遂圍吳宮，殺夫差而戮其相。破吳三年，東向而霸。故子貢一出，存魯、亂齊、破吳、強晉而霸越，十年之中，五國各有變。**越人既霸，因有《越絶》一書。然則「越絶」者，越之所以不絶也。當絶不絶，越亦尚有人哉！**

《越絶詩》，當即張岱所編明末越地忠義二十六人之詩，今不存。

水滸牌序

余友陳章侯，才足掞天，掞天：光焰照天。**筆能泣鬼。昌谷道上，婢囊嘔血之詩；**昌谷，李賀所居地，在今河南宜陽。李賀每旦日出，騎弱馬，從小奚奴，背古錦囊，遇所得，書投囊中。及暮歸，足成之。母使婢探囊中，見所書多，即怒曰：「是兒要嘔出心乃已耳！」**蘭渚寺中，僧秘開花之字。**蘭渚即紹興蘭亭，旁有佛寺，王羲之七世孫智永居之，秘藏《蘭亭》真蹟不以示人，死後傳與弟子辯才。後唐太宗遣蕭翼賺去，行至中途，蕭翼啓看，頓時遍野生花。**兼之力開畫苑，遂能目無古人。有索必酬，無求不與。既蠲郭恕先之癖，**郭忠恕，字恕先。五代宋初大畫家。有藝文，善篆籀隸書。所畫樓觀木石，備極精妙。周時為國子博士兼宗正丞。入宋，召為國子監主簿，以忤旨流登州。至齊之臨邑道中，屍解仙去。此言其「癖」，當指恕先之好縱酒，肆言時政得失。老蓮亦曾有此癖，故此言「蠲」。**喜周賈耘老之貧。**賈收，號耘老，湖州人，精詩。蘇軾在杭州時即識其詩，及為湖州太守，遂訂交。東坡曾畫古木怪石以周濟耘老之貧，事詳下文之注。畫《水滸》四十人，為孔嘉八口計。因使宋江兄弟，復覩漢官威儀。《後漢書·光武帝紀》：更始帝諸將皆冠幘，衣婦人服。及劉秀至洛陽，老吏或垂涕曰：「不圖今日復見漢官威儀。」此處是說老蓮所畫水滸人物，雖然是山寨好漢，服飾却都很規範。伯益考著《山海》遺經，「遺」字原脫，據《夢憶》補。伯益考即伯益，考為對男子的尊稱。東漢趙曄《吳越春秋》卷四：禹巡行四瀆，與益、夔共謀，行到名山大澤，召其神而問之，山川脈理，金玉所有，鳥獸昆蟲之類，及八方之民俗，殊國異域土地里數，使益疏而記之，名曰《山海經》。獸毨鳥氄，毨、氄，統言鳥獸身上的毛羽。皆拾為千古奇文；吳道子畫《地獄變相》，青面獠牙，盡化作一團清氣。收掌付雙荷葉，能月繼三石米，致二斛酒，不妨持贈；蘇軾致賈耘老書，有云：「念賈處士貧甚，無以慰其意，乃為作怪石古木一紙，每遇飢時，輒以開看，還能飽人否？若吳興有好事者，能為君月致米三石、酒三斛，終君之世者，便以贈之。不爾，可令雙荷葉收掌，須添丁長以付之也。」「雙荷葉」似指耘老之妾。珍重如柳河東，必日灌薔薇露，薰玉蕤香，方許解觀。「解」字，原本作「改」，疑為「啟」字之訛。今從《陶庵夢憶》改作「解」。《白孔六帖》：柳宗元得韓退之詩，先以薔薇露盥手，玉蕤香薰之，然後發讀。此處是說周孔嘉應該珍重地接受陳老蓮這一饋贈。非敢阿私，願公同好。

《水滸牌》，即陳老蓮所繪《水滸葉子》，今存。《陶庵夢憶》卷六《水滸牌》一則此文之前有小引云：「古貌古服、古兜鍪、古鎧胄、古器械，章侯自寫其所學所問已耳。而輒呼之曰『宋江』，曰『吳用』，而『宋江』、『吳用』亦無不應者，以英雄忠義之氣，鬱鬱芊芊，積於筆墨間也。周孔嘉丐余促章侯，孔嘉丐之，余促之，凡四閱月而成。」

補孤山種梅序

蓋聞地有高人，品格與山川並重；亭遺古蹟，梅花偕姓氏俱香。名流雖已代遷，勝事自須人補。在昔孤山逸老，孤山逸老指林逋，字君復，杭州人，善行草，為詩孤峭。宋真宗賜號和靖處士。中年後即隱居杭州西湖，結廬孤山。喜植梅養鶴，人稱「梅妻鶴子」。高潔韻同秋水，孤清操比寒梅。疎影橫斜，遠映西湖清淺；暗香浮動，長陪夜月黃昏。林和靖詠梅詩：「疏影橫斜水清淺，暗香浮動月黃昏。」今乃人去山空，依然水流花放。瑤葩灑雪，亂點冢上苔痕；林和靖墓在孤山。玉樹迷煙，恍墮林間鶴羽。

茲來韻友，欲步先賢，補種千梅，重開孤嶼。凌寒三友，三友：松、竹、梅。蚤結九里松篁；杭州地名有九里松，在艮山門外。破臘一枝，遠謝六橋桃柳。西湖蘇堤有映波、鎖瀾等六橋，沿堤間種桃柳。蘇堤春曉為西湖八景之一，或稱「六橋煙柳」。佇想水邊半樹，點綴冰花；待披雪後橫枝，低昂鐵榦。林和靖梅花詩有「雪後園林才半樹，水邊籬落忽橫枝」句。美人來自林下，高士臥於山中。明高啟詩：「雪滿山中高士臥，月明林下美人來。」人以為最能狀梅之精神。白石蒼崖，擬築草亭招素鶴；蘇東坡有《放鶴亭記》，文末有「放鶴招鶴之歌」。濃山淡水，閒鋤明月種梅花。南宋劉翰詩：「自鋤明月種梅花。」有志竟成，無約不踐。將與羅浮爭豔，羅浮山，在今廣東惠陽地區。有梅花村，深竹寒溪，一往幽折。人多以藝梅為生。牛羊之所踐踏，皆梅也。還期庾嶺分香。大庾嶺，又稱梅嶺，為五嶺之第一嶺。俗說以多梅而名。實為林處士之功臣，亦是蘇東坡之勝友。吾輩常勞夢想，應有宿緣。哦曲江詩，便見孤芳風韻；曲江，指張九齡，字子壽，韶州曲江人。唐玄宗時官至尚書右丞相，貶荊州長史。有《庭梅詠》詩：「芳意何能早，孤榮亦自危。」云云，所謂「孤芳風韻」，疑即指此。讀廣平賦，尚思鐵石心腸。宋璟，唐名臣，玄宗時累封廣平郡公，人稱「宋廣平」而不名。作《梅花賦》，皮日休以為「鐵心石腸人而亦風流豔冶如此」。共策灞水之驢，此唐詩人鄭綮事。或問鄭綮：「近日有詩思否？」答曰：「詩思在灞橋風雪中驢子上，此處何以得之？」按「灞橋風雪」為關中八景之一。又唐詩人孟浩然有踏雪尋梅故事。明人有把此二事扭在一起者，如程羽文《詩本事・詩思》云：「孟浩然詩思在灞橋風雪中驢子背上。」此處則把風雪灞橋與尋梅事捏合。且向段橋踏雪；段橋即斷橋，在白堤去孤山途中。「斷橋殘雪」為西湖十景之一。遙期漆園之蝶，《莊子・齊物論》：「昔者莊周夢為蝴蝶，栩栩然蝴蝶也。」莊周曾為漆園吏，故稱。群來林墓尋梅。莫負佳期，用追芳躅。

贈沈歌敘序

天下柔莫如水，及其結為層冰，則堅不可犯。天下糯莫如秫，糯：米粘軟。及其釀為釃酒，則猛不可咽。若世間之剛柔相錯，與人心之強弱迭更，真有不可測識者。

吾友沈素先弱不勝衣，見人吶吶似不能言者，及其臨大事，當大難，則其堅操勁節，侃侃不撓，固刀斧所不能劘，劘：切割。三軍所不能奪矣。《論語・子罕》：子曰：「三軍可奪帥也，匹夫不可奪志也。」國變之後，寂寞一樓，足不履地，其忠憤不減文山，第不遭柴市之慘耳。文天祥號文山。文天祥在燕被囚三載，始終不屈，後就義於柴市。人琴俱亡，人不在，物也全非。《世說新語・傷逝》：王子猷、子敬俱病篤，而子敬先亡。子猷索輿奔喪，都不哭。子敬素好琴，便徑入坐靈牀上，取子敬琴彈，弦既不調，擲地云：「子敬！子敬！人琴俱亡。」因慟絶良久。月餘亦卒。頗勞夢寐。此言常與沈素先相見于夢中。今乃見其嗣君歌敘，婉戀柔順，屏氣循牆，屏着氣息，循牆而走。形容人的謹慎和謙順。律身謙謹，大有父風。而朋儕鄰里，有稱其肝腸如火，俠氣如雲，不可一世者。余之不信歌敘，亦猶昔日之不信素先也。然余聞其一事，要非人所能為者。

歌敘與倪文正公次公子封比閭而居。倪文正公次公：倪鴻寶，謚文正。次公，對「次子」的尊稱。比閭而居：《周禮》：五家為比，五比為閭。後以「比閭」泛稱鄰里。子封以時疫暴死，貧不能殮，凡衣衾棺槨，皆歌敘為之，慘澹經營，卒能成禮。此時尚有奴婢妻孥，共為襄事。不及一月，子封之配鄭院君相繼死，院君：即縣君。本為婦女封號，後成為對一般有身份者妻子的尊稱。奴婢逃散，四壁徒存，僅一幼子，長號屍側。歌敘不忍坐視，破家竭力，為措棺衾。時方溽暑，停閣數日，骨肉零落，不堪舉手。獨歌敘一人，與藐孤一子，藐孤：幼弱的孤兒。昏暗一燈，舉其糜爛之屍，莊嚴入殮。蓋棺之後，伴其孤兒，相守數月，陰風淒慘，於血肉臭腐中蹲踞盤旋，毫無穢忌。此一段俠腸高義，即求之古人中，亦不可多得者矣。

憶昔素先與王子安交厚，後子安以事相累，素先為其被逮落獄，略無怨詞。蓋素先生平極敦友誼，素先與子安友也，故生死以之。生死以之：以，此處作「使」解，即把生命交出去供遣使。若歌敘之與倪氏，鄰也，亦生死以之，則歌敘之意氣肝膽，較之素先又變本而加厲矣。以此推之，其居常而克敦孝義，其用世而必效忠貞，余於歌敘尤有厚望焉。嗟夫！素先墓木已拱矣，其以予言告之墓前，博其九泉一笑。

印彙書品序（代周元亮）

會稽胡蘭渚，為冏卿璞完先生之文孫。少年博洽，家有賜書，留心字學，更精篆刻，其鐵筆之妙，實出文三橋、何雪漁之上。文三橋：文彭，字壽承，號三橋。大書畫家文徵明之子。尤精書法篆刻。官南京國子博士。何雪漁：何震，號雪漁，篆刻與文彭齊名，時人評以「三橋如漢庭老吏，字挾風霜；雪漁如絳雲在霄，舒卷自如」。而近則《印彙書品》，凡古今人之精於字學者，人贈一印，以存其姓氏。蓋以其沉酣學海，考核精詳，有功於金石者，亦即以金石報之也。用金石篆刻來報答這些有成就的金石家。

近世俗工，字皆杜撰，治印用的篆書，結構筆劃皆隨意變形省略，缺少字學依據。不足與語。余因憶王太史之評唐寅、周臣畫，王太史：指王肯堂。肯堂字宇泰。萬曆十七年進士，選庶吉士。官終福建參政。好讀書，尤精於醫。唐寅：即唐伯虎，明代吳門大畫家。周臣，字舜卿，號東村。吳縣人。精山水人物。為唐寅前輩。唐寅、仇英等畫山水人物多師從之。謂二人稍落一筆，其妍醜立見。或問臣畫何以不如伯虎，太史曰：「但少伯虎胸中數千卷書耳。」《珊瑚網》卷三九云：王肯堂曰：「唐子畏畫多周臣筆，要在巨眼別之。子畏師周臣而青於藍，雅俗之別也。」或問：「周畫何以俗？」曰：「只少得唐生數卷書耳。」是論覺太過焉。今蘭渚之與俗工，其妍醜相去，確確由此。呵囑諸人，其再讀十年書，方可與蘭渚語痛癢也。

余酷好印章，亦曾深加考究。咄咄蘭渚，幸勿以門外漢目之。

周亮工，字元亮。崇禎進士，明亡降清，官至戶部右侍郎。曾因贓下獄。著有《因樹書屋書影》等。癖嗜印章及畫，嘗裒輯同時能篆刻者為《印人傳》。

又序

圖書一道，圖書，此指印章篆刻。真為「越絶」，《越絶書·越絶·本事篇》言書名由來，「越」為國名，而「絶」則言越王勾踐「抑強扶弱，絶惡反之於善」，稱霸于中原，「誠在於內，威發於外，越專其功，故曰越絶」。而此處借用「越絶」一詞，既為超絶、卓絶義，又雙關胡蘭渚為越人。而求之四方，繼古人而興起者，亦罕見其人。何者？蓋此道不傳於俗工賤藝，而必傳於才士文人。篆法窈遠，尋其奧竅，非得之《汲冢周書》，《汲冢周書》：西晉太康二年，汲郡人不準盜發魏襄王墓，或言安釐王冢，得竹書數十車。其《紀年》十三篇，今稱《竹書紀年》，有《周書》若干，稱《汲冢周書》。必傳之辟雍石鼓，石鼓，唐代初出土於陝西省寶雞市鳳翔三疇原。舊以為周宣王時期的刻石，謂宣王蒐於陳倉，命從臣史籀篆石鼓，其文亦稱「獵碣」。近人則認為是秦文公時物。歷代大多放置於地方學府及太學，故稱為辟雍石鼓。此蘭渚所以不彙《印藪》，而直彙《書品》也。

蘭渚為世家子，金簡玉字，既發宛委之藏；東漢趙曄《吳越春秋·越王無餘外傳》：大禹治水，七年功未成，愁然沉思。乃夢見玄夷蒼水使者，登宛委山，發金簡之書，案金簡玉字，得通水之理。而鳥跡蟲書，黃帝時史官（或說是伏羲之臣）倉頡，見群鳥踐跡沙地，乃依龜文鳥跡，一畫一豎，一點一圈，撇捺鉤挑，配聚而成字體。又古書體中有蝌蚪文。復窮書契之始。乃作《印彙書品》一卷，以上接圖書正統。蓋其蒐狩於《訓纂》、《韻會》諸書，《訓纂》：古文字書。新莽時，揚雄多識古文奇字，仿《倉頡篇》而作《訓纂篇》。《韻會》：即《古今韻會舉要》，元熊忠所著韻書。吸其精華，以永金石，自非俗工所到。

昔王仁裕夢人剖其腸胃，以西江水滌之，見江中砂石皆成篆籀。王仁裕，五代時人。此事見《舊五代史・周書》本傳，後云：「覩水中砂石，皆有篆文，因取而吞之。」則是仁裕胸中之篆籀，尚夢幻於砂石，而蘭渚胸中之篆籀，且永壽之金玉也，實恨古人不及見我。

雁字詩小序

余友趙我法，趙我法，為張岱楓社詩友，又善丹青。詩名噪天下。近偶家居，以《雁字詩》三十首見示。余讀之再三，口張而不能噏，噏：閉合。《老子》：「將欲噏之，必固張之。」曰：「兄詩太長。」我法瞠目睨我曰：「詩長哦？老詩壇而曰長哦？」余曰：「嘻，長可易言耶！孔子七十，武公九十，孔子壽七十三。《國語・楚語》中左史倚相言：「衛武公年數九十有五矣，猶箴儆於國。」衛武公為春秋初衛國國君。時時皆有個『長』字在。李、杜之詩，亦偶然至是。亦世之學詩者不能至是，乃奉為李、杜之詩，若再加以李、杜之年，再加以李、杜之學，其所造寧止李、杜哉！」此言世之學詩者寫不成那麼長的詩，便奉趙我法為李杜，其實我法不過僅得李杜之長，却缺少李杜的年（功夫）和李杜之學。

余少而學詩，迨壯迨老。三十以前，下筆千言，集如風雨。逾數年而才氣無所用之，逾數年而學問無所用之，再逾數年而性情亦無所用之，目下意色沮喪，終日不成一字。而兄與弟同學，既絕去諸累，而復能下筆千言，集如風雨，較弟更進哉！由是觀之，兄之長且無限，則弟之長兄之長亦且無限，長兄之長：讚美兄之詩長。奈何以弟為非人，乃比為荊卿之魯勾踐哉？《史記・刺客列傳》：荊軻游於邯鄲，魯勾踐與荊軻博，爭道，魯勾踐怒而叱之，荊軻嘿而逃去，遂不復會。魯勾踐已聞荊軻之刺秦王，私曰：「嗟乎惜哉，其不講於刺劍之術也甚矣！吾不知人也。曩者吾叱之，彼乃以我為非人也。」弇州曰：「李滄溟死，予詩文未免信筆。」李攀龍，字于鱗，與王世貞同為「後七子」領袖，著有《滄溟集》。較王世貞先故去二十年。信筆，為文草率。王世貞之意，是攀龍既故，少了諍友，為文未免就鬆懈了。而王讜庵少刻《及幼草》，後作《癢言》，而人謂之不及《幼草》。則是弇州、讜庵兩先生才名如許，一至晚年，後人論定，決不肯以「長」之一字妄以媚之也。張岱是不主張把詩文寫得太長的，他自己就是那麼實踐的。王世貞老來「信筆」，就是少了在文字上錘煉的功夫，而王思任晚年作《癢言》，人不肯以其「長」而許之，說明人們還是喜歡他《及幼草》那樣的短文。咄咄！我法，其再瞠目視我！

大易用序

夫《易》者，聖人用世之書也。後之讀《易》者，亦思用《易》，而卒不得《易》之用者，其所蒙蔽者有三：一曰卜筮，二曰訓詁，三曰制科。制科：天子之詔命稱制，由天子下旨，在常例之外取非常之材，稱制科或制舉，如賢良方正、直言極諫，博通墳典、達於教化等名目即是。至明代即無此意義之制科，而把以「制義」即八股文爲考試內容的科舉稱爲制科。夫卜筮以象數為主，象數：象為龜卜之象，數為筮占之數。舉天下之事物皆歸之象數。訓詁以道理為主，舉天下之事物皆歸之道理。制科以時務為主，舉天下之事物皆歸之時務。盲人摸象，得耳者謂象如簸箕，得牙者謂象如槊，得鼻者謂象如杵，隨摸所名，都非真象。《大般涅槃經》卷三二：「爾時大王，即喚眾盲各各問言：『汝見象耶？』眾盲各言：『我已得見。』王言：『象為何類？』其觸牙者即言象形如蘆菔根，其觸耳者言象如箕，其觸頭者言象如石，其觸鼻者言象如杵，其觸脚者言象如木臼，其觸脊者言象如床，其觸腹者言象如甕，其觸尾者言象如繩。善男子，如彼眾盲，不說象體，亦非不說，若是眾相悉非象者，離是之外更無別象。」則《易》之不為世用也，亦已久矣。

余少讀《易》，為制科所蠱惑者半世矣。今年已六十有六，復究心《易》理，始知天下之用，咸備於《易》。如《屯》如《蒙》，如《訟》如《師》，如《旅》如《遯》，一卦之用，聖人皆以全副精神注之，曲折細微，曾無罅漏。順此者方為吉祥，悖此者即為患禍。因見古之人雖不學《易》，其見於行事者，必有一端之合，任聖賢之聰明睿知，奸雄之機械變詐，總不能出《易》之外也。故知《易》之道全矣，而不可以全用。人雖至聖若文王、箕子之流，僅守其一卦，復於一卦之中守一爻，以終其身足矣。周文王被紂囚於羑里，演八卦為六十四卦，作《彖辭》。但未聞一生僅守一卦之事。而箕子僅守一爻以終其身，大約是因為《明夷·六五》彖辭中有一句「箕子之明夷」。非其餘者聖人不足以知之，時有所不能，勢有所不可也。故古之成大事者，必審於時勢之當然，又察夫己之所履，於是得其一說而執之，可以無患。

凡卦之德，雖處極凶，至於險而不至於殺，至於危而不至於亡。其至於殺與亡者，每不在於守而在於變。故《易》之為用，不可以不變，而又不可以不善變。何也？鷹化為鳩，鳩化為鷹，此以天時變者也。《月令》：仲春鷹化為鳩，仲秋鳩化為鷹。故此云「以天時變」。貉渡汶則死，貉，原文為「鴝」，誤。《淮南子·原道訓》云：「貈渡汶而死。」《列子·湯問》：「貉逾汶則死矣。」「貈」字同「貉」。橘過淮為枳，《晏子春秋》：「橘生淮南則為橘，生於淮北則為枳。」此以地氣變者也。田鼠之為鴽，鴽：鵪鶉之類的小鳥。腐草之為螢，刺蝟之為蝶，變蠢冥而為文物，此善變者也。雉入大水為蜃，雀入大水為蛤，以上除刺蝟化蝶外，皆見於《月令》。燕與蟹入山溪而為石，石狀似燕，或大或小，及有雷雨，則群飛頡頏，雨停則還復為石。此種記載，湖南、浙江等地俱有，不止一處。宋高似孫《蟹略》引《廣州記》曰：石蟹出南海，蟹化為石，過潮漂出。變飛動而為潛植，此不善變者也。善變者乘幾構會，借助與創造機會。得之足以成大功；不善變者背理傷道，失之足以致大禍。用《易》而不善於變《易》，亦無貴於用《易》者矣。

故嘗就學《易》者而深究之。「執」之失二，執：固執不變。謬也，雜也。「變」之失一，反也。謬者失時，雜者失勢，反者失幾。李膺、范滂處《蒙》而執《同人》，東漢靈帝時，司隸校尉李膺及范滂等眾因反對宦官專政，被捕殺，並釀成第二次黨錮之禍。此下張岱舉了一些歷史上從利向不利方面轉化的事件，認為如果通《易》理，就可以避免。比如此條，如果用卦象解釋，那麼《蒙》之《彖辭》曰：「蒙，山下有險，險而止，蒙。」《同人》之《彖辭》曰：「唯君子為能通天下之志。」李膺本來處於《蒙》這樣不利的境地，面對宦官的強大勢力，理應謹慎從事。但他卻「執《同人》」，自恃有廣大士大夫支持，於是而行險蹈死。《大易用》一書至今沒有發現，這種解釋未必合於張岱原意，只是打一個比方，說明《大易用》一書就是用易理對這些事例的分析。孔融處《坎》而執《離》，東漢獻帝時，孔融因反對曹操而被殺。刁、劉處《小畜》而執《中孚》：東晉初，王氏強盛，晉元帝惡之，乃引刁協、劉隗為腹心，損抑王氏。王敦遂以討刁、劉為名，起兵於武昌，入石頭城，刁、劉被殺，元帝憂憤死。所謂謬也。苻堅處剛行柔，苻堅滅諸國，對俘獲諸王不計仇嫌，仍放心委以職任。淝水一敗，立即土崩。《乾》《坤》紊矣；嵇康內文外汙，嵇康為曹魏宗親，內有俊才，但在外表上卻曠達任性，不拘禮法。這就授人以柄，為司馬氏所殺。《離》《遯》亂矣；霍光當難忘安，漢昭帝死後，昌邑王即位，立二十七日，任用私人，不務政事，大將軍霍光廢昌邑王，扶立宣帝。功高震主，不自收斂，此是只考慮國家困境，而忘記自己安危。所以霍光死後，家族隨即被宣帝誅滅。《否》《泰》訾矣：訾：亂。所謂雜也。宋武德在《師》，急於受命，變而為《革》；劉裕逼晉帝「禪讓」，建國號宋，為宋武帝。《師》之《彖辭》曰：「師，眾也。貞，正也。能以眾正，可以王矣。」《革》之《彖辭》曰：「天地革而四時成，湯武革命，順乎天而應乎人。革之時大矣哉！」唐德宗志在《震》，三藩一決，變而為《需》：三藩指盧龍、成德、魏博等割據河北的三鎮，德宗時三鎮聯合，稱王，對抗朝廷。因朱泚反，唐德宗下罪己詔，赦三鎮，三鎮亦取消王號。所謂反也。

嗚呼！成敗之不可以論人也固矣。審夫《易》之為用，又豈無說乎？能成天下之務者，愚不可也，智不可也，愚則不知其所操，而智者必亟亟乎屢更其道。夫《易》如藥也，能生人，亦能殺人。不知其病，數易其方，幾何而不死哉！

《大易用》，張岱撰。據《嘉慶山陰縣志》卷三十六著錄，為寫本四冊。今存否不詳。

詩韻確序

詩之有韻，以沈約為宗，自南朝沈約開始，有意識地在詩文中講求漢字的四聲，從而得到一種音韻美。沈約，南朝著名史學家、文學家，歷仕宋、齊、梁三朝。創「四聲八病」說，對後世近體詩的形成極有影響。而沈尚簡嚴，用不多字。後漸廣之，江河日下，幾不識孰為沈韻矣。

吾想一韻之中，只有數字可用，餘皆奇險幽僻，詩中屏棄不用者，多可刪去。總之，用險韻決無好詩，查《韻府》必多累句。昔人因險韻難和，倡韻脚諸書，小部如升庵《韻藻》、楊慎，字用修，號升庵。嘉靖時任經筵講官。因「大禮議」受廷杖，謫戍雲南永昌衛，居三十餘年，死於戍所。著述甚多。《韻藻》四卷為其所作韻書，後又有人在其基礎上作《廣韻藻》。《韻府群玉》、南宋陰時夫所撰韻書。《五車韻瑞》，明凌稚隆撰。因《韻府群玉》而稍變其體例。窮酸寒儉，既不足觀。大部如先大父《韻山》，多至數千餘卷，冊籍浩繁，等身數倍。《陶庵夢憶》卷六有《韻山》一則，云：大父常恨《韻府群玉》、《五車韻瑞》寒儉可笑，意欲廣之。乃博采群書，用淮南「大小山」義，摘其事曰「大山」，摘其語曰「小山」，事語已詳本韻而偶寄他韻下曰「他山」，膾炙人口者曰「殘山」，總名之曰《韻山》。小字襞積，煙煤殘楮，厚如磚塊者三百餘本。踵而上之，更有《永樂大典》一書。胡儀部青蓮先生尊人，曾典禁中書庫，攜出三十餘本，一韻中之一字猶不盡焉。世宗蓋一便殿以藏此書，世宗：明世宗，即嘉靖皇帝。堆砌幾滿。烈皇帝時，烈皇帝：明莊烈帝，即明思宗朱由檢，年號崇禎。廷議再抄一部，計費十萬餘金，遂寢其議。一卷韻書，做出如許大事業，書囊寧有底哉！

余嘗論詩之一道，途徑甚狹，不特篇中韻脚甚少，即句中字法亦甚少。唐人妙句天生，只有一字，得之者便妙，失之者便不妙。如賈閬仙用「推敲」二字，大費沉吟，唐詩人賈島，字閬仙。一日於驢上吟得「鳥宿池邊樹，僧敲月下門」，初欲着「推」字，或欲着「敲」字，煉之未定，遂於驢上作「推」字手勢，又作「敲」字手勢。不覺行半坊，犯權京兆尹韓愈鹵簿方覺。然「推」「敲」之外，更無有第三字為之陪伴，為之陪伴，即在可供選擇之列。則詩道之精嚴，亦概可見矣。

然則余所刪定之韻，豈獨簡便可入奚囊，即以煉篇煉句，造詣成李、杜大家，亦寧有出此數字也哉！

《詩韻確》，張岱撰，存否不詳。

曆書眼序

軒轅氏命大撓探五行之情，占斗綱所建，作甲子。大撓，或作大橈，黃帝之臣。《月令章句》：「大橈探五行之情，占斗綱所建，於是始作甲乙以名日，謂之幹，作子丑以名月，謂之枝，枝幹相配，以成六旬。」而諏日者與推命者必相輔而行，諏日：推算時日吉凶。推命：推算命運窮通。而後二者之說始得無蔽。何者？紂以甲子亡，武王以甲子興，諏日者語塞矣。《資治通鑑・晉紀》：甲子晦，魏王拓拔珪進軍攻之。太史令晁崇曰：「不吉。昔紂以甲子亡，謂之疾日，兵家忌之。」珪曰：「紂以甲子亡，周武不以甲子興乎？」崇無以對。救之者曰：「武王命喜甲子，而紂命惡甲子。」武王之命中與甲子相合，而紂命中與甲子相犯。是以推命彌補諏日之失。則諏日之說可以長世。長平坑卒，戰國時秦將白起大破趙兵於長平，坑趙卒四十餘萬。未聞共犯三刑；三刑：推命家以辰亥午酉為自刑，子卯、卯子為互刑，丑戌未寅巳申為朋刑。是為三刑。凡犯此者都有刑殺之禍。南陽貴士，王莽時，漢光武帝劉秀起兵南陽，佐命功臣也多為南陽人。豈必俱當六合？子與丑合，寅與亥合，卯與戌合，辰與酉合，巳與申合，午與未合，是為六合。命當六合，百事皆吉。推命者語塞矣。救之者曰：「長平出師，適遇往亡；往亡：往者去也，亡者無也。往亡為凶日，諸事多不利。南陽應選，剛臨煞貢。」則推命之說可以長世。互相窮則互相遁，互相遁則互相救，互相救則互相解。蓋諏日與推命之說，合則雙美，離則兩傷。故天下之人言及星學，驗者什之三，不驗者什之七，避凶趨吉，實亦疑信相半焉。

余則斷之曰：「祿命之學，固深奧難測，諏日之說，則亦不可難誣。」難，疑是「輕」字之誤。余嘗取其小者以概其大者。絶氣可以纏足，伏斷可以截乳，四絶可以斷瘧，九空可以絶產。絶氣、伏斷、四絶、九空，都是諏日家推出的日辰名目。小既有驗，大亦可徵。語曰：「陰陽家使人拘而可畏。」考其應驗，毫忽不爽。「人言可畏」，誠哉其可畏也。

此書徑寸，藏之行囊，旺、相、孤、虛，旺、相、孤、虛，這些都是星命家表示日辰吉凶的術語。燦若指掌，吉凶、悔吝，皎若列眉。昔人有身壓牆下，猶問「今日可動土與否」，則其信曆書本欲重性命，今性命在頃刻而猶問曆書，是又律學中之尾生者已矣。律學：星曆之學。此指推算星命。尾生：《莊子·盜跖》：「尾生與女子期於梁下，女子不來，水至不去，抱梁柱而死。」此處指墨守成規死也不知變通的人。

《曆書眼》，張岱撰，存否不詳。

皇華考敘

昔越裳氏重譯而來獻白雉，傳說交趾之南有越裳國。周平王時，周公居攝六年，制禮作樂，風和雨順，越裳氏以中國有聖人，重譯而來，獻白雉為祥瑞。使者迷其歸路，周公作指南車，指南車又名司南。傳說黃帝與蚩尤戰時，造指南車以破五里霧，又有說為周公所造，俱不足信。另有發明於東漢張衡、三國魏馬鈞、南朝齊祖沖之諸說。命使者載之，期年而至其國。此在大海茫茫，猶借指南為嚮導，則海道得以不迷。今水陸舟車，雖總在中國之內，若無路程、輿考記其道里短長，古驛、莊亭志其州縣交界，亦猶之大海茫茫渺無津逮矣。後漢光武自將以征隗囂，自王莽末年，隗囂即起兵據隴西。王莽滅後，漢光武帝劉秀據中土，出征巴蜀稱帝之公孫述，兵經隴道，隗囂據隴阪拒漢兵，進窺漢中。至建武八年，漢光武親征隗囂。迷路不敢入。馬援於帝前聚米為山谷，馬援，字文淵，扶風茂陵人。東漢開國名將。王莽末年，避亂於涼州，曾為隗囂所重用，故熟知隴阪地理。後為隗囂使者至漢，遂歸漢。開示眾軍所從道徑，往來分析，昭然可曉。帝喜曰：「賊在吾目中矣。」可見按圖索籍，山溪道路，一目了然，則進退攻取，披掌可覩。此《皇華考》之所以繼輿圖而作也。輿圖，即地圖。

今天下盜賊蜂起，道途隔絕，譬如洪水橫行，懷山襄陵，大浸滔天，《書·益稷》：禹曰：「洪水滔天，浩浩懷山襄陵。」將神州汩沒。安得神禹復出，闢除開導，使河、洛、江、淮，各循故道，則昔人所云「南人歸南，北人歸北」，南宋初，秦檜主和議，建策「南人歸南，北人歸北」，即將流亡於南方的百姓送回北方，河北人歸金國，中原人歸偽齊劉豫。宋高宗言：「朕北人，將安歸？」事遂不行。但張岱此時提及「南人歸南，北人歸北」，並不是替秦檜張目，而是取其說以影射滿清無理侵佔大明江山，讓他們「北人歸北」。藪澤既清，烽煙盡熄，則四方兵氣皆消為日月光矣。此時版圖畫一，途路分明，毋使越裳之人迷其疆界，則此書與周室之指南車無以異矣。

《皇華考》，張岱撰，存亡無考。

夜航船序

天下學問，惟夜航船中最難對付。夜航船：江南地區城鎮間載客運貨航行於夜間的船。自唐代即有，至上世紀末尚存在於蘇杭間。蓋村夫俗子，其學問皆預先備辦，如瀛洲十八學士、瀛洲十八學士：唐太宗為秦王時，收聘賢才，以杜如晦、房玄齡等十八人為學士。後命閻立本圖像，號「十八學士」。天下欽慕，謂之「登瀛洲」。瀛洲，傳說中海上仙山，與蓬萊、方壺並稱，神仙居之。雲臺二十八將之類，雲臺二十八將：漢光武開國功臣。至漢明帝，追感前世功臣，圖畫鄧禹等二十八人於南宮雲臺。稍差其姓名，輒掩口笑之。彼蓋不知，十八學士、二十八將，雖失記其姓名，實無害於學問文理，而反謂錯落一人，則可恥孰甚。故道聽途説，只辦口頭數十個名氏，便為博學才子矣。明葉盛《水東日記》卷二：吳思庵先生談及淺學後進，曰：「此《韻府群玉》秀才，好趁航船爾。」航船，吳中所謂夜航船，接渡往來，船中群坐多人，偶語紛紛。蓋言其破碎摘裂之學，只足供談笑也。

余因想吾越，惟餘姚風俗，浙江餘姚，在紹興東。後生小子無不讀書，及至二十無成，然後習為手藝。故凡百工賤業，其《性理》、《性理》：似指明初胡廣所編《性理大全》，但此書七十卷，非「後生小子」所能爛熟者。或是此書的刪節本，如《性理備要》之類。《綱鑑》，明人袁黃仿朱熹《通鑑綱目》所編的歷史讀物，世稱《袁了凡綱鑑》。皆全部爛熟，偶問及一事，則人名、官爵、年號、地方，枚舉之未嘗少錯。學問之富，真是「兩脚書櫥」，北宋人龔程，攻苦食淡，手未嘗釋卷，記問精確，經史子集，無不通貫，鄉人號為「有脚書廚」。明永樂中，毗陵陳濟善於記誦，成祖稱為「兩脚書櫥」。而其無益於文理考校，與彼目不識丁之人無以異也。或曰：「信如此言，則古人姓名總不必記憶矣。」余曰：「不然，姓名有不關於文理，不記不妨，如八元、八愷、《左傳》中說到高陽氏有才子八人，蒼舒、隤敳、擣戭等等，謂之八愷。高辛氏有才子八人，伯奮、仲堪、叔獻等等，謂之八元。廚、俊、顧、及之類是也。廚、俊、顧、及：東漢末年，處士橫議，互相標榜品第，以竇武、劉淑、陳蕃為「三君」，下又有「八俊」、「八顧」、「八及」、「八廚」各八人，猶古之「八元」、「八愷」也。有關於文理者，不可不記，如四嶽、為堯舜時諸侯之長，未必四人。三老、漢時鄉官名，非三個老人。臧穀、《莊子・駢拇》有臧、穀亡羊故事，臧與穀是二人。徐夫人之類是也。」徐夫人：荊軻刺秦王時，求得徐夫人匕首。夫人為人名，實為男子。

昔有一僧人與一士子同宿夜航船，士子高談闊論，僧畏慴，卷足而寢。僧聽其語有破綻，乃曰：「請問相公，澹臺滅明是一個人，是兩個人？」澹臺滅明：復姓澹臺，名滅明，字子羽。孔子弟子。士子曰：「是兩個人。」僧曰：「這等，堯舜是一個人，兩個人？」士子曰：「自然是一個人。」僧人乃笑曰：「這等說起來，且待小僧伸伸脚。」余所記載，皆眼前極膚極淺之事，吾輩聊且記取，但勿使僧人伸脚則亦已矣。故即命其名曰《夜航船》。

《夜航船》，張岱撰。浙江古籍出版社一九八七年據天一閣所藏抄本整理出版。

白嶽山人虎史序

凡古之作史者，以記人也。其所記之人，必成其為人者也。不然，則不成其為人者也，故不可以不記也。白嶽山人之作《虎史》，白嶽山人：王雨謙，號白嶽。山陰人。張岱至交。肆力古文，又善畫。倜儻任俠，能舞大刀。弘光亡後，間道入閩，繼續抗清，後亡歸，閉門著書，除《虎史》外，又與女婿俞公轂共撰《廉書》。精詩學，張岱引為「詩學知己」。《嫏嬛文集》有王白嶽批評本存世。以記虎也。其所記之虎，又皆不成其為虎者也，不成其為虎，又甚於其為虎者也，尤不可以不記也。

夫虎有虎道，鬬穀於菟，則虎之仁也；鬬穀於菟為人名，春秋楚成王時為楚令尹。按楚人謂虎曰於菟，是人以虎為名。而鬬穀於菟自毀其家以紓楚國之難，是仁人之事。荆溪除暴，則虎之義也；三國時吳國宜興人周處，殺南山白額虎、長橋下蛟，改節讀書，為父老「除三害」。荆溪，宜興溪水名，或作宜興代稱。拔刺饋膰，則虎之禮也；《太平廣記》卷四三一「李大可」條：有人野行，為虎所逐。既及，伸其左足示之，有大竹刺貫其臂。虎俯伏貼耳，若請去之者。其人為拔之，虎甚悅，宛轉搖尾，隨其人至家乃去。是夜，投一鹿於庭，如此歲餘。投野豕獐鹿，月月不絶。虎北渡河，則虎之智也；《後漢書·劉昆傳》：劉昆為弘農太守，為政三年，仁化大行，虎皆負子渡河離去。夜出曉歸，則虎之信也。凡此皆虎之所以成其為虎者也。若夫不成其為虎，則貪而似狼也，淫而似猱也，媚而似狐也，巧而似猩也，險而似蝟也，殘而似猰也。猰貐，又作

（「窫窳」，《山海經》中的凶獸。狀如牛，赤身、人面、馬足，以人為食。）此虎不似虎而反似諸獸者也。虎不似虎而反似諸獸，則虎不足以為恥也。何也？虎亦獸也。今之為虎者則不然，似狼而不見其貪也，似猱而不見其淫也，似狐而不見其媚也，似猩而不見其巧也，似蝟而不見其險也，似猰而不見其殘也。為虎而不露其為虎，與為諸獸而不露其為諸獸，則虎而人者也。人而虎與虎而人，均足恥也。

人而虎者，山人以虎治之；虎而人者，山人以人治之。以人治之，故史之也。史之者何？仿朱子《綱目》之例，（《綱目》：朱熹《資治通鑑綱目》，以司馬光《資治通鑑》而節略之，大書以為綱，以分注為目。）大書特書其為虎，發明纂注其為虎，使不得隱匿而閃藏之也。若夫字挾秋嚴，筆蓄霜斷，（落筆如秋風嚴霜之凜然無情。）其間發奸摘伏，疑鬼疑神，使虎果有石渠、柱下，（漢時宮內有石渠閣以藏秘書，秦時有柱下史，掌天下圖書計籍。此處用來概指國家史館。）吾必以白嶽山人為虎之董狐。（晉靈公欲殺趙盾，盾逃而未及出境，盾弟將軍趙穿襲殺靈公於桃園。晉太史董狐書曰「趙盾弑其君」，以視於朝。孔子聞之，曰：「董狐，古之良史也，書法不隱。」）

博浪椎傳奇序

老、莊之學，一變而為申、韓，（先秦法家申不害、韓非。事見《史記・老子韓非列傳》。）再變而為孫、吳，（先秦兵家孫武、吳起。事見《史記・孫子吳起列傳》。）三變而為蘇、張，（縱橫家蘇秦、張儀。事見《史記・蘇秦列傳》及《張儀列傳》。）四變而為荊、聶。（刺客荊軻、聶政。事見《史記・刺客列傳》。）太史公曰：「凡此輩雖極慘礉少恩，皆原於道德之意，而老子深遠矣。」見於《老子韓非列傳》讚語。「此輩」僅指申、韓。「深遠」二字，乃老子一生藏身妙用。而無奈申、韓以後，其意漸趨漸薄，其術愈變愈淺，其於用世，日處危險，後且不可救藥矣。

張子房從忠孝起家，其於申、韓之流本欲自異，而博浪一椎，張良為韓報仇，得力士，為鐵椎重百二十斤。秦始皇東游，良與客狙擊於博浪沙中，誤中副車。參見本書卷三樂府《博浪椎》。誤墮荆、聶，則其學問淺薄，如何克為帝者之師？故黃石老人愛之惜之，乃向圯上教之也。圯上納履事見《史記·留侯世家》。最後老人出一編書，曰：「讀此則為王者師矣。後十年興。十三年孺子見我濟北，穀城山下黃石即我矣。」余曾見佚書，張良為老人納履，老人曰：「孺子可教。」良曰：「願聞也。」老人曰：「兩眉致其美於人，而人卒不以眉為功，眉無事也。孺子居功，其以眉乎？兩手致其傷於人，而人卒不以手為怨，手無心也。孺子處怨，其以手乎？」張良憮然為問曰：「敬受教。」只此數語，已將張子房一生之功業心術傾囊道破。此指上文所說之不居功，不處怨。子房得此數語，真如畫龍點睛，從此飛騰變化，莫可測識者矣。

余宗兄公琬深得此意，故以博浪椎譜為傳奇，總以見子房用氣而卒能不為氣用，取其深情遠識，以提醒英雄豪傑，為功大矣。

余向作怒蛙，純以氣性用事，遇越王，或在所憑式，《吳越春秋》：越王勾踐圖謀報吳復仇，欲使國人好勇赴死，路逢一蛙張腹而怒，起而憑軾致敬。未數年，民無長幼，臨敵雖湯火不避。遇子房則必望之而却走矣。此言張子房不以怒蛙為然，見之則避走。余故留此一卷牀頭，以當黃石《素書》。圯上黃石老人送張良書，《史記》明言是《太公兵法》，而後人故神其事，云是《素書》。世傳《素書》為後人僞託，言以柔制剛、以退為進之理。

鳩柴奇觚記序

東坡曰：「木有癭，樹木有病變而樹幹腫如癭瘤。物之病也。」蘇軾《答李端叔書》：「木有癭，石有暈，犀有通，以取妍於人，皆物之病也。」癭為人所棄，則木以病全其身。而朱羲人刊山伐谷，必羅致之以為飲器，題目中所說的「觚」即此「飲器」。則是木反為癭累矣。夫人亦有癭，籧篨戚施，《淮南子・修務訓》：「籧蒢戚施，雖粉白黛黑弗能為美者。」籧篨，不能俯身的怪病。戚施，背駝到四肢據地而行。骫骳踆蹩，四肢扭曲怪異。懸疣蹴躃之輩，懸疣：贅疣。蹴躃：跛脚。為世間廢人。乃有人焉，因材而器，使之築垣司火，不能俯身則使之持杵築牆，不能直身則使之持棒燒灶。挫針治繲，《莊子・人間世》：「挫針治繲，足以餬口。」繲，洗衣。鼓筴播精，用簸箕揚穀物，去粗留精。《莊子・人間世》：支離疏（一個畸形怪人的名字）「鼓筴播精，足以食十人。」那支離疏的畸形也正適於簸揚穀物。舍短就長，反得其用。亦猶之裁取木癭，使為器具，即輪囷磊塊，輪囷：盤曲。磊塊：囫圇如石塊。無不稱奇。是雖病以累人，癭以累木，而人反藉其病、就其癭以得其用。則癭仍無害，病亦何妨，而為之製器、用人者，不反受其累乎？此句的意思似應這樣理解，即用此「累人」「累物」而製器、用人者，反而借助此「累」得到益處。

雖然，余友濮仲謙，雕刻妙天下，其所製剔帚麈柄，篩瓶筆斗，非樹根盤結，則竹節支離，略施斧斤，遂成奇器，所享價幾與金銀爭重。《陶庵夢憶》卷一有「濮仲謙雕刻」一則，可參看。則人固可以重癭，而癭亦可以重人矣。

彼仲謙一假手之勞，其所製器，置之商彝、周鼎、宣銅、漢玉間而毫無愧色。彝：宗廟中所用的青銅禮器。

宣銅：宣德爐。倘不加物色，而一入樵夫之手，不過地爐中一榾柮火已耳，榾柮：木頭疙瘩。此物煨火最耐久。豈不重可惜哉！故予不奇觚而奇朱彝人與周、陳二子製觚之人。

一卷冰雪文後序

余選《一卷冰雪文》，而何以附有詩也？余想詩自《毛詩》為經，古風為典，四字即是碑銘，長短無非訓誓。摩詰佞佛，世謂詩禪；唐王維，字摩詰，好佛。退朝之後，焚香獨坐，以禪誦為事。人謂其詩中有禪。工部避兵，人傳詩史。杜甫曾官工部員外郎，人稱杜工部。安史亂後，杜甫逃難，以所見所經成詩，人稱詩史。由是言之，詩在唐朝，用以取士，唐詩之妙，已登峰造極。而若論其旁引曲出，則唐虞之典謨，《尚書》中《虞書》有《堯典》、《舜典》及《大禹謨》、《臯陶謨》。三王之誥訓，夏、商、周三代書中有《湯誥》、《伊訓》之類。漢魏之樂府，晉之清談，指《世說新語》之類。宋之理學，指理學家的各種問學語錄。元之詞曲，明之八股，與夫戰國之縱橫，指《戰國策》之類的縱橫家說辭。六朝之華贍，指六朝的駢體文。《史》《漢》之博洽，諸子之荒唐，無不包於詩之下已。則詩也，而於古之文章備於是矣。

至於余所選文，獨取冰雪，而今復以冰雪選詩者，蓋文之冰雪，在骨在神，故古人以玉喻骨，以秋水喻神，杜甫《徐卿二子歌》：「大兒九齡色清澈，秋水為神玉為骨。」已盡其旨。若夫詩，則筋節脈絡，四肢百骸，非以冰雪之氣沐浴其外，灌溉其中，則其詩必不佳。是以古人評詩，言老、言靈、言雋，言古、言渾、言厚，言蒼蒨、蒼翠絢麗。言煙雲、蒙籠隱約。言芒角，鋒芒明銳。皆是物也。特恨世無解人，其光華不得遽發耳。

昔張公鳳翼刻《文選纂注》，張鳳翼，字伯起，蘇州人。嘉靖四十三年舉人，卒於神宗萬曆四十一年。為人狂誕，擅作曲。與弟燕翼、獻翼並有才名，時人號為「三張」。一士夫詰之曰：「既云《文選》，何故有詩？」張曰：「昭明太子所集，於僕何與？」曰：「昭明太子安在？」張曰：「已死。」曰：「既死，不必究也。」張曰：「便不死，亦難究。」曰：「何故？」張曰：「他讀得書多。」余藉斯語，亦以解嘲，故仍題之曰《一卷冰雪文》。

廉書小序

王白嶽先生所著《廉書》，書同曬腹，東晉郝隆有才氣，七月七日見鄰人皆曝曬衣物，乃仰臥曝腹於庭，人問其故，答曰：「我曬腹中書耳。」此言《廉書》所引用古籍，如同全在腹中一般精熟；但同時也可以理解成，《廉書》把肚子裏的東西全不加選擇地攤出來了。帙過等身，《廉書》手稿積如人身之高。博奧極矣。乃反其名曰「廉」，廉，廉簡，不苟取，不濫收。則其顧益嗇，其心益猛矣。何者？學海無邊，書囊無底，世間書怎讀得盡？只要讀書之人眼明手辣，心細膽粗。眼明則巧於掇拾，手辣則易於剪裁，心細則精於分別，膽粗則決於去留。

先生瀏覽群書，博中求約，如燒丹抱朴，止取九轉靈砂；晉道士葛洪，自號抱朴子。所著書即名《抱朴子》，「內篇」多言丹法，九轉靈砂，為丹砂中最精者。唐道士周隱遙云：「爐中煉藥，雖非九轉金丹，乃是七返靈砂。」是靈砂即金丹也。煮海張生，但索百朋寶母。元人李好古有雜劇《沙門島張羽煮海》，言書生張羽與龍女相愛，龍王不允。張遂用法寶煮海，龍王求饒，願獻龍宮所有寶物。於是張羽與龍女得以團聚。古人以貝為貨幣，兩貝為一朋。大貝百朋，用以喻珍寶。寶母，諸寶之母，得之可以匯聚珍寶。烹天得渣，烹天：此指女媧之煉石補天。煉道取髓，融煉大道，取其精髓。四庫五車，中國古籍分類，以經史子集為四庫。五車，《莊子・天下篇》：「惠施多方，其書五車。」指所有的典籍圖書。收拾略盡。

然余嘗檢閱《廉書》，偶取一二事，考之《六帖》、《六帖》三十卷，為唐白居易撰，《後六帖》三十卷，宋孔傳撰。合稱《白孔六帖》。此書為著名類書。以下所舉俱為張岱家藏的明代類書。《天中》、明陳耀文撰著名大型類書，六十卷，七百九十六類。《說郛》、明陶九成編大型類書，一百卷。《秘笈》、即《寶顏堂秘笈》，明陳繼儒所編類書。收唐代以來書二百餘種，多取瑣言雋語。《稗海》、明商維濬編。《韻山》等書，凡屬隱僻，遺漏實多。蓋先生以俊俏眼，從書隙中偶然覷着，幾筆勾勒，其書法、章法、句法、字法與人各別，遂成異書。丹頭入手，自然點鐵成金；《景德傳燈錄・靈照禪師》：「還丹一粒，點鐵成金；至理一言，點凡成聖。」珠母在懷，何待燃犀見寶。珠母：即珍珠蚌。燃犀見寶：劉敬叔《異苑》：晉溫嶠至牛渚磯，傳言下多怪物，乃燃犀角而照之，洞見龍宮水族，奇形異狀。此句是說，只要有了自生珍珠的珠母，就無須於外面到處尋覓寶物了。以是知燒丹煮海，不在水火鉛汞，止在燃鍋爇鼎之人。苟非其人，即聚炭懷山，積薪襄陵，形容煮海煉丹所用的柴炭之多，如洪水之淹沒山陵。究成何益哉！

先生胸藏記事之珠，王仁裕《開元天寶遺事》：張說為宰相。有人贈以一珠，名曰記事珠，或有闕忘之事，則以手持弄此珠，便覺心神開悟，事無巨細，渙然明曉，一無所忘。筆握開山之斧。參寥言：參寥：參寥子，宋代詩僧道潛的別號，與蘇軾為詩友。

「坡老牙頰間別有一副爐鞴，鞴，原書作「韛」，誤。爐鞴，熔爐和鼓風用的皮囊，熔煉冶鑄所用的設備。此處是説，同樣的事物，經東坡之口，就會熔鑄成與人不同的語言。他人斷不能學。」昔歐陽公在翰林時，與同院出遊，有奔馬斃犬。公曰：「試書其事。」一曰：「有犬臥於通衢，逸馬足而殺之。」一曰：「有馬逸於街衢，犬遭之，斃。」公曰：「使子修史，萬卷不足矣。」曰：「內翰云何？」內翰：翰林。公曰：「逸馬殺犬於道。」諸人皆服，他人記事，連篇累牘所不能盡者，先生以數語賅之，煩言覼縷所不能斷者，先生以數字了之，故曰「廉」也。他人之廉，以大能取小之謂廉，先生之廉，以小能統大之謂廉也。

陽羨口中，吐奇不盡；梁吴均《續齊諧記》：東晉陽羨（今江蘇宜興）許彦山行，遇一書生臥路側，云脚痛，求寄彦鵝籠中。彦戲許之，書生便入籠。籠亦不更廣，書生亦不更小。彦負籠而去，都不覺重。前息樹下，書生乃出籠，乃謂彦曰：「欲暫要之。」於口中吐出一女子，年可十五六，容貌絶倫。俄而書生醉臥，此女口中吐出一男子，亦穎悟可愛。書生臥欲覺，女子吐一錦行幛，書生仍留女子共臥。男子謂彦曰：「此女子雖有情，心亦不盡，向復竊將女人同行。」男子又於口中吐一女子。戲調甚久，聞書生動聲，男曰：「二人眠已覺。」因取所吐女子，還内口中。須臾，書生處女子乃出，更吞向男子，獨對彦坐。書生既醒，還復吞此女子、諸銅器悉納口中。邯鄲枕裏，變幻無窮。見《夢憶序》注。冷協律以一甌水能藏其七尺之軀，至碎拾屑，片片皆應；冷謙，字啓敬，杭州人。精音律，善鼓琴，工繪畫。元末以道士隱居吴山頂上。明初召為太常協律郎。嘗遇異人傳仙術。明王鏊《震澤長語》卷下記其一異事如左玆：其友極貧，求濟於謙。謙乃於壁上畫一門，入之，金玉爛然。其人恣取以出而遺其引。内庫失金，見引上有人姓名，遂執而訊之，遂及謙。吏逮謙，將至城門，謙言渴求飲。吏以瓶汲水，謙即以足插瓶中，其身漸隱去。吏無奈，但以瓶至御前，上問之，瓶中應如響。令其出，不應，上怒而擊瓶，碎之，片片皆應，卒不知所在。宋景濂能於一粒米中寫「孝弟忠信禮義廉恥」八字，宋景濂：宋濂，字景濂。明初開國功臣。官至學士承旨知制誥。後因被陷胡惟庸案，謫死。點畫分明，皆廉之類也。則廉豈易為也哉！

蕭丘譫述小序

熊巖叔氏之作《譫述》也，叔氏：祖姑（祖父的姐妹，北方稱姑奶奶者）之子，今稱表叔者。熊巖應是蕭丘之號，其母爲張岱祖父之妹。如東坡之作《志林》，弇州之作《外紀》，王世貞有《蘇長公外紀》一編，專集東坡傳記佚聞，應是此書。舉生平知己隆遇，戚屬恩私，罔不一一誌之。每一展卷，如遊舊境，如逢故人，悲喜交集。即余少時見大父之珍惜叔氏，錦褓繡裾，錦製的繈褓，繡花的小衣，此指幼兒的衣服。負劍辟咡，《禮記・曲禮上》：「負劍辟咡詔之，則掩口而對。」此指尊長與幼兒的親切耳語。宛在目前。洵異書也！

家文恭生二子一女，家文恭：張岱曾祖張元汴，謚文恭。長則余大父學使公，張岱祖父張汝霖，官兵部主事，曾為山東副考。次則季祖廷尉公，叔祖張汝懋，官至大理寺丞。祖姑則居幼。祖姑生而穎異，才識不亞二兄，人稱之女博士，適范大夫青城公，得子最晚。叔氏年方舞象，舞象：學象舞。象舞為武舞，古代成童所學。童子十五歲以上為成童。二舅皆老，見叔氏必置諸懷抱，煦嫗教育，煦嫗：愛撫。口授塾書。猶記叔氏童子試時，中尊讓木彭師錄置高等，中尊讓木彭師：中尊，即太尊，對縣令的尊稱。彭姓，讓木當是其字或號。大父攜之往謝。中尊奇其表，謂大父曰：「此子灼然玉質，酷似其舅，殆何無忌一流人也。」何無忌之舅為東晉末名將劉牢之。桓玄既反，劉裕、劉毅、何無忌共謀討玄。玄甚懼，曰：「劉裕勇冠三軍，當今無敵。劉毅家無儋石之儲，摴蒱一擲百萬。何無忌，劉牢之甥，酷似其舅。共舉大事，何謂無成！」大父笑而頷之。彭師藻鑒，今果不爽。駿發之後，駿發：此指取得功名，有了入仕的資格。如駿馬之起步。初李南康，李南康：李，在此處作動詞用，即擔任南康府司李之職。司李即司理，掌審訊鞫獄，明時為推事的別稱。再尉廣信，尉廣信：為廣信府的副長官。揆文奮武，治行為天下第一。而鼎革之際，更能保護善類，周旋名宿。凡豫章之文人才士，豫章：古郡名，治在今南昌，即以豫章為江西代稱。廣信即今江西上饒。無不出湯鑊而衽席之。從沸湯鍋中救出，而置於茵席之上。

蓋叔氏稟性謙和，制行醇謹，晝卜羹牆，夜卜衾影。成語「卜晝卜夜」，本指不分白天黑夜地飲酒玩樂。此處活用。晝卜羹牆，白天以前賢為言行楷模。語出《後漢書·李固傳》：「昔堯殂之後，舜仰慕三年，坐則見堯於牆，食則覩堯於羹。」夜卜衾影，夜晚無愧於自己的身影，即問心無愧的意思。其所出言，皆鼎彝金玉，未嘗一字苟且。乃於是書，獨詭其名曰《譫述》，殊為不倫。余見而笑曰：「嘻！此叔氏之囈也，非叔氏之譫也。」蓋囈與譫異，囈者醉夢之餘，凡有深恩宿怨，鯁悶在胸，咄嗟嚄唶，乃以魘囈出之，是名曰「囈」。譫者非夢非幻，疑鬼疑神，若圖讖，若鏡聽，鏡聽：民間一種占卜術。於除夕或歲首，揣鏡於胸，出門，即以聽到的第一句話來占吉凶休咎。若童謠，人所奉為蓍蔡，蓍蔡：蓍草和龜，古人占卜預測所用。圖讖、鏡聽、童謠，都被古人看做上天的一種預警，其用與占卜相近。以卜休咎，是名曰「譫」。今叔氏所述，滿腔忠愛，鬱鬱芊芊，發於筆墨之間，仍是格言正論，其於譫義奚取？第詳語其意，或有如東坡之眷念子由，至欲再世復為兄弟。漢武之情深伉儷，猶思環佩，再見夫人；漢武帝幸李夫人，夫人死後，武帝思念不已。方士齊人李少翁言能為致其魂。乃夜施帷帳，明燈燭，而令帝居他帳，遙望之，見美女居帳中，如李夫人之狀，然不能就視。顧況之抱痛西河，尚想輪迴，仍為子嗣。唐著作郎顧況有子，數歲而卒，況悲傷不已。其子雖卒，魂神常在其家，每聞父哭聲，聽之感慟。因自誓：如若作人，當再為顧家子。後果生於顧家，即況之幼子。吾叔氏之譫，其亦有類是者乎？孔子志在東周，《論語・陽貨》：子曰：「如有用我者，吾其為東周乎！」而輒歎「甚矣吾衰，不復夢見周公！」語見《論語・述而》。此孔子之囈語也，而自後人視之，其即以斯言為孔子之譫語也亦可。

孫忠烈公世乘序

概觀古今死忠義與立功業之臣，大略務名者什之七，務實者什之三。務名者出於意氣，其發揚尚淺；務實者本之性情，其蘊釀甚深。某嘗以宸濠之叛觀之，宸濠之叛：明正德十四年，封於江西南昌的寧王朱宸濠起兵反，殺巡撫孫燧、副使許逵等，陷南康、九江，圍安慶。時任南贛巡撫的王守仁早有準備，迅速起兵平滅叛亂。因變故而立功業者，王文成、伍吉安是也；王文成：即王守仁，字伯安。浙江餘姚人。因被貶貴州時曾讀書陽明洞，世稱陽明先生。伍吉安：吉安知府伍文定。時王守仁駐節吉安，聞寧王反訊，即率知府伍文定等起兵，會於臨江樟樹鎮。伍吉安務名，而王文成則務實。遭變故而死忠義者，孫忠烈、許忠節是也；孫忠烈：江西巡撫孫燧，謚忠烈。許忠節：按察副使許逵，謚忠節。許忠節則務名，而孫忠烈則務實。谷應泰《明史紀事本末》：宸濠謀反，欲趁鎮巡三司官謝宴時擒之，殺其不附己者，因而舉事。及各官入謝，拜畢，左右帶甲露刃侍衛者數百人。宸濠出立露臺，大言曰：「太后有密旨，令我起兵入朝監國，汝等知之乎？」都御史孫燧毅然曰：「密旨安在？」濠曰：「不必多言，我今往南京，汝保駕否？」燧張目直視濠，厲聲曰：「天無二日，臣安有二君？太祖法制在，誰則敢違？」濠大怒，命縛燧，眾駭愕，相顧失色。按察司副使許逵大呼曰：「孫都御史，朝廷大臣，汝反賊，敢擅殺耶？」顧燧語曰：「我欲先發，不聽，今制於人，尚何言！」濠並縛之。訊逵且何言？逵曰：「惟有赤心耳，豈從汝反！」且縛且罵。賊捶折燧左臂，並縛逵，喝校尉拽出惠民門外殺之。逵且死，罵曰：「今日賊殺我，明日朝廷必殺賊！」

夫「實」豈易言哉！「桃李不言，下自成蹊」者，語見《史記・李將軍列傳》，意謂桃李本不能言，但因其花和果實，人們自然前往，樹下也自成蹊徑。此處比喻李廣雖口不能出辭，但所做為能感人，人們自然會景仰他。以實也。李廣口吶吶不能吐，而亡之日，無識不識哀之者，以實也。黃憲、郭林宗無功名事業文章於世，黃憲，字叔度。東漢人。世貧賤，父為牛醫。舉孝廉，又辟公府，友人勸其仕，憲亦不拒之，暫到京師而還，竟無所就。陳蕃、周舉常相謂曰：「時月之間不見黃生，則鄙吝之萌復存乎心。」黃憲言論風旨，無所傳聞，然士君子見之者，無不服深遠，去疵吝。郭太，字林宗。東漢人。家世貧賤。公府徵辟，並不應。善人倫，而不為危言覈論。卒年四十二，四方之士來會葬者千餘人。而天下頌之、後世信之者，以實也。忠烈公知宸濠必變，不敢摘伏發奸，明律，誣告親王罪至死。而證據稍不足，即為親王反誣，所以宸濠反狀雖明，但沒有人敢去揭發。實意實心，早防預備。實結民心，則緩徵寬役；實剪羽翼，則捕盜除凶；實防要害，則築城濬隍；實置聲援，則設板選鋭；板：板籍，即兵勇名冊。實備輓輸，則編船儲糧。公蓋縝密綢繆，不露聲色。日後除殘戡亂，非公預為之計，則斬使者不能斬，守城者不能守，集兵者不能集，輓餉者不能輓，起義者不能起，擒王者不能擒。總計平濠勳績，皆本于忠烈公一人之性情。後當臨難，公蚤知必有此事，亦持重端嚴，從容就義。許忠節公呼公罵賊，公只侃侃正言，伸明大義，不以聲音笑貌之末，亂我靖恭堅忍之心。「天無二日，民無二王」，以此八字留之天壤，直與日月爭光，可令狐狸貙貉遂能啖盡之乎？《世說新語・

品藻》：庾道季云：「廉頗、藺相如雖千載上死人，懍懍恒如有生氣；曹蜍、李志雖見在，厭厭如九泉下人。人皆如此，便可結繩而治，但恐狐狸貒貉啖盡。」意謂人生而藉藉無聞，功迹俱滅，身盡於狐狸，無擅世之名也。貒，獾類。於是知公惟一實，實則可以格豚魚，豚魚：見《易・中孚》。王弼注：「魚者，蟲之隱微者也；豚者，獸之微賤者也。」可以伏豺虎，豺虎：《詩・巷伯》：「投畀豺虎。」比喻猛獸。可以動天地，可以泣鬼神。務名者天以名報，書績旂常，把功績寫到旗幟上。勒名鐘鼎，施之後世，斯亦已矣。務實者天以實報，子孫繁衍，科第連綿，傳忠傳孝，允文允武。今觀公之雲礽五世，雲礽：即「雲仍」，第八世孫為雲孫、第九世為仍孫。此泛指遠孫。後且玉樹盈階，《世說新語・言語》：謝安問諸子侄：「子弟亦何預人事，而正欲使其佳？」諸人莫有言者，謝玄答曰：「譬如芝蘭玉樹，欲使其生於階庭耳。」後便以玉樹譬人家佳子弟，而玉樹盈階則喻後世人才旺盛。方興未艾，天之酬報忠貞，何其蘊隆若此耶！

昔范堯夫屬東坡序《文正公集》，范純仁，字堯夫，范仲淹之次子。范仲淹謚文正。東坡曰：「軾總角時聞范公名，總角：古時兒童束發為兩髻，形如丫角，稱總角。即疑為天人，焉敢妄加論著？第得掛名文字中，自附門下士之末，則深幸矣。」今中翰君囑某序《世乘》，中翰即內閣中書。孫燧後代顯赫，不詳此中翰君為孫燧幾世孫。忠烈公固屬天人，而某視東坡，猶蟲臂之與麟足，尤為慚恧。第東坡之頌文正公以一誠，蘇軾集中有《范文正公文集敘》。某之頌忠烈公以一實，此皆發千古確論，余小子亦何敢多讓焉。

柱銘抄自序

昔人未有以柱對傳者，柱對：楹聯。傳之自文長始。徐渭，字文長，號青藤。昔人未有以柱對傳而刻之文集者，刻之自余刻文長之《逸稿》始。《徐文長逸稿》，今存，其卷二十四「雜著」中有「榜聯」約二十副。又《徐文長逸草》卷七為「榜聯」，錄約有百副。自《逸稿》刻柱對，而越之文人競作柱對。然越之文人之競作柱對，未作時先有一文長橫據於其胸中，既作時，又有一文長遮蓋於其面上，故用學問者多失之板實，用俚語者多失之輕佻。文人之學文長者，實多為文長所誤；然學文長而全學文長之惡套者，則文長又為學文長者所誤。

余故學文長而不及文長，今又不敢復學文長，則倀倀乎其何適從耶？倀倀：無所適從貌。我越中崛強，斷不學文長一字者，惟鴻寶倪太史。倪元璐，字玉汝，號鴻寶。明末官侍讀學士，故此稱「太史」。參見本卷《紀年詩序》注。而倪太史之柱對有妙過文長者，而寥寥數對，惜其不及文長之多。則余之學文長而不及文長者，又何取乎其多過文長耶？乃友人不以宗子為不及文長，而欲效宗子之刻文長，每取文長以誇稱宗子。余自知地步遠甚，其比擬故不得其倫，即使予果似文長，乃使人曰「文長之後，復有文長」，則又何貴於有宗子也？余且無面目見鴻寶太史，何況後之文人。

《柱銘抄》，張岱撰，存亡無考。

西湖夢尋序

余生不辰，不得其時。此指遇到了國家淪亡的大變。闊別西湖二十八載，崇禎十七年，張岱赴淮安奔季叔之喪，是年南歸，過杭州，而明亦於是年亡國。自此時至張岱寫此序之清康熙十年，正二十八年。但正如下文所說，其間張岱亦兩至西湖，只是斷橋一望，急急走避耳。然西湖無日不入吾夢中，而夢中之西湖宜未嘗一日別余也。前甲午、丁酉，甲午：清順治十一年；丁酉：順治十四年。兩至西湖，如湧金門，商氏之樓外樓，祁氏之偶居，錢氏、余氏之別墅，及余家之寄園，一帶湖莊，僅存瓦礫。則是余夢中所有者，反為西湖所無。及至斷橋一望，凡昔日之歌樓舞榭，弱柳夭桃，如洪水淹沒，百不存一矣。余乃急急走避，謂余為西湖而來，今所見若此，反不若保吾夢中之西湖為得計也。「反不若保吾夢中之西湖為得計也」，康熙刻本《西湖夢尋》序作「反不若保吾夢中之西湖，尚得完全無恙也」。

因想余夢與李供奉異。李供奉：李白，天寶間，因賀知章之薦，玄宗召見，論當世事，奏頌一篇。帝賜食，親為調羹，有詔供奉翰林。供奉之夢天姥也，李白有《夢遊天姥吟留別》詩。天姥山，在浙江新昌及嵊縣境內。如神女名姝，夢所未見，其夢也幻。余之夢西湖也，如家園眷屬，夢所故有，其夢也真。今余僦居他氏已二十二載，順治六年，張岱自項王台賃居快園。參見本書卷二《快園記》一文。「二十二載」，康熙刻本《西湖夢尋》序為「二十三載」。夢中猶在故居。舊役小傒，今已白頭，夢中仍是總角。夙習未除，故態難脫。而今而後，余但向蝶庵岑寂，蝶庵：張岱晚年自命書室為蝶庵，亦自稱蝶庵老人。蘧榻紆徐，蘧榻：竹編的牀榻。紆徐：舒緩地躺臥着。按「紆徐」康熙刻本《西湖夢尋》序作「于徐」，用《莊子·應帝王》「其臥徐徐，其覺于于」，更為允當。惟吾舊夢是保，一派西湖景色，猶端然未動也。兒曹詰問，偶為言之，總是夢中說夢，非魘即囈也。余猶山中人歸自海上，盛稱海錯之美，鄉人競來共舐其眼。嗟嗟，金齏瑤柱，金齏：指精美的食物。瑤柱：江瑤柱，一種珍貴貝類的肉，產於寧波海中。過舌即空，則舐眼亦何救其饞哉！第作《夢尋》七十二則，留之後世，以作西湖之影。「余猶山中人歸自海上」至「以作西湖之影」一段，康熙刻本《西湖夢尋》序作「因作《夢尋》七十二則，留之後世，以作西湖之影。余猶山中人歸自海上，盛稱海錯之美，鄉人競來共舐其眼。嗟嗟，金齏瑤柱，過舌即空，則舐眼亦何救其饞哉！歲辛亥七月既望，古劍蝶庵老人老岱題。」則本序寫於清康熙十年，時作者已七十五歲。

卷之二

記

嫏嬛福地記

晉太康中，張茂先為建安從事，游於洞山，緣溪深入。有老人枕書石上臥，茂先坐與論說。視其所枕書，皆蝌蚪文，莫能辨，茂先異之。老人問茂先曰：「君讀書幾何？」茂先曰：「華之未讀者，二十年內書，若二十年外書，則華固已讀盡之矣。」老人微笑，把茂先臂走石壁下。忽有門，入，途徑甚寬，至一精舍，藏書萬卷。問老人曰：「何書？」曰：「世史也。」又至一室，藏書愈富，又問：「何書？」老人曰：「萬國志也。」後至一密室，扃鑰甚固，有二黑犬守之，上有署篆，曰「嫏嬛福地」。問老人曰：「何地？」曰：「此玉京紫微，金真七瑛，丹書秘笈。」指二犬曰：「此癡龍也，守此二千年矣。」開門肅茂先入，見所藏書，皆秦漢以前及海外諸國事，多所未聞，如《三墳》、《九丘》、《連山》、《歸藏》、《檮杌》、《春秋》諸書，亦皆在焉。茂先爽然自失。老人乃出酒果餉之，鮮潔非人世所有。茂先為停信宿而出，謂老人曰：「異日裹糧再訪，縱觀群書。」老人笑不答，送茂先出。

甫出，門石忽然自閉。茂先回視之，但見雜草藤蘿，繞石而生，石上苔蘚亦合，初無縫隙。茂先癡痞佇視，望石再拜而去。

嬴氏焚書史，咸陽火正熾。此中有全書，並不遺隻字。上溯書契前，結繩亦有記。由前視伏羲，已是其叔季。海外多名邦，九州一黑痣。讀書三十乘，千萬中一二。方知余見小，春秋問蛄螭。石彭與蔑毛，所見同兒稚。欲入問老人，路迷不得至。回首絕壁間，荒蔓惟薜荔，懊恨一出門，可望不可企。坐臥十年許，此中或開示。

按：元伊士珍之《嫏嬛記》三卷，上卷第一篇即張茂先入嫏嬛福地事，與此文大致相同。明錢希言《戲瑕》以為《嫏嬛記》為明桑懌所偽託，則與張岱無關，而張岱文字也不可能鄙瑣如此。張岱自編文集，取舍極苛，料不至把他人文字略加潤色即抄入本集。且本書各類文體起首一篇，張岱不問年月前後，俱選自感得意或視為重要之文，惟本卷以此不倫之篇冠首，顯系為淺薄者竄入，以合《嫏嬛文集》之名，而不知《陶庵夢憶》中本有《嫏嬛福地》一文，與此篇大異其趣也。茲謹錄《嫏嬛記》原文如下，以見竄入者之陋。

張茂先博學強記，嘗為建安從事。遊於洞宮，遇一人於途，問華曰：「君讀書幾何？」華曰：「華之未讀者，則二十年內書蓋有之也，若二十年外，則華固已盡讀之矣。」其人論議超然，華頗內服，相與歡甚。因共至一處，大石中忽然有門，引華入數步，則別是天地，宮室嵯峨。引入一室中，陳書滿架，其人曰：「此歷代史也。」又至一室，則曰：「萬國志也。」每室各有奇書，惟一室屋宇頗高，封識甚嚴，有二犬守之。華問故，答曰：「此皆玉京紫微、金真七瑛、丹書紫字諸秘笈。」指二犬曰：「此龍也。」華歷觀諸室書，皆漢以前事，多所未聞者，如《三墳》、《九丘》、《檮杌》、《春秋》亦皆在焉。華心樂之，欲賃住數十日，其人笑曰：「君癡矣。此豈可賃地耶？」即命小童送出，華問地名，對曰：「嫏嬛福地也。」華甫出，門忽然自閉，華回視之，但見雜草藤蘿繞石而生，石上苔蘚亦合，初無縫隙。撫石徘徊久之，望石下拜而去。華後著《博物志》，多嫏嬛中所得，帝使削去，可惜也。

岱志

張子曰：應劭記封禪而岱之事盡，應劭，東漢末人，所著《風俗通義・正失》中有「封泰山禪梁父」一條。但估計張岱所指是應劭《漢官》所引之《封禪儀記》。此記作者實為馬第伯。而應氏《漢官》一書已佚，所引《封禪儀記》見於《後漢書・祭祀志》章懷太子注中。鍾惺記岱而記之事盡，鍾惺，字伯敬，號退谷，湖廣竟陵（今湖北天門市）人。萬曆三十八年進士。官至福建提學僉事。後辭官歸家，以讀書作文為事。與同里譚元春共選《唐詩歸》和《古詩歸》，名揚一時，形成竟陵派，世稱鍾譚。集中有《岱記》一篇。李士登記十六字而詩文之事盡，此外再益一字，是不知岱者也，是不知岱而並不自知者也。鍾惺《岱記》云：「岳宮有石刻十六字，蓋萬曆辛丑歲洛人李士登筆。其文云：『登岱顛兮，色光莫紀。想太初兮，山生之始。』高深簡遠，似漢人詩。今人作岱遊，不知豫儲幾千言以往。而十六字外，不肯益一字。」世豈有不知岱並不自知之人而可與言封禪，可與言遊觀，可與言詩文哉！故余之志岱，非志岱也。木華作《海賦》，曰：「胡不於海之上下四旁言之？」木华字玄虛，所作《海賦》收入《昭明文选》。「胡不於」一語非木華所言，實出自明人顧凝遠《畫引》，曰：「木華作《海賦》竟，或教以水之前後左右言之，遂添出數語。」乃揣摸之言，非盡實也。余不能言岱，亦言岱之上下四旁已耳。一字不及岱，而岱之事亦緣是而盡。崇禎二年秋，張岱往兗州省父，遊泰山並作記當在此年秋冬之際。時年三十三歲。

言泰山高者，曰四十里。四十里之內，有盤旋焉，有曲折焉，有下上焉，不全乎其為四十里也。乃四十里之內，而天時為之七變。自州城發脚而漆漆大雨，至紅門而霽，至朝陽洞而日出，至御帳崖而陰曀，至一天門而大風，至二天門而雲霧，至登封臺而雪而冰。時凡七變，而天幾不能自主。雨暘寒燠，其聽之天乎？聽之地乎？抑聽之山之高下乎？至半山而日，而日之下又有雨，日之上又有雪。雨暘變幻，寒燠錯雜，天且不自知，而況於人乎！

看泰山，意想之所至，皆山也。至汶河而遂行水道中，沙際淤大海船三四，留為夏秋所用。而泰安州十里之外，皆坎塹起伏，洪水沖激之地，人馬走泥峽中四五十里，無非水道。泰山之下，雖不見水，而凡石痕沙跡，無非水也。雷域中而雨天下，雷域中：雷震於域中。域中，寰宇之內。雨天下，布雨於天下。《春秋公羊傳》：「山川有能潤於百里者，天子秩而祭之。觸石而出，膚寸而合，不崇朝而遍雨乎天下者，唯泰山爾。」其汪洋之勢，恍然在目。

離州城數里，牙家走迎，牙家：旅店的經營接待者。控馬至其門。門前馬廄十數間，妓館十數間，優人寓十數間。向謂是一州之事，意謂整個泰安州的妓館、優人俱在於此。不知其為一店之事也。到店，稅房有例，稅房：租用房間。募轎有例，納山稅有例。山稅：即香稅，自明正德間開始，朝廷對入山進香者徵收賦稅，並設專門官吏掌管稽查，收入一部分用於泰山宮殿道路的修繕，其餘均入國庫。客有上中下三等，出山者送，上山者賀，到山者迎。客單數千，房百十處，葷素酒筵百十席，優傒彈唱百十群，奔走祗應百十輩，牙家十餘姓。合計入山者日八九千人，春初日滿二萬，山稅每人一錢二分，千人百二十，萬人千二百，歲入二三十萬。牙家之大，山稅之大，總以見吾泰山之大也。嗚呼泰山！

東嶽廟大似魯靈光殿。西漢景帝之子劉餘封於魯，即恭王，建靈光殿。至東漢時，王延壽游魯，其間雖經新莽之亂，而此殿獨存。於是延壽作《魯靈光殿賦》，為漢賦名篇，收入《昭明文選》。而殿久毀，後人只能從賦中想像其規模了。欞星門至端禮門，欞星門即岱廟外的牌坊，端禮門應即遙參亭，為官員參拜者整肅衣冠之處。此二門之間可以供民間廟會之用，再前就是岱廟正門，今稱正陽門者。闊數百畝。貨郎扇客，錯雜其間，交易者多女人稚子。其餘空地，鬬雞蹴踘，走解說書，走解：馬戲。相撲臺四五，戲臺四五，數千人如蜂如蟻，各占一方。鑼鼓謳唱，相隔甚遠，各不相溷也。

入儀門，仙官高三丈，顒顒欲動。顒顒：端肅貌。丹墀下有古松八九棵，蝌盤虯結，空翠逼人。下列奇石數十株，樾暗蒼冥，環行錯愕。入大殿，聖像莊嚴，聖像：指東嶽大帝及侍從諸神像。羅列陰森，不敢久立。

問漢柏，在東廡之外，木可兩抱，文紐橫斜，錚錚鐵響。六棵皆漢武手植。《水經注》載赤眉斫一樹，赤眉：新莽時赤眉農民軍。見血而止，今其斧創尚存。葉細如虯，色同翡翠。魯之喬木，孔子檜、孔子手植檜，在曲阜孔廟。子貢楷、孔子弟子子貢手植楷，在曲阜孔林。大夫松、秦始皇封禪泰山時封此松為五大夫爵，人稱五大夫，位於泰山雲步橋北側的五松亭旁，久已無存。嶧陽桐，《書・禹貢》有「嶧陽孤桐」句，此以為即嶧縣嶧山。但有人以為應指下邳縣西之葛嶧山。僅存朽株，老而能壽，則輸漢柏矣。西廡唐槐一枝，別具輪囷離奇之致，金谷園尺許珊瑚不足掛齒。金谷園為晉石崇園林。石崇與王愷爭豪，並窮綺麗。武帝以一珊瑚樹高二尺許賜愷，枝柯扶疏，世罕其比。愷以示崇，崇視訖，以鐵如意擊之，應手而碎，曰：「不足恨，今還卿。」乃命左右悉取珊瑚樹，有三尺、四尺，條幹絕世，光彩溢目者六七枚。

五鼓，簷有滴瀝，余意遲之，雨尚未止，意欲推遲至雨停後出發。牙家促起盥漱。山欙在戶，山欙：登山的小轎。欙杠曲起，不長而方，用皮條負肩上，拾山蹬則橫行如蟹，已歇而代，則旋轉似螺，自成思理。出門，天未曙。山上進香人上者下者，念阿彌陀佛，一呼百和，節以銅鑼。以銅鑼聲為節奏。燈火蟬聯四十里，如星海屈注，屈注：傾斜着倒瀉而出。又如隋煬帝囊螢火數斛，放之山谷間，《隋書·煬帝紀》：大業十二年，煬帝幸景華宮，徵求螢火，得數斛。夜出遊山而放之，光遍巖谷。燃山熠谷，目炫久之。

甫上輿，牙家以錫錢數千搭槅杠，錫錢：錫紙做的錢錠。薄如榆葉，上鑄「阿彌陀佛」字，攜以予乞。帶到山上施捨給乞丐。凡錢一貫七分，而此直其半，上山牙家付香客，下山乞人付牙家。此錢只行於泰山之乞，而出入且數百餘金。出登封門，沿山皆乞丐，持竹筐乞錢，不顧人頭面。入山愈多，至朝陽洞少殺。其乞法扮法叫法，是吳道子一幅《地獄變相》，段成式《酉陽雜俎》記某寺東壁上吳道子畫地獄變相，筆力勁怒，變狀陰怪，覩之不覺毛戴，是吳畫中得意處。奇奇怪怪，真不可思議也。山中兩可恨者，乞丐其一；而又有進香姓氏，各立小碑，或刻之崖石，如「萬代瞻仰」、「萬古流芳」等字，處處可厭。乞丐者，求利於泰山者也；進香者，求名於泰山者也。泰山清淨土，無處不受此二項人作踐，則知天下名利人之作踐世界也與此正等。

紅門望泰山甚易之，謂高不越吾鄉秦望。秦望山，在紹興城南，因秦始皇南巡時登臨遠望南海而得名。過御帳崖，始壁立萬仞，陡上陡下，蓋前所謂泰山者，非泰山，傲來山也。上黃峴嶺，泰山始露其頂；登玉皇閣，泰山始分其身；至快活三，泰山始坦其肩背；至朝陽洞，泰山始出其肺肝。此時傲來山且在鞋靸之下，不能望泰山，敢蔽泰山耶？

大夫松，一朽株耳。一天門以上，曾無拱把木，以泰山風高，木不易長。意當年大夫松，其軀幹亦不甚偉也。今人稱「五大夫松」，謂是五株樹，至不得其數以為疑。黃美引《史記》：秦始皇上泰山封祀，祀下，風雨暴至，休於樹下，遂封其樹為五大大。五大夫，秦官名，第九爵也。自「今人稱五大夫松」至此，從王世貞《宛委餘編》中錄出。今此朽株，乞骸亦一。乞骸：即「乞骸骨」。古時官員自請辭職，自稱「乞骸骨」，意謂使骸骨得歸葬故鄉。此處有些揶揄地把五大夫松擬人化了。

御帳崖，宋真宗於此駐蹕，故名。前此皆泰山之路，曲道盤旋，未始斗絕。斗絕，即陡絕。至此緣崖而上，蹬皆壁立，背插百丈崖，大小龍峪，奇石骨支，樹皆羸瘦，如鳥枝暗塞。一氣直上至崖頂，望三天門尚在雲際。行之半日，泰山高仍端然未動。

朝陽洞，泰山之半矣，洞仄砑不可容几。仄砑：窄狹。泰山元氣渾厚，絕不以玲瓏小巧示人，故無洞府，無邃壑。凡言崖者洞者，皆約略形似，取其意可也。

上振衣亭，喜晴，見泰山日。濃雲之下，日光逗之，逗：洩漏。汶河沙條條如績麻分縷。山下見白雲一股，從半嶺墮地。州城仍漆漆大雨。

大小龍口，夾壁天穿，鳥道猿崖，止削一縫。如大窖層冰，一斧劈開，萬尋雷烈。走其下者，陰闃冷腥，時有龍氣。

自此上為盤之始。石蹬險滑，上此者尻脊兼用，肘踝共支。一氣直上，留一步即股栗不能佇立。至半盤，忽失三天門，為重雲所護，迷蒙目不見掌。在輿茫茫，謂信輿不若信步，相信轎輿不如相信自己的脚步更安全。趨而下。見道旁懸鐵絙，猿引而升。入三天門，罡風射之，罡風：高空勁風。手足木強。木強：僵硬如木。頂上牙家有土房，延客入向火。余寒顫不能出手，爇炙移時，方出問頂。出門，白雲纏住如敗絮，從者覿面不相見，摸索而行，手先於趾。

走里許，如入村落。左折而上，為碧霞宮門，左進右出。入門，十數人負予而前，坐其肩上，亂撲香客，由於張岱的魯王長史公子的身份，所以有十多人把他舉到肩上，推搡着其他香客，強行擠到前面。導余見元君金面。碧霞元君，即泰山玉女。有說為東嶽大帝之女者，有說為黃帝所降玉女者，雖身分不清，但山頂香火之盛，遠過於東嶽廟。鐵柵如椽，從窗櫺中見佛像不甚大。蓋天下名山，如補陀、武當、齊雲、天竺、前門諸聖像，補陀即浙江普陀山，祀觀音菩薩。湖北武當山及安徽齊雲山均祀真武大帝。杭州天竺祀觀音。北京前門祀關聖帝君。諸神像俱不甚大而靈蹟尤著。俱不大。元君像不及三尺，而香火之盛，為四大部洲所無。四大部洲：依佛家說，世界中心為須彌山，山之四周有北俱盧洲、南贍部洲、東勝神洲、西牛賀洲共四大部洲。此以四大部洲借指整個世界。

應劭《封禪記》：「漢武至泰山下，未及上，百官為上跪拜，置梨棗錢於道，為帝求福。」置錢之例，其來已久，然未有盛於今時。四方香客日數百起，醵錢滿筐，開鐵柵向佛殿傾瀉，則以錢進。以錢進：憑着送銅錢而進入元君殿內。下「以銀小兒進」、「以銀眼光進」、「以銀錢進」等等意同，張岱就是以此強調沒有錢財送上就進不去，從而成為地方官府聚斂民財之途。元君三座，左司子嗣，司掌為人孕育子嗣，或稱為送子娘娘者。求子得子者，以銀範一小兒酬之，大小隨其家計，則以銀小兒進。右司眼光，以眼疾祈得光明者，即眼光娘娘。因初生小兒易患眼症，故設此神。以銀範一眼光酬之，則以銀眼光進。座前懸一大金錢，進香者以小銀錠或以錢，在柵外望金錢擲之，謂得中則得福，則以銀錢進。供佛者以法錦，以綢帛，以金珠，以寶石，以膝褲、珠鞋、繡帨之類者，則以錦帛、金珠，鞋帨進。以是堆垛殿中，高滿數尺。山下立一軍營，每夜有兵守宿。一季委一官掃殿，鼠雀之餘，鼠雀之餘：零星消耗及小偷小摸之餘。歲數萬金，山東合省官，自巡撫以至州吏目，皆分及之。

出碧霞宮，雲仍纏裹不能步。自念三千里來，不得一認泰山面目，此來何為？心甚懊恨。謀宿頂，宿頂：宿於山頂。是想等次日天晴，以觀泰山真面目。不見人，且不見路，從人飢寒，萬不可住。輿人掖之，竟登輿，從南天門急下，股速如溜，疑是空墮。余意一失足則齏粉矣，第合眼據輿上作齏粉觀想，常憶夢中有此境界，從空振落，冷汗一身時也。頃刻下二十里，至朝陽洞，天霽如故，日猶在崖。山上只一片雲，弄我如許，惆悵山靈。山靈即山神。句倒裝，意謂：惆悵此山之神，竟如此耍弄我。

出紅門，牙家攜酒核洗足，謂之「接頂」。夜劇戲開筵，酌酒相賀，謂朝山歸，求名得名，求利得利，求嗣得嗣，故先賀也。余怏怏了故事，蚤宿，謀再遊。中夜起，見天高氣肅，簷前星歷歷如杯大，私心甚喜。

黎明，叱蒼頭募山樏。牙家喃喃作「怪事」，謂余曰：「朝山後無再上山法，犯者有祟。」余佯應之，從間道走至一天門，始得山樏。山中兒童婦女昨識一面者，輒指笑曰：「是昨日朝頂過者，今日又來，何也？」一走問輿人不住口。蓋從來有一日一宿頂者，無兩日兩朝頂者，千年朝山例，予卒破之。

入山路如遇熟友，一看而饞，再看而飽。過黃峴嶺，望三天門，纖雲不起。輿夫言「今日有頂」，方知有頂亦不易得事。

上新盤，皆余身到而目不到之境，昨日幸不失足，思反戰慄。以無山符，不復進見元君。由祠左禮青帝宮、玉皇殿，看唐玄宗摩崖碑、蘇頲《東封頌》。《東封頌》字大如拳，蒲田林焯以「忠孝廉節」四大字劙蓋之，怒不欲觀。林焯，福建人。善書。此事不惟破壞古跡，且大煞風景，甚受後人詬罵，故張岱亦怒不欲觀。再去，則無字碑也。高丈許，石潤如玉。秦始皇欲以無字愚萬世，即「泰山」二字亦思抹殺，立碑即焚書之兆矣。余入泰山，見摩崖勒字，無一字堪入眼，而林焯劚蓋蘇許公頌，亦胸中有此四字作祟，故余反以無字碑為「寒山一片石」。庾信自南朝至北方，惟愛溫子升所作《寒山寺碑》。或問信：「北方何如？」曰：「唯寒山寺（或作韓陵）一片石堪共語，薛道衡、盧思道少解把筆，餘若驢鳴狗吠。」

登封臺，為泰山絕頂。臺上一方石，色青如蛋，與天無二。山後一望，千山萬山皆馴伏趾下，如大海波濤，翻騰蹴踴，研雪驚雷，滂薄無際，信是大觀。

日觀望海，泰山日觀峰，在玉皇頂東南。相傳西可望秦，南可望越，故又稱秦觀峰、越觀峰。實不見海，極目縹緲，恍惚見滄。應劭云：「秦觀見長安，吳觀見會稽，周觀見濟。」見於《後漢書・祭祀志》注引應劭《漢官》馬第伯《封禪儀記》，云「秦觀者望見長安，吳觀者望見會稽，周觀者望見嵩山。」張岱云「周觀見濟」，是誤引別本。秦觀、吳觀、周觀皆泰山頂上峰名，但久已不能確定其具體位置了。兗州二百里地，尚不能見其郛廓，郛廓：城牆的輪廓。何況寥廓！然吳門白練，實出自《家語》，聖賢豈欺我哉！「吳門白練」事本見於《論衡・書虛》：「傳書或言：顏淵與孔子俱上魯太山，孔子東南望，吳閶門外有繫白馬，引顏淵指以示之曰：『若見吳閶門乎？』顏淵曰：『見之。』孔子曰：『門外何有？』曰：『有如繫練之狀。』孔子撫其目而正之，因與俱下。下而顏淵髮白齒落，遂以病死。」此下為王充駁其無稽，不錄。張岱此處說「聖賢豈欺我哉」，其實就是不相信的意思。

五花岡，一塊頑石。進香燒藏者日數百人，烈山而焚，其火大熾。山下人掃灰燼、淘洗熔錫者凡十餘家，故石雖煙煤，掃剔甚潔。

回籃無雲纏，籃，輿。回籃即乘轎返回。較昨更速。至石經峪，下而復上。山峽中有石，五倍虎丘。指虎丘生公説法之「千人石」。傳唐三藏曝經於此，又名曝經石。石上鐫漢隸《金剛經》，字如斗，隨石所之，盡經而止。聞秋時有水鋪過，晶映可讀。傍有儒者刻《大學》聖經一章敵之，辟佛尊儒，此刻石人意也。「太山不讓土壤，故能成其高。」是未到泰山者。〔《史記・李斯列傳》李斯諫逐客書：「太山不讓土壤，故能成其大。」李斯所説的「太山」只是大山之義，並非專指泰山。〕泰山壁立千丈，不藉尺土，櫛沐甚淨。故山無大木，無深巖，無鳥獸虎狼，應是草昧時洪水漱滌，南方卑窪，土尚黏蹇，此則地勢高捲，一盪直去，靡有孑遺耳。

余見兖州地土，掘下數尺，便見石巖。故其葬法，雖在平洋，〔平洋，即平陽，平原。〕具有嶽瀆之氣。則是江北地土，其中多有千巖萬壑，特無九年洪水為之洗滌盥漱，〔傳説堯時天下洪水，命鯀治之，九年不成。〕一出其真面目耳。

到嶽宮，尋碑碣讀之，目不給，日亦不給。歸至兖，劉半舫貽予以《岱史》。〔劉榮嗣，字敬仲，號半舫。曲周人。為官清正。官至總督河道工部尚書。此時任山東觀察使。張岱此次來兖，攜戲班搬演自作《冰山記》，宴請半舫，大受贊許，二人遂定交。《岱史》：明萬曆間查志隆編，共十八卷。最後三卷多為明代名公記泰山詩文。〕卒讀之，自應劭《封禪》外，亦少快心之作。蓋入史者必大老，必當道，而卑官冷局，無力入之。如王季重《泰山記》，鍾伯敬《岱記》，俱不得入帙，況其他乎？此一史，其埋沒高文典冊者不可勝計，人而有意於高文典冊，《岱史》其不讀可也。

張子曰：山高數十仞，盡十里而沒；山高數百仞，盡百里而沒。岱至州城望之，不覺其甚高，及至黃河舟次，七百里而遙矣，然猶及見岱之螺髻焉，則其高可勝計哉！且山東地勢之高出於江南者，不知幾千萬仞，而岱又高出於山東幾千萬仞。則自江南發足之地，凡從鞋靸下高一咫尺，皆岱之高也。嗚呼岱哉！

海志

張子曰：補陀以佛著，補陀：即普陀山，浙江舟山群島中一島。中國佛教四大名山之一，觀音菩薩道場。亦以佛勿盡著也。以佛著，是補陀因佛而為人所知。勿盡著，是因為來此只管禮佛，而對補陀本身却不熟知。補陀去甬東三百里，甬東即浙江定海，今舟山市。此指水路，直線距離沒有那麼遠。海岸孤絕，山無鳥獸，無拱把木，微佛則孰航海者？無佛則無人矣。雖然，以佛來者，見佛則去，三步一揖，五步一拜，合掌據地，高叫佛號而已。至補陀而能稱說補陀者，百不得一焉。故補陀山水奇絕橫絕，而《水經》不之載，輿考不之及，無傳人則無傳地矣。余至海上，身無長物足以供佛，猶能稱說山水，是以山水作佛事也。余曰：自今以往，山人文士欲供佛而力不能辦錢米者，皆得以筆墨從事，可以寫一篇遊記來替代錢米供佛，即「以山水作佛事」。蓋自張子岱始。

二月十六日，張岱朝海，時在崇禎十一年。大風陰曀。登招寶山，招寶山在今寧波鎮海區，甬江出海口，為海防要地。風勁甚，巾折角覆頂上，衣䙰䙰翻䄙，箴率自綻。䙰䙰：像風吹衣幅之聲。䄙，疑當作「幅」，衣緣。箴，即「針」字。衣裳被風吹得撲撲作響，衣緣卷了起來，連針脚也都開了線。僵臥石上，以尻拾磴，一級一臥。見同儕第睜睛視，口欲言，風塞之輒咽。自辰至未，始抵寺。招寶山有觀音閣。周寺有城，風大幾不能寺焉。寺後見海，無所辨海，惟見玄黃攫奪，天與地相爭，不可分別。開眥眩迷而已。坐閣上視山脚，如俯瞰絕壑，舟如芥，人如豆，聞人聲嚶嚶如甕中蠅。私念少頃舟過，余亦芥中豆也。

返舟中，風稍弱。舟人曰：「風大却順，可出口。」余怖惑不能自主，聽之而已。張帆，卒過招寶山，舟人撒紙錢水上，僕僕亟拜。《孟子·萬章下》：「子思以為鼎肉使己僕僕爾亟拜也，非養君子之道也。」僕僕，煩猥貌。余肅然而恐，毛髮為豎。問渠何拜？答曰：「有龍也。」舟如下溜，頃刻見蛟門，蛟門：鎮海一地名，但也為鎮海代稱。無去路。前舟出山脅，知有道徑通。抵其下，山且三焉。從前視，或二或一，舟中人自異其見，山故三也。

出蛟門十里許，為三山大洋。山多磁石，舟板有鐵，傍山恐吸住，故牽舟沙上住。夜潮平水落，舟勿顛動。五鼓潮來岸失，悉為大洋，賴纜固不漂沒。風號浪礮，浪礮：浪如礮石。轟怒非常。或大如五斗甕，躍入空中，墜下碎為零雨。或如數萬雪獅，逼入山礁，觸首皆碎。自卯至酉，舟起如簸，人皆瞑眩，蒙被僵臥，懊喪此來，面面相覷而已。

夜半風定，開篷視之，半規月在山峽。風順架帆，余披衣起坐。渡龍潭、清水洋，風弱水柔，波紋如縠，月色麗金，鏃鏃波面。月光如篩下的金屑，閃鑠於波面。山奧月黑，短松怒吼，張鬣如戟，吞吐海氛，蠢蠢如有物蠕動。舟人戒勿抗聲以驚驪窟。驪，驪龍。驪窟，蛟龍之窟。

金塘山，即金塘島，與鎮海隔海相對。首尾數十里，山下沃野二三萬畝。國初，居民繁衍。湯信公奉命備倭，湯和，字鼎臣，濠人，與朱元璋同里。為明開國元勳，洪武十一年封信國公。卒後追封東甌王。綢繆牖戶，《詩·鴟鴞》：「迨天之未陰雨，徹彼桑土，綢繆牖戶。」此為預防海疆門戶義。徙其民三十萬戶入內地。立碑山下：「子孫朝有奏開金塘山者，全家處死。」一地「立碑山下」以下十九字，光緒刻本無，據《張子文秕》補。遂荒廢。湯信公立烽成數十餘處，其徙金塘，固自有見，但舟山、昌國皆在其外，乃不徙舟山、昌國而獨徙金塘，則又何說也？

渡橫水洋，水向北注，潮從東來，如出奇兵犯其左翼，故橫水洋最險。五鼓過舟山，城頭漆漆，天猶未曙。瀕岸戰船數十艘，軍容甚壯。附舟山者七十二嶼，人家多居篁竹蘆葦間，或散在沙嶼。山田少人多，居人皆入海捕魚及蝤蛑、水母、彈塗、桀步，蝤蛑即梭子蟹。彈塗即彈塗魚。桀步為蟹類，螯一大一小。攘嚷沙際。

自青壘頭至十六門，大山四塞，諸小山環列如門者，十有六焉。向謂出蛟門，大海滄漭，縹緲無際耳。乃自定海至此三百里，海為腸繞，委蛇曲折於層巒疊嶂之中，吞吐縮納，至此一丸泥可封函谷矣。《後漢書・隗囂傳》：王元說隗囂：「請以一丸泥為大王東封函谷關。」說明函谷關狹隘易守。此處則用以形容海道之狹窄。此是八越尾閭，八越：即指紹興府，因下屬山陰、會稽、蕭山等八縣，故云。尾閭：傳說大海之水排泄之處。又說海水至此下泄，海底有極熱之巨礁，即沃燋，海水遇之即成汽上升。此沃燋即傳說在東海中。「八越尾閭」，即八越之水均注於此。天似設意為之。

沈家門，日高春矣。高春：日影西斜，已近黃昏。門以外是大洋，海帶魚船鱗集，觸鼻作氣。江鸛聞魚腥，徘徊不肯去。擲以魚腸，則攫奪如戰鬭，白翎朱味，鶴鶴可愛。鶴鶴，此處作形容詞：像白鶴一樣。余戲曰：「或是觀音大士白鸚鵡千百化身。」傳說中南海觀音除了有龍女、善財二脅侍外，又有一白鸚鵡，銜念珠翔於頂上。民間另有《鸚鵡寶卷》述其由來。

渡蓮花洋，橫順風。搶風使帆，船旁刺刺入水。檣曲如弓，舟急如箭，桅杆戛戛有損聲，損聲：折裂之聲。船頭水翻浡如蹴雪。余膽寒股慄，視舟人言笑，心稍安。見海外諸山，火焰直豎，夕陽照群山，形勢如火焰般直豎。如百千駢指合掌念阿彌陀佛拜向補陀者。過金鉢盂山，進石牛港、短姑、道頭，則恍如身到彼岸矣。上岸數百武，古以六尺為步，半步為武。以現在的說法，就是脚跨兩次為一步，跨一次為一武。董玄宰書「入三摩地」，董其昌，字玄宰。明末大書畫家。石路開霽，夾道多松楸，疎疎清樾。路凡三折，至梵山。梵山，寺案也。山在寺前，位置如寺之香案。由背達面，梵山盡而殿角始露，蒲牢金碧，龍生九子，其中蒲牢好鳴，今鐘上獸鈕是其遺像。此處或以蒲牢代指銅鐘，但更可能是指大殿屋脊上的蚩吻（也是傳説中的龍九子之一）。灼灼出林薄。後山嵯峨，亂石雜遝，如抱如捧。寺正門有海印池，池以外礫石數仞，勿令見寺。行過寺，始見寺門。登永壽橋，橋左有太子塔，是外國太子所造，形如阿育王寺舍利塔，阿育王寺在寧波鄞縣，寺中有舍利殿，殿內有石舍利塔一座，石塔內又置七寶鑲嵌的木塔一座，高僅幾十釐米。此處應指石塔。張岱此時剛剛遊過那裏。而規制大之。石色異常，非中國所有。

橋北有貨郎蘆舍，市海貝、蛳螺、風藤、風蘭、佛圖山景之屬。佛圖山景：當是小型的佛塔與山石做成的微型景觀。佛圖即佛塔。寺門佇立，皆四山五嶽之人，方言不辨。中多漳州人，絳幘赭衣，是釣船上水手。進山門，禮大士，入方丈。茶罷，歷懷闕亭而北，有大石數株，意甚蒼古。剝蘚視之，有陶石簣先生及余外祖陶蘭風先生題名，陶望齡，字周望，號石簣。會稽人。明萬曆十七年會試第一、廷試第三，歷官翰林院編修、國子監祭酒。工詩善文。與張岱祖父交好。陶允嘉，字幼美，號蘭風。山陰人。曾任福建鹽運副使。徙倚其下。徙倚：徘徊而緬思。《楚辭・遠遊》：「步徙倚而遙思。」

坐僧舍少頃，日猶未晡。余縱步從左行，至一門，曰法華洞，余徑入。石如殘塔半株，螺旋而上，穴洞玲瓏，有餘地，輒作團瓢佛龕。團瓢：蒲團。直上三四層，如芙蓉矗起。入其中，從花瓣中穿度，層折見之。

鐘定，請看宿山。至大殿，香煙可作五里霧。男女千人鱗次坐，自佛座下至殿廡內外，無立足地。

是夜多比丘尼燃頂、燃臂、燃指，俗家閨秀亦有效之者。爇炙酷烈，惟朗誦經文，以不楚不痛不皺眉為信心，為功德。余謂菩薩慈悲，看人炮烙，以為供養，誰謂大士作如是觀？殿中訇轟之聲，動搖山谷。是夕，寺僧亦無有睡者，百炬齊燒，對佛危坐，睡眼婆娑，有見佛動者，有見佛放大光明者，各舉以為異，竟夜方散。

蚤命呼筍輿，筍輿：竹滑竿。遊後寺。度輿未即至，從太子塔南走，渡二小嶺，沙松如絮，沒鞋靸。先至普同塔，後至潮音洞。洞開頤頦拄水，洞開頤頦：把洞比喻成大嘴，故洞沿為頤頦。石噉嚙如獠牙，噏海水漱盥，噏，同「吸」。吞吐怒潮，作魚龍吼嘯聲。天窗下瞰，外巉中裂，大石壁紫黑，旁罅而兩歧，亂石斷圭積刀，齒齒相比。亂石如斷折之圭石，堆積之刀劍，牙齒般相排列。再前為善才礁、龍女洞，善才：即善財童子，觀世音菩薩之脅侍。為福城長者五百童子之一，其生時，種種財寶自然湧出，故名。龍女：娑竭龍王之女，為觀音菩薩之右脅侍。排列可厭。余問住僧：「志中言潮音洞大士現種種奇異，若住此，曾見乎？」僧曰：「向時菩薩住此，因萬曆年間龍風大，吹倒石梁，遂移去梵音洞住矣。」余不敢笑，作禮而別。

歸途見日出，天塗朱，無光澤，日呆白而扁，類果盒。漸升始滿，方有芒角射人。吳萊謂日初出大如米篩，吳萊，字立夫。元延祐中，以《春秋》試禮部不第。以薦署饒州路長薌書院山長，未行而卒，年僅四十四。其門人金華宋濂等私諡為淵穎先生。年不登中壽，身未試一官，而在元人中屹然負詞宗之目。有《淵穎集》傳世。下述其語乃節自所著《甬東山水古跡記》。薄雲掩蔽，空水弄影，恍若鋪金僧伽黎衣，僧伽黎衣：即袈裟。或見或滅。此言其光滿注射之狀，非初起時也。余所言扁，意天際闊大，方升時，遠處倚徙，尚見其仄。昔人云「日如蒸餅」，形或似之。

筍輿至，從北走過嶺，至千步沙。沙至鎮海寺約有千步，故名。海水淘汰，沙作紫金色，日照之有芒。是沙步為東洋大海之沖，不問潮之上下，水輒一噴一噏。余細候之，似與人之呼吸相應。無晝無夜，不疾不徐，其殆海之消息於是也。消息：消長變化。

五里至鎮海寺，是為後寺。壁宇洪麗，不減補陀，而香火荒涼，不及前寺十分之一。蓋前寺自登岸至寺門，有市廛廬舍，近海而實不見海，猶之泰山元君殿，在山而實不見山，形家謂之納氣藏風，形家：堪輿家，看風水者。遂與城市無別。若後寺，則入門見山，出門見海，寬敞開滌，潮汐煙嵐，一目了曉，地氣於此未免單薄矣。

過饑飽嶺，緣山皆靜室。嶺上見釣船千艘，鱗次而列，帶魚之利，奔走萬人，大肆殺戮。可恨者，嶺以下礁石巖穴，無不盡被魚腥。清靜法海，乃容其殺生害命如恒河沙等，輪迴報應之說，在佛地又復不靈，奈何！

去後寺又十里，至梵音洞。洞似潮音而狹，潮音洞在島之南端，梵音洞在島之東端。石窟中穿羊腸而下，上懸絚索，磨胸⿰扌异石，⿰扌异：《正字通》：「俗异字。」於此處不合，疑字有誤。身如守宮。守宮：壁虎。至洞前，橫亙石橋，望洞中黝黑。人摩眼日光下諦視之，見洞中蓬勃有煙氣。從明視暗，見石跡蘚斑，隨人意想所至，便成形相，或見菩薩，或見鬼王，或見神道，所言種種，讚歎而已。

山上東望，窅窅無際。三韓、日本、扶桑諸島，青螺一抹，杳靄蒼茫。遠近諸山，大者如拳，小者如栗，低而平者如眉。向皆土山碚礧，碚礧：即培塿，小丘。風濤吞齧之，非石胎不能存活，如礎如限，如柱礎如門限。特其趾耳。

近梵音洞有三礁，形似香爐、燭臺，遂名香爐石、燭臺峰。蓋自東天門以來多奇石，象巖、佛手、鷹嘴，形皆酷肖，人人得以意呼之，不必問也。

反轍，不及看茶山，直至前寺。殿上嚷嚷打「合山齋」，僧五六千人皆趺跏坐。繞殿前後，丹墀上下，櫛比如魚鱗。次第食已。有好事者，畀栗梨針線之類，皆來布施，名曰結緣。妙在五六千人雜坐，無蚊虻聲。《水經注》所謂「疏班繩坐」、「器鉢無聲」，疏班繩坐：稀疏排列，直身正坐。想見此境。

中食後，窮西天之勝。由寺門折而西，壇壝整飭者，壇壝：壝，祭壇外的矮牆。壇壝統指祭壇。盤陀庵也。老僧無邊有才略，言及創庵之始，飯數僧不給，因發願曰：「四方齋僧者日月至，合山齋百兩百斛，為寺僧一飽。曷節此一飱，得金二百，可墾山下田五十畝，歲可得米五十斛，用以齋僧，永劫不斷。」施主多從其說。今垂二十年，墾田至千畝矣。盤陀香火之盛埒常住，常住，指普陀本寺，而盤陀庵僅其下院，此言其香火之盛幾與本寺相齊。行此法也。

余謂常住各房，何不共行此法？自舟山循至金塘，有田可佃，稽其數可至二三萬畝。田上只設廬舍，倭至可毀，倭：倭寇。歲升其科，可飽戍卒，不開金塘而金塘已開矣。謀國者曾弗籌之。

白象庵，石奇横。余所嫌者，庵太逼石，然不逼石亦無所為庵矣。剪拂數十年，剪拂：修飾整理。青蘿碧蘚，為之衣食，以青蘿碧蘚為石之衣食，即石之裏外皆蘿蘚。當大發光怪。

西天門，棖闑皆具，棖闑：門兩旁的長木和門中間的豎木，此處是指門的各部件。宛若人為，過此則盤陀石也。石類吾鄉吼山雲石，詳見本卷《越山五佚記》之《吼山》。此特委蛇可上。坐石上，南望桃花、馬秦諸小山，嵌空玲瓏，屹立巨浸。巨浸：指大海。風平浪白，如一幅鵝綾鋪設几上，磊磊置米顛袖石數十餘座，令楊次公見，便當攫奪。宋米芾守漣水，地接靈壁，畜石甚富，一一品目，入書室終日不出。時楊次公為察使，知米好石廢事，至郡正色規之。米以手於左袖中取一石，其狀嵌空玲瓏，峯巒洞穴皆具，米舉石宛轉翻覆，以示楊曰：「如此石安得不愛？」楊殊不顧。又出一石，叠嶂層巒，奇巧又勝，最後出一石，盡天劃神鏤之巧，又顧楊曰：「如此石安得不愛？」楊忽曰：「非獨公愛，我亦愛也。」即就米手攫得之，徑登車去。

再前為二龜聽法石，一龜在石上回頭視，一龜直立崖下，作蹣跚起勢，肖其情理。觀音洞有鸚哥石，飛動如生，皆曹能始所謂「天戲成之，人戲名之」者也。曹學佺，字能始。福建侯官人。萬曆乙未二十三年進士，官至四川按察使。以著《野史紀略》削籍。明亡後堅持抗清，為唐王朱聿鍵禮部尚書。聿鍵敗，學佺自殺。有《蜀中廣記》傳世。至必以《觀音卷》細細配合，《觀音卷》：當指民間關於觀世音菩薩生平傳説的一種善書《觀音寶卷》。如盤陀石前有五十三石，必配五十三參，則勞而拙矣。善財童子五十三參，本出於《華嚴經·入法界品》。其參拜觀音菩薩乃五十三參中之第二十七參，菩薩為其解説「大悲行法門」，此外與觀音毫無關係。

倦歸僧房茶話，更定矣。聞炮聲，或言賊船與帶魚船在蓮花洋廝殺。余亟往，據梵山岡上，見釣船千艘，聞警皆避入千步沙。十餘艘在外洋後至者，賊襲之，斫殺數十人，搶其三舟去，焚其二舟。火光燭天，海水如沸，此來得見海戰，尤奇。

次日歸，風大順。比晚下舟，雞未喔，已泊招寶山下矣。余素清饞，不能茹素，補陀之行，家人難之。余先到四明，禮天童、阿育、雪竇諸古刹，四明：即今浙江寧波。天童寺、阿育王寺、雪竇寺俱在附近。張岱《陶庵夢憶》有《天童寺僧》、《阿育王寺舍利》、《日月湖》等篇記此遊。計海上往來，持齋一月餘矣。舟至定海，小傒市黃魚食新，余下箸即嘔。不謂老饕如余，亦有此素緣。

山中無古碑，無名人手跡，無文人題詠。寥寥一志，記感應祥異、興建沿革而已。吳淵穎《甬東山水古跡記》稍可讀。見吳萊《淵穎集》卷七。今陵谷遷變，如史官說盤古前事，荒唐不可信也。屠長卿碑記數篇，屠隆，字長卿，號赤水。浙江鄞縣人。萬曆五年進士，歷任潁上、青浦知縣，後遷禮部主事、郎中。萬曆十二年被劾罷官。歸鄉後縱情詩酒。志在宣揚佛法，了不及山水。余謂天下之水，至海則觀止，而更有奇峰絕壑，足以副海之奇，四大名山，無出其右。當時談佛山只有把峨眉、五臺、普陀並舉，尚無四大佛山之說，故此云四大名山，未必是指佛山。歷來言四大名山，或有說為廬山、峨眉、泰山、衡山者，有說為華山、嵩山、衡山、泰山者，無確指。

天童寺飯僧三千，觀其廚庖庫廄，茶者、飯者、汲者、柴者、菜者、搗者、磨者，各以數十人領之。今補陀常住食者不過數百人，又皆不常住食者也，似遜天童。後觀補陀分房五十七，而緣山淨室二百餘所，使皆共鍋而食，則天童焉敢頡頏？

吳萊曰：「海際山童，童：禿。無草木，或小僅如筯，輒刈以鬻鹽。」事亦有之。但海風寒洌，至春深，松鬈尚赤而虯，經數十年，長不能丈，補陀山在在有之。松纇瘦，榦短而多癭，似黃山松而針稍長。歷年多，豈無喬木？乃海上類多童阜，因知斥鹵磽确，斥鹵：鹽鹼地。磽确：土地貧瘠板實多砂石。風雪虐之，木不能壽，縱壽不能大也。泰山上松亦如之。

下香船是現世地獄。香船兩槅，上坐善男子，下坐信女人，大篷捆縛，密不通氣，而中藏不盥不漱、遺溲遺溺之人數百輩。及為之通嗜欲、言語、飲食、水火之事，皆香頭為之。香頭者何？某寺和尚也。備種種醜態，種種惡臭，如何消受？余謂有事補陀，非唬船不可。唬船有官艙，既可行立坐臥，而日間收斂箬篷，合數艙成一戰場。兩旁用十八槳，蕩槳者水營精勇，其領袖捕盜，又慣習水戰、出沒波濤者也。遇風浪則棄帆而槳。百足之蟲，死而不僵，以其扶之者眾也，唬船似之矣。

余遊必拉伴，語及補陀，輒訥縮不應。訥縮：訥口縮頭。結結巴巴、畏縮不前狀。諸友中聞招即赴，冠及於寢，佩及於堂，履及於閭門之外者，以上大意為，聽到招呼就在寢室穿戴上出行的衣冠，在堂上攜帶上行李，在門口穿上鞋子，出了閭門，即來赴約。則秦一生也。秦一生，詳見本書卷六《祭秦一生文》。一生坐臥舟中，詬誶負約諸友。余曰：「莫怪蔡端明尋夏得海甚難，北宋蔡襄曾官端明殿學士，故稱。傳說其守泉州時，因修洛陽橋，工難成。遂遣醉隸夏得海入海投文，得「醋」字而返，遂於二十一日酉時興工，遂成。「夏得海」者，「下得海」之諧音也。按：修洛陽橋乃明人蔡錫守泉州時事，民間傳說附於蔡襄也。孔門三千弟子，乘桴浮海，也只得子路一人。」《論語・公冶長》：子曰：「道不行，乘桴浮於海。從我者，其由與？」子路姓仲名由。一生噓然大笑。

村中夫婦說朝海，便菩薩與俱。偶失足一蹶，謂是菩薩推之；蹶而仆，又謂是菩薩掖之也。至舟中，失篙失楫，纖芥失錯，必舉以為菩薩禍福之驗。故菩薩之應也如響。雖然，世人頑鈍，護惡如痛，非斯佛法，孰與提撕？提撕：提攜、教育。世人莫靳者囊橐，佛能出之；世人最吝惜的莫過於錢口袋，但佛能讓他打開掏錢。莫溺者貪淫，佛能除之；王法所不能至者婦女，佛能化之；聖賢所不能及者後世，佛能主之：故佛法大也。

山中所產者，風蘭、風藤、白杜鵑、白瑞香，極繁衍者紅薯，方言蕃藷也。味甘而易飽，謂藏之複壁，可以救荒。最奇者相思石。相思石，石也，用醋浸之，則能移動，兩石置東西，必移向一處，故名相思石。但不曉當時何見而知石之能移，又何見而知醋之能移石也。無意無義，不可解也。

小洛伽，蓮花洋南。有僧守山，五十餘年，糧盡舉火，常住令船送之。僧與一大蛇同起居，飯熟輒與蛇同食，夜即臥其榻傍。

灌門雷，在梅北。大石立海中，石底蓬蓬有聲，風雷即至。漁船至，以食物投之，得穩渡。

桃花山，安期生煉藥於此。安期生：秦漢時人。褚先生補《史記·封禪書》：方士李少君言於漢武帝曰：「臣嘗遊海上，見安期生，食臣棗，大如瓜。安期生仙者，通蓬萊中，合則見人，不合則隱。」於是天子遣方士入海求蓬萊安期生之屬。以墨汁灑石上成桃花，雨過則鮮豔如生。

北梅有沙山，細沙所積。手攫則霏屑下，漸成窪穴，潮過又補，終不少損。旁有石龍蒼白，角爪鱗鬣皆具，蜿蜒跨亘百餘丈，舟過見之。

昌國北界有蓬萊山，眾山四圍峙立。中有小嶼，如千丈樓臺，通明層折。潮水退，人可入遊。或云人不可到。隱隱有神仙題墨，漫不能辨。

張子曰：余登泰山，山麓棱層起伏，如波濤洶湧，有水之觀焉。余至南海，冰山雪巘，浪如嶽移，有山之觀焉。山澤通氣，形分而性一。泰山之雲，不崇朝雨天下，《春秋公羊傳》：「山川有能潤於百里者，天子秩而祭之。觸石而出，膚寸而合，不崇朝而遍雨乎天下者，唯泰山爾。」為水之祖。而補陀又簇居山窟之中。水之不能離山，性也。使海徒瀚漫，而無山焉為之固肌膚之會、筋骸之束，是有血而無骨也。有血而無骨，天地亦不能生人矣，而海云乎哉！

越山五佚記

越中山水，曹山、吼山為人所造，天不得而主也。怪山為地所徙，天不得而囿也。囿：拘而留之。黄琢、蛾眉為人所匿，天不得而發也。發：發露。張子志在補天，為作《越山五佚》，則造仍天造，徙仍天徙，匿仍天匿也。故張子之功，不在女媧氏下。

曹山

曹山，石宕也。採石後遺留下來的巨坑。紹興石宕除本文所記之曹山、吼山外，尚有柯山、羊山、東湖等處。鑿石者數什百指，絶不作山水想。很多人來此就是為了鑿取石料，並沒有把此地作成山水景物的打算。鑿其堅者，瑕則置之；鑿其整者，碎則置之；鑿其厚者，薄則置之。日積月累，瑕者墮，則塊然阜也；碎者裂，則巋然峰也；薄者穿，則砑然門也。砑然：光滑貌。由是堅者日削，而峭壁生焉；整者日琢，而廣廈出焉；厚者日磲，而危巒突焉。石則苔蘚，土則薜荔，石則生苔蘚，土則生薜荔。而蓊蔚興焉；深則重淵，淺則灘瀨，而舟楫通焉；低則樓臺，高則亭榭，而畫圖萃焉。則是先之曹山，為人所廢，而人不能終廢之；後之曹山，為人所造，而人不能終造之。此其間有天焉，人所不能主，而天所不及料也。

昔余大父游曹山，盛攜聲妓，石梁先生作《山君檄》討之曰：陶奭齡，字君奭，又字公望，號石梁。陶望齡（石簣）之弟。王陽明之三傳弟子。「爾以絲竹，汙我山靈。」大父作檄答之曰：「誰云鬼刻神鏤，竟是殘山剩水。」石簣先生曰：「文人也，可攖其鋒？不若自認。」遂以此四字摩崖勒之。

吾想山為人所殘，殘其所不得不殘，而殘復為山；水為人所剩，剩其所不得不剩，而剩還為水。山水崛強，仍不失其故我。而試使此山於未鑿之先，毫髮不動，則亦村中一丘垤已耳，棄之道旁，人誰顧之？又使此山於既鑿之後，鏟削都盡，如笠簣諸山，形跡不存，與土等埒，棄之道旁，又誰顧之？則世有受摧殘之苦，而反得摧殘之力者，曹山是也。何也？世不知我，不如殺之，則世之摧殘我者，猶知我者也。

吼山

吼山雲石，大者如芝，小者如菌，孤露孑立，意甚膚淺。陶氏書屋則護以松竹，陶氏：張岱母家。藏以曲徑，則山淺而人為之幽深也。

水宕水勝，而亭榭樓臺意全在水，一水之外，不留寸址，非以舟中看水，則以檻中看水。艤舟其下，則悄然骨驚，肅然神怖，頃返欲墮，不可久留。

旱宕水不甚勝，而意不在水。多留隙地，以鬆放其山，使諸山石之間鬆敞而不緊促。而山反親暱；以疎宕其水，而水反縈迴。

造屋者只為叢林，不為山水。有廚庖而山水以廚庖妙，有迴廊而山水以迴廊妙，有層樓曲房而山水以層樓曲房妙。有長林可風，有空庭可月，夜壑孤燈，高巖拂水，自是仙界，決非人間。肯以一丸泥封其谷口，則窅然桃源，必無津逮者矣。陶淵明《桃花源記》言漁人溯溪而行，見一桃林，「林盡水源，便得一山。山有小口，彷佛若有光，便舍船，從口入。」方至「桃花源」。

余遭兵燹，三十年不至吼山。兵燹為順治初年事，則張岱寫此文時已年近八十了。今歲攜兒輩往游，至旱宕，見門徑整葺，屋宇遹皇。遹皇：張衡《思玄賦》：「倚招搖攝提以低佪劉流兮，察二紀五緯之綢繆遹皇。」《文選》李善注：「遹皇，往來貌也。」此言屋宇間有人影往來。於禪堂中見一老尼，鶴髮雞皮，意頗矜飭。矜飭：端莊整潔。余定睛視之，乃余渭陽舅母，《詩·渭陽》：「我送舅氏，曰至渭陽。」後即以「渭陽」代指舅父。陶蘭亭先生之季媳也。張岱之外祖父為陶允嘉，號蘭風，兄弟三人中為最小。不詳此「亭」字是「風」字之誤，還是陶允嘉另有此號？而據張岱《家傳》，陶蘭風「以荆布遺嫁」長女，與此處「富且甲越中」亦不甚合。先生在日，富且甲越中，今宅第已屬其族人，萬畝之產，不存尺土，而山齋寂寞，反以一弱媳留之，數十年來不易其姓，則弱媳之功為不小矣。

昔李文饒《平泉草木記》：李德裕，字文饒。唐武宗會昌間名相。後因黨爭謫死朱崖。「以吾平泉一草一木與人者，非吾子孫也。」按以上引文見於李德裕《平泉山居戒子孫記》，非《平泉草木記》。文饒去不多時，而張全義與其孫延古爭醒酒石，而致殺其身，此處有誤。按《新五代史·張全義傳》：張全義手下之一監軍得到了李德裕平泉莊的醒酒石。德裕之孫李延古，便托張全義想討回。監軍忿然曰：「自黃巢亂後，洛陽園宅無復能守，豈獨平泉一石哉！」全義嘗在黃巢軍中，以為監軍譏己，大怒，遂笞殺監軍。據此，爭石者為李延古與監軍，非張全義，而死者亦非李德裕之孫，乃監軍耳。是張岱誤記。又，據《賈氏談錄》，李德裕平泉莊怪石名品甚眾，各為洛陽城有力者取去，唯禮星石、獅子石為陶學士徙置梁園別墅。而奇花異草珍松之屬，唯雁翅檜、珠子柏、蓮房玉蘂等猶有存者，其餘盡絕。平泉勝地，亦遂鞠為茂草，文饒所屬之言，問之誰氏？故古人住宅多舍為佛刹，如許玄度之能仁，許詢字玄度，東晉時人。父南渡後家於會稽，舍永興、山陰二宅為寺，山陰宅初名祇園寺，至北宋末始改名能仁寺。王右軍之戒珠，紹興戒珠寺在蕺山之南，傳說為王羲之故宅，門前有鵝池、墨池，內有王羲之祠堂。或是王羲之後人舍宅為寺。至今猶在。蘇子瞻以吳道子四菩薩畫板舍僧惟簡，曰：「若得此何以守之？」答曰：「吾盟於佛，而以鬼守之。」蘇軾有《四菩薩閣記》文，大致云：長安有唐明皇所建藏經龕，四門，八版皆吳道子畫，陽為菩薩，陰為天王，凡十有六軀。兵火後僅餘四版，輾轉相傳一百八十年。有客以十萬錢售於蘇軾。蘇軾所藏畫版百餘，以此為冠。後蘇軾因父喪，載此四板南歸，施與僧人惟簡，且告之曰：「此明皇帝之所不能守，而焚於賊者也，而況於余乎！余視天下之蓄此者多矣，有能及三世者乎？其始求之若不及，既得，惟恐失之，而其子孫不以易衣食者鮮矣。余惟自度不能長守此也，是以與子。子將何以守之？」簡曰：「吾以身守之。吾眼可矐，吾足可斲，吾畫不可奪。若是，足以守之歟？」軾曰：「未也。足以終子之世而已。」簡曰：「又盟於佛，而以鬼守之。凡取是者與凡以是予人者，其罪如律。若是，足以守之歟？」軾曰：「未也。世有無佛而蔑鬼者。」云云。蘇軾之意，是你雖然把此畫版托於佛保佑、鬼呵護，但世間自有不信佛鬼者，仍然無法使其無恙。人苟愛惜平泉，亦當贈以此法。

怪山

浙江山飛來者二：虎林有飛來峰，虎林即武林，為杭州代稱。但虎林之名，實起於靈隱、天竺諸山。來自天竺靈鷲；

晉咸和元年，西天僧慧理登此山，歎曰：「此是（印度）中天竺國靈鷲山之小嶺，不知何年飛來。佛在世日多為仙靈所隱，今此亦復爾邪？」因掛錫造靈隱寺，號其峰曰飛來。越城有飛來山，來自瑯琊東武。然虎林有西天僧慧理識之，越城不聞有識之者，《吳越春秋》第記曰：「怪山者，東武海中山也，一夕飛至，居民怪之，故名怪山。」據《吳越春秋・勾踐歸國外傳》：勾踐用范蠡造越城，「城既成而怪山自生」，云是自東武飛來云。蓋山既無人識之，而又言是東武海上山，此言殊屬妄誕。

余曰不然。想此山飛來，必其上尚有居室人民，述其來處，後人遂傳有是名。然考之《水經注》，又云：「越王無疆為楚所伐，去瑯琊山，東武人隨居山下。遠望此山其形似龜，故又有龜山之稱。」又言：「越王勾踐築怪游臺於山上，以灼龜，灼龜甲以占卜。又用以仰望天氣，觀天怪也。」信如其言，則龜山之稱，以灼龜故名；怪山之稱，以怪遊故著；瑯琊之稱，又以瑯琊之民相隨居此，故有是號。前所言一夕飛來，不其荒唐甚乎？

余又見古逸書干寶所著「山亡」，謂夏桀無道，東武山一夕亡去，墮於會稽山陰之西門外。明孫瑴編《古微書》卷三一引《搜神記》說「山亡」諸事，其中云：故會稽山陰瑯琊中有怪山，世傳本瑯琊東武海中山也。時天夜風雨晦冥，旦而見武山在焉。百姓怪之，因名曰怪山。時東武縣山亦一夕自亡去，識其形者乃知其移來。今怪山下現有東武里，蓋記山所自來以為名也。此語似非無據。《山陰縣志》又載：怪山上有靈鰻井，鰻大如柱，禱之能致雲雨，宋張耒《明道雜誌》云：沈括為客話越州鰻井事，曰：「親見上井時如常鰻，俄頃稍大，已而緣柱而上，大與柱等。」客曰：「啓內翰，好粗鰻。」世謂無理誑人為「粗謾」。又南宋羅濬《寶慶四明志》卷一三云：鄞縣（今浙江寧波）阿育王山廣利寺，環廟有聖井七。東晉時已著靈異，中井有二鰻，但無

「大與柱等」之說。如此，則怪山有靈鰻事是《山陰縣志》附會。疑是東武海中帶來異物。則山亡怪，飛來復怪；怪遊臺怪，觀天怪尤怪；靈鰻怪，能致雲雨更怪：總以其山怪，故無所不怪也。虎林靈鷲峰，以其飛來，恐復飛去，故緣巖都勒佛像以鎮壓之。勒：鐫刻。今怪山上盡構佛盧，又造浮屠七級，想昔人亦是此意。

黃琢山

越城以外，萬壑千巖，屈指難盡。城以內，其為山者八：一臥龍，二戒珠，三怪山，四白馬，五彭山，六火珠，七鮑郎，八蛾眉。豈知華嚴寺後，尚有黃琢一山，則越城內之山，當增而為九。且黃琢大過蛾眉，而名又甚古。前人總計城中諸山，一目可了，乃復於鞋靸下失之，亦大異事。故向年陳海樵先生築曲池，遂稱第十山。讓簷街王氏宅右，亦有一土山，戲呼之十一山。他日於旁坎得一石，有「第十一山」字，按題則宋思陵筆也。思陵：即宋高宗趙構，死葬於思陵。精於書法。事有奇合若此！余祖醉林老人有「而今海上添三島，不復城中問八山」之句。然第十山與第十一山皆土山，而黃琢則石山也。土山可增減，而石山不可澌滅，則越城九山，當是定案。今猶不入志書，是郡中一大缺典也。

若余所歎息者，以紹興府治大如蠶筐，其中所有之山，磊磊落落，燦若列眉，尚於八山之外，猶遺黃琢，則郡城之外，萬壑千巖，人跡不到之處，名山勝景，棄置道旁，為村人俗子所埋沒者，不知凡幾矣。溫州雁宕山，去永嘉不遠。謝康樂素有山水之癖，謝靈運，南朝宋時人。博覽群書，文章之美，江左莫逮。襲封康樂公，人稱謝康樂。好遊佳山水。尋山陟嶺，必造幽峻，巖嶂千重，莫不備盡。入山搜剔，惟恐不深，而咫尺雁山，足跡不得一至，據《宋書》本傳，謝靈運曾為永嘉太守一年。郡有名山水，靈運遂肆意遊遨，遍歷諸縣，動逾旬朔，所至輒為詩詠。如此，則靈運不應未至雁宕，只是其詩中無「雁宕」之名而已。康樂有知，應抱終天之恨。雲迷芒碭，《史記·高祖本紀》：秦始皇常曰「東南有天子氣」，於是因東遊以厭之。高祖即自疑，亡匿，隱於芒、碭山澤巖石之間。呂后與人俱求，常得之。高祖怪問之。呂后曰：「季（劉邦字季）所居上常有雲氣，故從往常得季。」路塞桃源，見陶潛《桃花源記》。此中殆有天意，其作合信有機緣，要不可以旦夕詭遇也。詭遇：不正常地僥倖得到某物。或曰：桑欽作《水經》，宙合之水，宙合：宇宙六合，此指普天下。無不遮及，而猶不及補陀，山水故有難盡。余曰：補陀實在海外，黃琢近在城市，何可取以解嘲？

蛾眉山

蛾眉為八山之一，然實不見山。越之人恒取蛾眉土穀祠几下一塊頑石，土穀祠：土地廟。以足八山之數。余初疑曰：一塊頑石，可以名山，則城中頑石多矣，何以山此而不山彼也？

天啓五年，姑蘇周孔嘉僦居於軒亭之北，周孔嘉：參見本書卷一《水滸牌序》。余每至其家，劇談竟日。一日，至其屋後廚庖之下，有石壁丈餘，蒼蒨逼人。余曰：「此鼎彝青綠，真三代法物也，何以屈居於此？」問其鄰老，鄰老曰：「此蛾眉山麓也。山高丈餘，闊三丈，長數十丈，南至軒亭，北至香櫞衕。石皆劈斧皴法，望之如蛾眉一彎，橫黛拖青，渾身空翠。」余以梯踞屋脊上，櫛比觀之，逐節逐段觀之。得其約略形似，又向左右鄰緣牆摸索，皆從雞棲豚柵、竈突溷廁之下，得其寸趾尺麓，便大叫稱快。量其長短闊狹，與鄰老所言不爽。余遂妄想：安得一日盡伐其牆垣，盡撤其廬舍，使此山巋然孤露，亦宇宙間一大快事！

至二十年後，自天啓五年至崇禎十七年國變，正二十年。陵谷變遷，遭兵遭火，外屋燔盡，而緣牆一帶，仍得無恙，則是天意欲終秘此山勿使人見。奇巒怪石，翠蘚蒼苔，徒與馬浡牛溲兩相汙穢，馬浡牛溲：浡，或作勃。一種菌類。牛溲，即車前草。俱為賤草，但可入藥。韓愈《進學解》：「玉劄、丹砂、赤箭、青芝、牛溲、馬勃、敗鼓之皮，俱收並蓄，待用無遺者，醫師之良也。」惜哉已矣！此柳河東之所以賦《囚山》也。柳宗元有《囚山賦》，為永貞元年貶為永州司馬後所作，頗多感憤。

余因想世間珍異之物，為庸人所埋沒者不可勝記，而尤恨此山生在城市，坐落人煙湊集之中，僅隔一垣，使世人不得一識其面目，反畀几下頑石以相詭溷，詭溷：以假充真蒙人。何山之不幸一至此哉！

雖然，干寶記山亡，桑欽志石走，山果有靈，焉能久困？東武怪山，有例可援。余為山計：欲脫樊籬，斷須飛去！

西施山書舍記

凡天下名山古蹟，影響者什三，影響者：僅具影響，略有痕跡可尋。附會者什七，後之品題者，亦只宜以淡遠取之。

如土城以西施得名，土城：即土城山，後因西施故，改名西施山，在舊紹興城東。佳人姓氏，偶落茲土，乃造園者一肚皮學問故典無處着落，扁額如「響屧廊」、「脂粉塘」之類，響屧廊：本在蘇州靈巖山，相傳吳王令西施輩步屧，廊虛而響，故名。脂粉塘：也在吳地，傳說為西施浴處。此類全屬附會。門帖如「沼吳」、「伯越」、「錦帆」、「苧蘿」等語，門帖：門旁聯語，即楹聯。所列諸語皆聯中所用者。「沼吳」，范蠡興越滅吳，使吳都廢為沼澤。「伯越」，即霸越，一說越王勾踐為春秋五霸之一。「錦帆」：錦帆涇在吳地，相傳吳王夫差張錦帆以遊其濠。「苧蘿」：西施生地傳說為若耶溪苧蘿村。將西施、范大夫句句配合，字字粘撚，見者無不噦噫欲嘔。噦噫：氣往上湧，噁心打嗝。

我西子絕代佳人，如此刻畫，真村莊農婦之不若矣。且考《越絕書》、《吳越春秋》所載土城事，並稱越王勾踐築舞臺於土城山，以教西施、鄭旦，用以獻吳。又曰：「恐女樸鄙，故令近大道。」夫臺曰舞臺，城曰土城，道曰大道，必其上平夷寬展，可容其長袖周旋，方為歌舞善地。今乃遍步山上，石皆波湧浪蹴，齦齦齶齶，行立坐臥，皆不快意，何況歌舞？蓋山水之間，有以石勝者，曰巖曰巒，有以土勝者，曰阜曰垤。後之造園者，見山脚有石，加意搜剔，未免傷筋動骨，遂露出一片頑皮，是則好事者之過也。

美人浴起，脫巾露髻故妙，而冠笄貼鈿，亦未始不妙。余欲輦土仍鋪石上，使為平臺，不失當年故態，而悉去其扁額門帖，止留「商山」二字。是猶西子蒙不潔，用水滌之，必洗盡其脂粉膏膩，而西子之本來面目皎然自出矣。袁石公昔遊此山，袁石公：袁宏道，字中郎，號石公，湖北公安人。與兄宗道、弟中道合稱「三袁」，而文名最盛，影響所及，形成文學上專主性靈的「公安派」。盤桓數日始去。後陶文簡作書調之曰：陶文簡：陶望齡，謚文簡。調：調侃。「記昔年與石公宿幾夜嬌歌豔舞之山。」石公笑曰：「此語須注明，勿累弟他日謚文恪公不得也。」袁宏道《解脱集·西施山》作「此詩當注明，不然累爾他時謚文恪公不得也。」石公雖謔，亦可以掃盡從前一切西施厭語。

快園記

快園為御史大夫五雲韓公別業，有剪韭亭，載郡志，此則其遺址也。諸公旦先生為韓氏倩，倩：女婿。改為精舍，讀書其中。婦翁曰「快婿也」，因以名園。

園在龍山后麓。山既尾掉，是背弗癡；尾掉即搖尾。龍山之尾搖擺靈動，快園雖在山之背，却不呆板。水復腸迴，是腹勿闕。腹，指快園的中部。闕，壅淤不通暢。屋如手卷，手卷：書畫長卷。段段選勝。開門見山，開牖見水。前有園地，皆沃壤高畦，多植果木。

公旦在日，筍橘梅杏，梨楂菘蓏，楂，即「樝」字，帶有酸味的菓木。蓏：木實曰果，草實曰蓏；一說有核曰果，無核曰蓏。閉門成市。闗上大門，如市場般無所不有。池廣十畝，豢魚魚肥。有桑百株，桃李數十樹，收其值，日可得耘老一叉錢。耘老一叉錢：意即一日之用度。蘇軾《答秦太虚書》：「初到黃，廩入既絶，人口不少，私甚憂之。但痛自節儉，日用不得過百五十，每月朔便取四千五百錢，斷為三十塊，掛屋梁上，平旦用畫叉挑取一塊，即藏去叉，仍以大竹筒別貯用不盡者，以待賓客，此賈耘老法也。」賈耘老，見本書卷一《水滸牌序》注。春時煮籜龍以解饞，籜龍：竹筍的雅稱。培木奴以佐絹，晉習鑿齒《襄陽記》：李衡於武陵作宅，種甘橘千株。臨死，敕兒曰：「汝母惡我治家，故窮如是。然吾州里有千頭木奴，不責汝衣食，歲上一匹絹，亦可足用耳。」相時度地，井井有條。

余幼時隨大父常至其地，見前山一帶，有古松百餘棵，蜿蜒離奇，極松態之變。下有角鹿、麀鹿百餘頭，角鹿、麀鹿即公鹿、母鹿。盤礴徙倚。盤礴徙倚：盤礴指坐臥，徙倚指行立。此用人之閒散來形容鹿。朝曦夕照，樹底掩映，其色玄黃，是小李將軍金碧山水一幅大橫披。唐大畫家李昭道，其父為李思訓，玄宗時官至左武衛大將軍。父子均善金碧山水，稱大、小李將軍。活壽、意園以外，萬竹參天，面俱失綠。面俱失綠：張岱的意思是，人臉俱失去本色而變綠。園以內，松徑桂叢，密不通雨。亭前小池，種青蓮極茂，緣木芙蓉，紅白間之。秋色如黃葵、秋海棠、僧鞋菊、雁來紅、剪秋紗之類，鋪列如錦。渡橋而北，重房密室，水閣涼亭，所陳設者，皆周鼎商彝，法書名畫，事事精辨，如入嫏嬛福地。癡龍護門，見本卷《嫏嬛福地記》文。人跡罕到，大父稱之謂「別有天地，非人間也」。

及今陵谷變遷，先生蛻去未久，子孫零落，為余所僦居者二十四年於此。張岱於清順治六年僦居快園。敗屋殘垣，稍為補葺，從前景物，十去八九，平泉木石，亦止可權存其意也已矣。余嘗謔友人陸德先曰：陸德先：王思任之賓客。「昔人有言：孔子何闕，乃居闕里？兄極臭，而住香橋；弟極苦，而住快園。世間事名不副實，大率類此。」聞者為之噴飯。

興復大能仁寺因果記

晉丞相許玄度，舍住宅為大能仁寺，千二百六十四年，並無變故。此處有些不準確，按南宋施宿《會稽志》：許詢高士，許詢舍宅，初號祇園寺。後廢，至五代吳越時方復建，號圓覺寺。北宋咸平間改名承天寺。政和七年，方改名為能仁寺。另，許詢高士，《世說新語》稱為「許掾」，是司徒蔡謨曾辟為掾屬，但許詢並未應徵。此言許爲晉丞相，大誤。嘉靖丙辰，嘉靖三十五年。胡總制豪奪為呂相國花園。胡總制：胡宗憲，字汝貞，號梅林。嘉靖三十三年出任浙江巡按御史，三十五年總督沿海軍務，平御倭寇有功。時呂本正為閣臣。呂本，浙江餘姚人。嘉靖時入閣，在位時阿順嚴嵩。嚴嵩敗後，退居林下，以大能仁寺地建別業，名樛木園。匠石數千，倉皇入寺，天宮化城，化城，佛教用語，意謂一時化作之城郭。此處與「天宮」皆借指佛寺壯麗的殿宇。金身寶相，頃刻間盡成齏粉。住僧無漏，目擊其慘，抱佛長號，忿恨自經。臨死謂其徒曰：「五十年後，我必復此寺！我來有奇兆，以門前古槐再生為驗。」鄰居少年，共聞其語。

造園之後，伽藍顯聖，伽藍：佛教寺院的護法神。常變為大蟒出現。主人震恐，乃造無量庵於城西牆下，以為本寺伽藍香火。

萬曆甲辰，萬曆三十二年，時張岱八歲。剛五十年矣，門前大槐半株枯死者果然復活。是年，我大父雨若公典呂氏園住，鄰少年有存者，皆七十餘矣，見大父，詫異曰：「龐眉赭鼻，何其似無漏和尚也！」大父進臥房，有雌雄文雉攜五雛從牀上飛出。文雉：雉雞，即野雞。攜兩鹿往，開樊有三鹿。所攜樊籠內本兩鹿，到呂氏園後開籠，却成三鹿。按雉、鹿古代皆視為祥瑞物。鄰老復詫異，謂：「無漏和尚言有奇兆，其在此乎？」於是相傳大父為無漏後身。大父聞之，罵曰：「許玄度舍為寺，方得我心。何物老禿，戀戀此刹，竟以身殉！我恨不得一棒打殺此禿，料與狗吃，乃謂我是其後身耶！」大父既生退悔，謂悔而不欲再租此宅居住。而呂氏聞老僧言，深惡之，遂歸大父直，把租金退還給張汝霖。乃塑呂文安、葵陽、姜山三先生像，呂本，諡文安。呂本之子呂兗，號葵陽。呂兗之子呂胤昌，號姜山。誓以永守。

又遲三十六年，祁德公以三千金復此寺，呂氏子孫實共成之。而主其事者，又為無量，大巧師名與庵名適相符合，應是伽藍化身，以了此一段因果。而吾大父後乃大悔，晚年造無漏庵於砎園，砎園：張家園林。張汝霖晚年建於龍山之旁，有鱸香亭、壽花堂、霞爽軒、酣漱閣諸勝，皆在水石縈迴、花木映帶處。張岱《陶庵夢憶》卷一有「砎園」一則，言其極為華縟。無漏庵建於園子的邊側臨牆處。請湛老和尚摩頂受記，而仍其號曰無漏居士。

啓

賀魯國主冊封啓

伏以蒼龍乘令，千秋慶世及之賢；按魯憲王朱壽鋐自萬曆二十八年至崇禎九年在位，薨，弟肅王朱壽鏞嗣位，即所謂「兄終弟及」之「世及」。此啓似應作於崇禎九年肅王嗣位之時。此時曾任魯憲王長史的張耀芳已故去數年，但作為前魯王故臣之子的張岱，還是依禮對新魯王表示祝賀。鳧繹增榮，鳧山、繹山，春秋時均在魯國境內。《詩·魯頌·閟宫》有「保有鳧繹」句。三魯荷維新之辟。三魯：當指春秋時魯國之三桓，即魯桓公之後孟孫、叔孫、季孫，與魯君均為兄弟。與朱壽鏞為故魯王之弟相應。維新：《詩·文王》：「周雖舊邦，其命維新。」辟：諸侯。護衛全憑夫宗國，昌期政值於中興。昌期：昌盛之時。堯分天下為十二支，衡、嵩、恒、華，衡、嵩、恒、華為五嶽之四嶽，而五嶽之首的泰山在魯地。按《尚書·舜典》，堯在位時，「肇十有二州，封十有二山，濬川。」而上述四山即概括「十有二山」。長子出震，按《易》，震在東方。《說卦》又云震「為長子」。自以東嶽為尊；周封同姓為五十國，鄭、衛、燕、韓，兄弟同宗，必以魯邦為重。慶歸宗社，喜溢臣鄰。

恭逢魯王殿下，瑤牒奇英，瑤牒：記錄帝王宗室譜系的玉牒。天潢領袖。天潢：皇族。郊分海岱，封地在東海泰山。司青帝以乘權；青帝：五方帝中東方為青帝。國應奎婁，魯按分野，在地為徐州，在天為奎、婁、胃三宿。璿璣衡以永曆。衛武作戒，處藩邑而預知周、召之能；周幽王時，衛武公作《賓之初筵》詩以刺幽王。此言衛武公雖處於藩國而有周公、召公一樣輔佐王室之能。及犬戎殺周幽王，武公將兵往，佐周平戎有功，周平王遂命武公為公。河間好書，在郡邸而遂精鄒、魯之學。漢河間獻王劉德，修學好古，實事求是。修禮樂，被服儒術，造次必於儒者。山東諸儒多從而遊。鄒、魯之學即醇儒之學。桐封素著，桐封：《史記・晉世家》：周成王與其弟叔虞戲，削桐葉為珪以與叔虞，曰：「以此封若。」史佚因請擇日立叔虞。成王曰：「吾與之戲耳。」史佚曰：「天子無戲言。」於是遂封叔虞於唐。廟廊久重珪璋；寶冊初頒，朝野快瞻綸綍。綸綍：《禮記・緇衣》：「王言如絲，其出如綸；王言如綸，其出如綍。」後即以此指帝王的詔令。周家有聖瑞，由泰伯、仲雍以至季歷，使古豳之世業，遞及於昌；周之先人古公亶父本居於豳，後遷於岐下。古公有三子，長曰太伯，次曰虞仲，少子曰季歷。季歷生姬昌，有聖瑞。古公曰：「我世當有興者，其在昌乎？」長子太伯、虞仲知古公欲立季歷以傳昌，二人遂走入蠻夷，文身斷髮，以讓季歷。季歷死，昌即位，即周文王。漢室重藩封，舉壽張、陽、橐以益東平，罄宗邸之隆施，無過於憲。《後漢書・東平憲王蒼傳》：東平王劉蒼少好經書，雅有智思。以天下化平，宜修禮樂，乃與公卿共議定南北郊、冠冕、車服制度。明帝永平二年，以東郡之壽張、須昌，山陽之南平陽、橐、湖陵五縣益東平國。此處似把平陽與橐誤連作一地，或簡稱為陽、橐，似都不妥。丕應純嘏，茂對遐休。兩句大意是說要珍重善對降下的宏大而久遠的福祉。允懷德以維寧，信為善而最樂。

某愧非喬木，實為世臣；喬木：舊臣。此句是說自己雖然不是魯王之臣，但自己的父親曾為魯臣。爰食土毛，土毛：指五穀之類。應居編戶。編戶：封邑所屬民戶。先臣某追隨花萼，古人以「花萼」比喻兄弟。此處張岱是說自己的父親曾經做過前魯王之臣。前魯王即現魯王之兄長，故曰花萼。曾設穆生之醴；穆生之醴：西漢時楚元王敬禮申公、穆生等儒士，穆生不飲酒，元王則為穆生設醴。醴，很淡的甜酒。獻賦兔園，尚識鄒陽之裾。兔園為漢梁孝王苑囿，或稱梁園。司馬相如客游梁，為孝王賓客，數歲，乃著《子虛賦》。時梁孝王賓客尚有鄒陽、枚乘辭賦之士。鄒陽《上吳王書》，有「何王之門不可曳長裾乎」之句，故此言「鄒陽之裾」。舊堂賀燕，欣逢寶殿之鼎新；故苑鳴蛙，喜見藩垣之鞏固。伏願黃河如帶，泰山如礪，古帝王封諸侯，常誓曰：

大宗「使河如帶，泰山若礪，國以永寧，爰及苗裔。」意謂諸侯與國共存，傳之無窮。**同心只欲尊周；大宗維翰，大邦維屏，**大宗維翰，大邦維屏：此句見於《詩·大雅·板》，意謂諸侯為王室藩籬屏障。**眉壽自能保魯。**《詩·魯頌·閟宮》：「天錫公純嘏，眉壽保魯。」眉壽，長壽。高壽之人，其眉往往盛茂，故云。**德業隆而鳳儀東土，**鳳儀：《書·益稷》：「簫韶九成，鳳皇來儀。」言德業既成，祥瑞遂降。**仁聲著而麟至西郊矣。**《春秋》哀公十四年：「西狩獲麟」。《左氏傳》：「西狩於大野，叔孫氏之車子鉏商獲麟，以為不祥，以賜虞人。仲尼觀之，曰：『麟也。』然後取之。」《公羊傳》：「麟者，仁獸也。有王者則至，無王者則不至。」**臨啓不勝歡舞頌祝之至。**

迎一金和尚啓

九里山表勝庵成，迎一金和尚還山住持者。

伏以叢林表勝，慚給孤之大地布金；有善施長者須達，拯乏濟貧，人號給孤獨。聞佛功德，遂生尊敬，願建精舍，請佛降臨。世尊命弟子舍利弗隨往相地，唯太子祇陀園最宜。太子言：「汝若能以黃金布地，令無空者，便當相與。」須達使人象負黃金八十頃中，須臾將滿。太子念言：「佛必大德，能使斯人輕寶如是。」乃令：「止，勿出金。園地屬卿，樹木屬我，我自上佛共立精舍。」須達然之，即便施工起立精舍。此句言建造表勝庵，自慚不能與給孤獨長者相比。**天瓦安禪，**天瓦：即天瓦山房。《越中園亭記》：「天瓦山房在表勝庵下，背負絕壁，樓臺在丹崖青嶂間。近張平子（張岱之弟張崲）讀書其中。」**冀寶掌自五天飛錫。**寶掌：施宿《會稽志》：寶掌禪師，中印度人，生周末，當魏晉時，自西域來華。一日示眾曰：「吾欲住世千歲，今六百七十三歲矣。」因號千歲和尚。唐貞觀中，周遊二浙，至諸暨里浦山下，遇一老人，問欲何之。師曰：「訪地修行，吾將老焉。」老人曰：「循山之陰，林嶂幽聳中有石室，名里浦巖，盍往居之。」值中秋，師抵巖下，見其山秀泉潔，月白風清，為頌有「行盡支那四百州，此中偏稱道人遊」之句，遂結茅以居。飛錫：《天中記》引《釋鑒》：舒州潛山奇絶，山麓尤勝。誌公與白鶴道人皆欲居之，因稟梁武帝。帝以二人俱具靈通，俾各以物識其地，得者居之。道人云：「某以鶴止處為記。」誌公云：「某以卓錫處為記。」已而鶴先飛去，至麓將止，忽聞空中錫飛聲，誌公之錫遂卓於山麓，而鶴驚止他所。重來石室，戒長老特為東坡；蘇軾有《重請戒長老住石塔疏》。中有句云：「念西湖之久別，本是偶然；為東坡而少留，無不可者。」此言一金和尚重返石室，乃特因張肅之之故。懸契松枝，對回師却逢西向。懸契，即立約。《大唐新語》：玄奘法師往西域取經，行前，手摩靈巖寺松枝曰：「吾西去求佛教，汝可西長。吾歸，即向東。」既去，其枝年年西指。一夕忽東向，弟子曰：「教主歸矣。」果還。至今謂之摩頂松。意張岱所用即此事。去無作相，住亦隨緣。離去時不作什麽表示，住到何處也只隨機緣。

伏惟九里山之精藍，九里山即侯山，在紹興縣西南湖中。精藍：精舍、寺院。實是一金師之初地。偶聽柯亭之竹笛，蔡邕避難于會稽柯亭，仰見椽竹，知有奇音，取之作笛。東晉桓伊善音樂，為江左第一，得蔡邕柯亭笛，常自吹之。王徽之泊舟於青溪，舊聞桓子野善吹笛，而不相識。遇桓于岸上過，王在船中稱桓伊小名，云：「聞君善吹笛，試為我一奏。」桓時已貴顯，素聞王名，即便回下車，踞胡床，為作三調。弄畢，便上車去。客主不交一言。此言一金師曾暫住柯橋融光寺。留滯人間；久虛石屋之煙霞，應超塵外。譬之孤天之鶴，尚眷舊枝；陶潛《搜神後記》：丁令威，遼東人，學道於靈虛山。後化鶴歸遼東，集城門華表柱。有少年舉弓欲射之。鶴乃飛起，徘徊於空中而言曰：「有鳥有鳥丁令威，去家千年今始歸，城郭如故人民非，何不學仙冢纍纍。」相彼彌空之雲，亦歸故岫。況茲勝域，宜兆異人。了住山之因緣，立開堂之新範。護門容虎，洗缽歸龍。以虎守門，以缽豢龍。《晉書·僧涉傳》：僧涉者，西域人。苻堅時入長安。能以秘咒下神龍，每旱，堅常使之咒龍請雨。俄而龍下缽中，天輒大雨，堅及群臣親就缽觀之。茗得先春，仍是寒泉風味；香來破臘，依然茅屋梅花。杜甫《江梅》詩：「梅蕊臘前破，梅花年後多。」半月巖似與人猜，半月巖：會稽天依寺有半月泉，泉隱巖下，雖月圓滿，望池中只見其半，最為佳處。請大師試為標指；一片石政堪對語，庾信自南朝至北方，惟愛溫子升所作《寒山寺碑》。或問信：「北方何如？」曰：「唯寒山寺（或作韓陵）一片石堪共語，薛道衡、盧思道少解把筆，餘若驢鳴狗吠。」聽生公說到點頭。蘇州虎丘千人石旁有「石點頭」，傳說生公（竺道生）於此講道，無信之者，乃聚石為徒眾，談至理，石為點頭。敬藉山靈，願同石隱。倘淨念結遠公之社，東晉高僧慧遠，于廬山東林寺，同慧永、慧持及劉遺民、雷次宗等結社，精修念佛三昧，誓願往生西方淨土，又掘池植白蓮，稱白蓮社。定不攢眉；若居心如康樂之流，自難開口。謝靈運，晉宋間人，因爵康樂侯，故世稱謝康樂。去官後移籍會稽，多徒眾，恣橫不法，驚擾百姓。據《佛祖統紀》卷二十七，謝曾想加入白蓮社，遠公以其心雜而拒之。立返山中之駕，看回湖上之船。仰望慈悲，俯從大眾。

《陶庵夢憶》卷二有《表勝庵》一則云：爐峰石屋，為一金和尚結茅守土之地，後住錫柯橋融光寺。大父造表勝庵成，迎和尚還山住持。命余作啓，啓曰……。下即本篇「伏以叢林表勝」云云。

絲社小啓

中郎音癖，「清溪弄」三載乃成；中郎，蔡邕，字伯喈，在東漢末官左中郎將，故稱蔡中郎。宋朱長文《琴史》：蔡邕嘉平中嘗謁鬼谷先生，不遇。憩於清溪，遊覽巖谷。山有五曲，曲有幽居靈跡。每一曲製一弄，三年曲成。出示馬融、王允等，甚異之。蔡氏五弄，所謂《遊春》、《淥水》、《坐愁》、《秋思》、《幽居》也。弄：說法不一。《樂府詩集·琴曲歌辭》引《琴論》曰：「和樂而作，命之曰暢；憂愁而作，命之曰操；引者，進德備業，申達之名也；弄者，情性和暢，寬泰之名也。」可作一解。賀令神交，《廣陵散》於今不絕。《三國志·魏書·嵇康傳》注云：嵇康既不為司馬氏所用，又為鍾會讒之，遂被殺。康臨刑，援琴而鼓，言曰：「袁孝尼嘗從吾學《廣陵散》，吾每固之不與。《廣陵散》於今絕矣！」劉宋劉義慶《幽明錄》：會稽賀思令，善彈琴，嘗夜在月中坐，臨風撫奏。忽有一人，形器甚偉，着械有慘色，至其中庭。稱善，便與共語。自云是嵇中散，謂賀云：「卿下手極快，但於古法未合。」因授以《廣陵散》，賀因得之，於今不絕。因賀思令所遇為嵇康之鬼，故云「神交」。器由神以合道，人易學而難精。晉書·顧愷之傳》：愷之還至荊州，人問以會稽山川之狀。愷之云：「千巖競秀，萬壑爭流，草木蒙籠，若雲興霞蔚。」幸生巖壑之鄉，《晉書·顧愷之傳》：愷之還至荊州，人問以會稽山川之狀。愷之云：「千巖競秀，萬壑爭流，草木蒙籠，若雲興霞蔚。」共志絲桐之雅。清泉磐石，援琴歌《水仙》之操，《水仙操》，傳說為俞伯牙所作琴曲。《水仙操》，傳說爲俞伯牙所作琴曲。世言伯牙學鼓琴于成連先生，三年而成，至於精神寂寞，情之專一，尚未能也。成連引伯牙至海上，但聞海上水汩沒澌澌之聲，山林窅冥，群鳥悲號，愴然歎曰：「先生將移我情。」乃援琴而歌之。伯牙遂妙絕天下。便足移情；澗響松風，三者皆自然之聲，正須類聚。上僅言澗響及松風二種，合琴爲三。按琴曲有《石上流泉》和《風入松》，皆寫澗響及松風者。偕我同志，爰立琴盟；約有常期，寧虛芳日。雜絲和竹，因以鼓吹清音；動操鳴弦，自令眾山皆響。《宋書·宗炳傳》：炳好山水，愛遠遊，有疾還江陵，凡所遊履，皆圖之於室，謂人曰：「撫琴動操，欲令眾山皆響。」非關匣裏，不在指頭，東坡老方是解人；蘇東坡有《琴詩》：「若言琴上有琴聲，放在匣中何不鳴？若言聲在指頭上，何不於君指上聽？」但識琴中，無勞弦上，元亮輩正堪佳侶。

陶潛，字元亮。《宋書》本傳云：潛不解音聲，而畜素琴一張，無弦，每有酒適，輒撫弄以寄其意。既調商角，宮商角羽徵，以商角概指五音。翻信肉不如絲；晉人孟嘉云：「絲不如竹，竹不如肉。」肉指人聲徒歌。此言人聲不及琴聲。諧暢風神，雅羨心生於手。唐韋榮宗論書：「凡下筆，心生於手，然後方可下。」從容秘玩，莫令解穢於花奴；《羯鼓錄》：唐玄宗不好琴，嘗聽彈三弄，未及畢，謂宦者曰：「速召花奴，將羯鼓來為我解穢！」花奴，汝陽王李璡小名，善羯鼓。抑按盤桓，嵇康《琴賦》：「或徘徊顧慕，擁鬱抑按，盤桓毓養，從容秘玩。」敢謂倦生於古樂。《禮記・樂記》：魏文侯問於子夏曰：「吾端冕而聽古樂，則惟恐臥；聽鄭衛之音則不知倦。敢問古樂之如彼，何也？新樂之如此，何也？」共憐同調之友聲，《詩・小雅・伐木》：「嚶其鳴矣，求其友聲。」用振絲壇之盛舉。絲壇：琴壇。

《陶庵夢憶》卷三有《絲社》一篇，云：「越中琴客不滿五六人，經年不事操縵，琴安得佳？余結絲社，月必三會之。」本篇即絲社初立時小啓。

遊山小啓

幸生勝地，鞋靸下饒有山川；喜作閒人，酒席間只談風月。野航恰受，不逾兩三；杜甫《南鄰》詩：「秋水才深四五尺，野航恰受兩三人。」野航，指田家小舟。便榼隨行，各攜一二。僧上鳬下，蘇軾《將往終南和子由見寄》詩：「終朝危坐學僧趺，閉門不出閒履鳬。」譚元春《湖霜草序》：「僧上鳬下，觴止茗生」。《後漢書・方術・王喬傳》：「王喬有神術，為葉縣令，每月朔望輒自縣詣朝。帝怪其來頻數，又不見車騎，密令太史伺之。太史言其臨至，輒有雙鳧從東南飛來。於是候鳧至，舉羅張之，但得一隻舄。後即以鳧代指履，而又有尊崇之意。鳧下，即移步光臨意。觴止茗生。談笑雜以詼諧，陶寫賴此絲竹。《世說新語·言語》：謝太傅語王右軍曰：「中年傷於哀樂，與親友別，輒作數日惡。」王曰：「年在桑榆，自然至此，正賴絲竹陶寫。」興來即出，可趁樵風；樵風：便於乘船的順風。東漢鄭弘採薪，得一遺箭，有人覓，弘即還之。其人問何所欲，弘識其為神人，曰：「常患若邪溪載薪為難，願旦南風，暮北風。」後果然。日暮輒歸，不因剡雪。剡雪：《世說新語·任誕》：王子猷居山陰，夜大雪，眠覺，四望皎然。忽憶戴安道。時戴在剡，即便夜乘小舟就之。經宿方至，造門不前而返。人問其故，王曰：「吾本乘興而行，興盡而返，何必見戴？」願邀同志，用續前遊。

凡游以一人司會，備小船、坐氈、茶點、盞箸、香爐、薪米之屬。每人攜一篕、一壺、二小菜。游無定所，出無常期，客無限數。過六人則分坐二舟，有大量則自攜多釀。約　日遊　舟次　右啓　某老先生有道　司會某具

疏

龍山文帝祠募疏

爰自雲蒸霞蔚，《晉書·顧愷之傳》：至荊州，人問以會稽山川之狀。愷之云：「千巖競秀，萬壑爭流。草木蒙籠，若雲興霞

蔚。」巖壑自有文章；筱簜琨瑤，貢賦必須竹箭。《書・禹貢》言揚州「筱簜既敷，厥草惟夭。……瑤、琨、筱、簜。」云云，皆言揚州（會稽屬揚州）之貢賦：瑤、琨為玉石，筱、簜為竹。岣嶁苔蝕，秦皇立山海之碑；南嶽衡山有大禹岣嶁碑，而會稽禹陵亦有石刻岣嶁碑文，為明代模刻，非禹陵舊物。秦始皇登會稽秦望山，刻石紀功，但也不是碑。此處張岱故意把二事混淆言之，以見會稽很早就有文章見於石刻者。宛委雲封，夏后發箕疇之匱。此句仍是二事混說。一為傳說大禹治水時，夢見玄夷蒼水使者，然後登宛委山，發金簡之書，得通水之理。二為禹父鯀死後，大禹接任，繼續治水，於是百川順流，天乃賜以《洪範》「九疇」。今《書經》中有《洪範》一篇，則是商亡後，商賢人箕子所作，其中演繹「九疇」，故此處稱「九疇」為箕疇。雖然《洪範》云「天乃錫禹『洪範』九疇」，但夏禹是不可能見到「箕疇」的。是以上會稽，尋禹穴，太史公早儲探奇之心；《史記・太史公自序》：「遷生龍門，耕牧河山之陽。年十歲則誦古文。二十而南游江、淮，上會稽，探禹穴，窺九疑，浮於沅、湘。」修禊事，會蘭亭，王右軍遠寄斯文之慨。王羲之《蘭亭序》：「永和九年，歲在癸丑，暮春之初，會於會稽山陰之蘭亭，修禊事也。」末云：「後之覽者，亦將有感於斯文。」古人三月上巳濯浴於水濱以祓除祟惡，稱修禊，漸漸演變為三月三日的春遊。蘭亭雅集正是祓禊之日，故《蘭亭序》又稱「禊帖」。遂使梁間花字，取以錦繡山川；僧辯才於梁上藏《蘭亭帖》，事見卷一《史闕序》中注。又有傳說，蕭翼既偷出《禊帖》，途中按捺不住好奇，袖中偷看，頓時遍地花開，故下云「錦繡山川」。更有椽底竹音，椽底竹音：即柯亭笛事，見本卷《迎一金和尚啓》注。用以鼓吹經傳。代多名士，方信經緯之由人；上見神明，應念圖書之有祖。

則吾龍山文帝祠者，文帝：文昌帝君，司掌文運。左鄰縣治，尚無翦伐之虞；右並城隍，紹興府城隍廟亦在龍山。賴有金湯之固。揆文三百里，《書・禹貢》：「五百里綏服，三百里揆文教，二百里奮武衛。」重天寶者尤重地靈；王勃《滕王閣賦》：「物華天寶，龍光射牛斗之墟；人傑地靈，徐孺下陳蕃之榻。」君子六千人，有文事者必有武備。《史記

・越王勾踐世家》：吳王夫差北會諸侯於黃池，吳國精兵從征，獨老弱與太子留守。勾踐乃發習流二千，教士四萬人，君子六千人，諸御千人，伐吳。追思吾先正，先正：先賢。海涵地負，大放厥辭；韓愈《祭柳子厚文》：「玉佩瓊琚，大放厥辭。」意謂盡興寫出優美的文章。佑啓我後人，澤媚山輝，共章斯道。

乃今滄桑既改，廟貌無存；鐘簴旋移，鐘簴，懸鐘及鐘架，祭祀及典禮時奏樂所用。移，移走不存。榱題亦朽。榱題：屋椽露在外面的端部，此指屋椽。何敢望僧寮佛刹，皆換新圖；更不如里社村墟，尚存原廟。一城棄為枝指，枝指：多餘的駢指，喻無用之物。如燕人之視越，漠不關心；八邑奉若綴旒，八邑，指紹興府所屬山陰、會稽、蕭山、諸暨、餘姚、上虞、嵊縣、新昌等八縣。《詩・商頌・長發》：「受小球大球，為下國綴旒。」即上國為下國奉為表率。猶七國之尊周，僅存虛貌。春秋時列國尚有尊周的表面文章，至戰國時，周天子的地位已經下降到封君，不再為七國一顧了。近喜隍祠璀燦，隍祠：城隍廟。忍見文廟隤頹？衣縕袍與衣狐貉者立，《論語・子罕》：子曰：「衣敝縕袍，與衣狐貉者立，而不恥者，其由也與。」縕袍，窮人所服以斷麻織成的衣袍。敝，破。狐貉，以狐貉之皮製作的裘衣。自知羞澀難堪；食藜藿與食鐘鼎者俱，尤覺逡循不敢。逡循：即逡巡，畏縮不前貌。以故通郡而計，掄科第者，城市不及於鄉村；為此畫地以觀，紆金紫者，東南常盛於西北。皆因文星薄蝕，半壁遂乏光華；斗柄陰霾，斗柄：《史記・天官書》：「斗魁戴匡六星，曰文昌宮。」北斗文昌宮六星中「三曰貴相，四曰司命，五曰司中，六曰司祿」，與命祿相關，故後世發展為司文運之「文昌神」。八越都無氣色。八越：指紹興府下屬八縣。

修我牆屋，曾子將反自武城；《孟子・離婁下》：曾子居武城，有寇將至。人問：「寇將至，是不是請離開一下？」曾子曰：「我離開後，不要寓人於我室，毀傷其薪木。」寇退，則曰：「修我牆屋，我將反。」復我冠裳，子貢預占於曲阜。《春秋左氏傳》哀公七年，魯哀公與吳王夫差會於鄫。吳太宰嚭召魯大夫季康子，康子使子貢辭。太宰嚭曰：「國君道長，而大夫不出門，此何禮也？」子貢對曰：「豈以為禮？畏大國也。大國不以禮命於諸侯，苟不以禮，豈可量也！寡君既共命焉，其老豈敢棄其國？太伯端委以治周禮，仲雍嗣之，斷髮文身，贏以為飾，豈禮也哉？有由然也。」子貢以為吳人祖先太伯改變原來的周人冠裳，斷髮文身，乃不得已，而魯國大夫不出見吳太宰也同樣是不得已。此典用在這裏，好像有些牽強，但如果聯繫到此時滿清入主中原，強迫漢人剃髮易服，即知「復我冠裳」及「修我牆屋」句都是語帶雙關，極為巧妙的。而這兩句在全文中也是點睛之筆，修復文昌祠以乞多出人材，也正是為了光復天下，再覩漢官威儀。**期吾同志，豈遂無人；嗟我舊盟，尚亦有子。因諏二月，**諏：諏吉，挑選吉日良辰。**束牲載書；遂約端陽，庀材鳩眾。風雨洊至，臥龍附以躍淵；星斗重明，文雉因之升鼎。**殷中興，武丁祭成湯。祭之明日，有飛雉升鼎耳而雊。**山呼必應，殿上自響琳瑯；草指先知，**黄帝之時，有屈軼之草生於庭，佞人入朝則草指之，是以佞人不敢進。**階下必多桂杏。**即杏壇之下必多折桂之士。

凡我同盟諸子，嗣此心燈夜聚，神思如燈。參見下「筆蕊晨飛」注。**光分太乙之藜；**晉王嘉《拾遺記》卷六：劉向校書天祿閣，夜有老人着黄衣，扶青藜杖，登閣而進。見向在暗中獨坐誦書，乃吹杖端，爛然出火，因以見向，說開闢以前。向因受《洪範五行》文。至曙而去，向問其姓名，云：「我是太乙之精也。天帝聞金卯之子有博學者，下而觀焉。」乃出懷中竹牒，有天文地理之書，授之。**筆蕊晨飛，**梁簡文帝《與廣信侯書》：「豈止心燈夜炳，亦乃意蕊晨飛。」**采散文通之錦。**江淹，字文通。少以文章顯，晚節才思微退，自云夜夢一人，自稱張景陽，謂曰：「前以一匹錦相寄，今可見還。」淹探懷中得數尺與之，此人大恚曰：「那得割截都盡！」顧見丘遲（即名篇《與陳伯之書》的作者），謂曰：「餘此數尺，既無所用，以遺君。」自爾淹文章躓矣。**沖天有氣，非繡虎即屬雕龍；**曹植七步成詩，人稱「繡虎」。雕龍：此喻文章華美。**擲地成聲，是敲金還為戛玉。鵬摶九萬，且將扶羊角而圖南；《莊子・逍遙遊》言大鵬「背若太山，翼若垂天之雲，摶扶搖羊角而上者九萬里，絶雲氣，負青天，然後圖南。」驂牝三千，此處概指戰車之馬。原義是駕戰車的母馬，見《列女傳・趙津女娟》，趙簡子的夫人女娟，反駁丈夫對婦女的輕視，說古代打仗駕車的就是母馬：「昔者湯伐夏，左驂牝驪，右驂牝靡，而遂放桀。武王伐殷，左驂牝騏，右驂牝驥，而遂克紂。」亦思隨驥尾而空北。韓愈《送溫造處士序》：「伯樂一過冀北之野，而馬群遂空。」

但願雞盂在口，盂：血。盟不復寒；違背盟約稱「寒盟」。牛耳當盆，願須再發。盆，疑為「盤」字之誤。諸侯會盟，割牛耳取血盛敦中，置牛耳於盤，由主盟者執盤分嘗諸侯為誓，以示信守。群策畢集，賀孱主之獲中興；孱主，懦弱無能之主。王莽末年，赤眉起兵，奉劉盆子為主，是為更始帝。升殿，更始羞怍，俯首刮席不敢視。眾力可支，喜工師之得大木。果能精衛，銜來不擇夫泥沙；《山海經》：有鳥如烏，名曰精衛。是炎帝之少女，名曰女娃，女娃游於東海，溺而不返，故為精衛。常銜西山之木石，以填東海。真惜銅駝，到處先除其荊棘。《洛陽記》：兩銅駝在宮之南街，東西相向，高九尺。晉索靖有先識，嘗見洛陽宮門銅駝而歎曰：「會見汝在荊棘中。」未幾，晉果有五胡之亂。扶衰起廢，勢足以倒拔九牛；晉皇甫謐《帝王世紀》：商紂王能倒曳九牛，撫梁易柱。繼長增高，才可以添修五鳳矣。五鳳樓，本洛陽宮城樓名。此處雙關。宋韓浦、韓洎兄弟俱能文，而浦常輕洎，語人曰：「吾兄為文，譬如繩樞草舍，聊庇風雨。予之為文，是造五鳳樓手。」浦聞其言，作詩與洎曰：「十樣蠻箋出益州，寄來新自浣溪頭。老兄得此全無用，助爾添修五鳳樓。」

募造無主祠堂疏

余讀《祭法》，天子立七祀而有泰厲，諸侯立五祀而有公厲，大夫立三祀而有族厲。《禮記・祭法》：王為群姓立七祀，曰司命，曰中霤，曰國門，曰國行，曰泰厲，曰戶，曰竈。諸侯為國立五祀，曰司命，曰中霤，曰國門，曰國行，曰公厲。大夫立三祀，曰族厲，曰門，曰行。蓋泰厲者，古帝、王之無後者也；無後：無後嗣，即無人祭祀。公厲、族厲者，古諸侯、大夫之無後者也。古之帝王，古之諸侯、大夫，其留心於無主之厲，不忍其烝嘗中斷而靈爽無依，設為壇壝，築為宮室，君蒿悽愴，君蒿悽愴：《禮記・祭義》：子曰：「衆生必死，死必歸土，此之謂鬼。骨肉斃於下，陰為野土。其氣發揚於上，為昭明，君蒿，悽愴，此百物之精也，神之著也。」君蒿悽愴本指人死後精魂所化，可理解為上升之氣，逐漸散去，以至消失。但此處似指人對以往精魂的祭祀。以招魂魄，亦可謂仁之至、義之盡矣。余又嘗考越郡祀典，清明、中元、十月朔，中元：舊以七月十五日為中元節。有孤魂三祭。官府在這三個日子要在厲壇祭無主鬼魂。余曾閱其祭版，則西楚霸王為國殤之首。千古英豪，後裔淪沒，非越郡孤魂一祭，則拔山蓋世之雄，幾幾乎其為若敖氏之鬼矣。《左傳》宣公四年：楚司馬子良生子越椒，子文曰：「必殺之！此子有熊虎之狀，豺狼之聲，不殺，必滅若敖氏。」子良不肯。子文將死，聚其族，泣曰：「鬼猶求食，若敖氏之鬼，不其餒而！」意謂越椒將惹下滅族之禍，本族（若敖氏）之鬼就不會有後代來祭祀，只能挨餓了。

余感此意，乃命兒輩與諸同志，擇地於龍山之麓，創立無主一祠，奉祀古今之名公鉅卿及高人逸士，家勢荒涼，子孫湮滅，如山陰方干、方干：唐末人。字雄飛。隱於會稽，漁於鏡湖，蕭然山水間，以詩自放。薦以諫官，不就。唐珏、元初楊璉真伽掘南宋諸帝陵，殘骨亂棄草莽間，唐珏私斂而葬之。唐琦，唐琦事見本書卷三樂府《唐琦石》。諸暨楊維禎，楊維禎：字廉夫，號鐵崖。元末大詩人。元泰定三年進士，任天台縣尹，調錢清鹽場，十年不遷。死於明初，葬松江。餘姚嚴光、嚴光：即嚴子陵，與漢光武帝劉秀少時同學，不仕，隱居於富春江。虞翻，虞翻：字仲翔，三國時吳國人。犯顏諫爭，為孫權貶於交州。上虞王充，王充：字仲任，東漢人。大思想家，著《論衡》。新昌支遁，支遁：東晉名僧，號道林，俗姓關。嵊縣戴逵，戴逵：字安道。東晉名士，博學多才，善鼓琴。其嫡系縹緲，皆當祀之祠中。即如近時之徐文長，胤嗣無存，韭麥罔薦，連最簡陋的祭品都沒有人供薦。非藉數楹清秘，倘玉樓賦召，瑤池宴罷，則巒雉嫏嬛，巒雉：王嘉《拾遺記》記海上蓬萊、方丈、瀛州三神山，其中方丈山，一名巒雉。東有龍場，地方千里，玉瑤為林，雲色皆紫。亦何所安其魂魄乎？況入而寢室，下而兩廡，凡一切門戶衰絕，家屬流移，力不能供一主者，亦得比例陳情，寄之廡下。則此一舉，非惟上體古帝王民胞物與之盛心，抑且下協士君子肉骨生死之美意，蓋亦斷斷乎其不可緩者也。

昔蕭山魏文靖公驥，魏驥，字仲房，蕭山人。永樂中，以進士副榜授松江訓導。常夜分攜茗粥勞諸生。諸生感奮，多成就者。預修《永樂大典》。英宗時官至南京吏部尚書。每年除夜，肅衣冠立於大門之外，祝曰：「凡無主孤魂，今夕無處棲止者，都到驥家過歲。」堂皇則盛設牲醴以享之，堂皇：廳堂。元旦昧爽，昧爽：黎明。復衣冠送出。蕭人至今傳為美談。今日特建一祠，寒暑晝夜，得有棲遲，棲遲：遊息。而鬱壘、神茶，永無驅逐。傳說桃都山有大桃樹，盤屈三千里，下有二神，名神茶、鬱壘，執葦索，伺不祥之鬼，見則擒以飼虎。但二神所逐之鬼乃瘟邪之鬼，非指人死後之鬼魂。則蕭山除夕，蕭山：此蕭山指魏驥。不必暫為主人。凡我同志，幸助成之，勿使魏文靖公獨為君子也。

募修岳鄂王祠墓疏

西湖固多祠廟，梵宮之外，梵宮：佛寺。其合於祭法者三：漢之前將軍關帝，宋之岳鄂王武穆，明之于少保忠肅。于謙，明英宗被俘於土木堡，景泰帝以其為兵部尚書，保衛北京，迎還英宗。官至少保。英宗復辟後被殺。弘治時平反，賜諡肅愍，歸葬於杭州西湖三台山麓。萬曆間改諡忠肅。帝君之崇祀既久，其輪奐巍峨，更新再造，代不乏人。于墳僻處山麓，子孫世守，鐘簴不移，廟貌如故。獨岳墳距西湖鬧地，距，疑應為「踞」字。水陸舟輿，遊人雜遝。閱壁圖者刻畫憲、雲，憲、雲：張憲、岳雲。展墓道者擲擊檜、卨，展墓道：恭省墳墓。明正德間，始鑄秦檜、王氏、万俟卨三跪像，尚無張俊。眾怒之下，鐵難保首，木亦剖心。秦檜等鐵像屢次被人砸碎，又復重鑄。岳墳前有檜木，號「分屍檜」。明天順間杭州同知馬偉鋸而植之，首尾異處，以示磔屍狀。昔人卜葬鄂王於遊觀之地，歌舞之場，使朝簪瞻禮，士女嬉遊，每於笙歌桃柳之中，說及廬墓、涅膚之事。廬墓：有人激於忠義，而為岳飛廬墓。按岳飛殺後，其屍為人偷運出城，葬於九曲叢祠，至孝宗時為岳飛平反，始遷葬於棲霞嶺。涅膚：用顏料把皮膚染黑。《史記・刺客列傳》：三家既滅智伯，智伯之臣豫讓欲行刺趙襄子，「漆身為厲，吞炭為啞，使形狀不可知，行乞於市」。此處是指施全等義士喬裝易形，刺秦檜以為岳飛報仇事。乾坤正氣，世道所關，文天祥《正氣歌》：「天地有正氣，雜然賦流形。……地維賴以立，天柱賴以尊。三綱實繫命，道義為之根。」歷代帝王，立祠致祭，俎豆千秋，旌忠旌孝，俾為萬世臣子楷模，蓋已歷五百一十四年於此矣。日久傾圮，遊人嗟歎。

崇禎戊辰，崇禎元年。拆毀逆璫魏忠賢生祠，議以木石修葺王墓，卜之王，王弗許。以此蹉跎，頽敗益甚，後人觀感，不無動念重修。然往往銳意興造，而力輟半途者有之，猛思合賁，賁：山頂。而功虧一簣者有之。

余謂天下凡事必須量力為之。其進鋭者其退速，其願奢者其就小。不能如田單一日下齊七十餘城，樂毅為燕伐齊，五年下齊七十餘城，唯莒、即墨未服。田單守即墨，用離間去樂毅，再用火牛陣破燕將，齊人追亡逐北，所過七十餘城皆復歸齊。是「下齊」者為樂毅，田單則是「收復」，且均非「一日」即得。止須學范睢遠交近攻之法，得尺則尺，得寸則寸，范睢，戰國時魏人。入秦説秦昭王制六國之策，「不如遠交而近攻，得寸則王之寸也，得尺亦王之尺也」。如燕窠銜泥，如鵲巢集木，循序漸進，以至落成。蓋衆擎易舉，獨力難支，與其修而未完，不若不修之為愈也。

故古之善舉事者，如攻堅木，先其易者，後其節柢。誠有發願營繕者，必先葺後楹，次及墳塋，次及大殿，次及牆壁，次及戟門。凡修一處，務責完工，既遇矢心，還期竭力。為作募疏，令廟祝齎捧，以俟檀那。檀那：施主，布施。且告之曰：爾觀鄂王，寶殿雖圮，決不肯用魏忠賢一木一石，其靈爽若是。故凡修祠修墓，必欲得正人君子以董其役。且窺王意，即布金大地之人，見本卷《迎一金和尚啓》「㦬給孤之大地布金」注。苟非居心誠潔，立意堅凝，亦不肯輕受毫末。爾第隨緣募化，若有賢士大夫解囊樂助，自為王所式憑。式憑：此指接受扶持。而下及編氓，即村農野叟，婦女兒童，瞻拜宫牆，起敬起畏，木材瓦甓，施及錙銖，則亦王所欣受也。董太史曰：董太史：董其昌，因曾入翰林，故稱太史。「視王棄取，以占人品。」岳王如果欣然接受捐助，那就説明捐貲者人品好。反之亦然。不信然哉！

卷之三

檄

徵修明史檄

蓋聞才、膽、識實有三長，三長：《舊唐書・劉知幾傳》：鄭惟忠嘗問知幾曰：「自古以來，文士多而史才少，何也？」對曰：「史才須有三長，才也，學也，識也。」張岱易「學」以「膽」字，是把「學」看成必有而不待言的基礎功夫。他本人對史料是相當重視的，此檄就是對史料的徵集。《左》、《史》、《漢》皆成一手。《左傳》、《史記》、《漢書》成於一人之手，僅就主要成書階段而言，與前人的開創和後人的續補並無矛盾。傳世以二十一史，數屬有明；不計《舊唐書》和《舊五代史》，則《史記》至《元史》為二十一史。垂統以一十六朝，代多令主。明代包括在位僅一月的明光宗，共十六帝。令主，品質優秀的君主。作為明朝的遺民，張岱只能這樣說了。宋景濂撰《洪武實錄》，事皆改竄，罪在重修；《洪武實錄》凡三修，建文即位初修，王景充總裁。朱棣奪位後再修，總裁解縉；縉得罪後三修，總裁楊士奇，則務在改竄，多非實錄了。姚廣孝著《永樂全書》，姚廣孝：蘇州長洲人，自幼為僧，名道衍，字斯道。洪武時入燕邸，為朱棣謀主，策劃起兵奪位。博學多才，文武兼通。朱棣即位，復姓，賜名廣孝，授太子少師。語欲隱微，恨多曲筆。後焦芳以僉壬秉軸，焦芳，天順八年進士。粗陋無學識，性陰狠。累加少師、華蓋殿大學士。居內閣數年，宦官劉瑾濁亂海內，變置成法，荼毒縉紳，皆芳導之。每過瑾，言必稱千歲，自稱曰門下。裁閱章奏，一阿瑾意。總裁《孝宗實錄》，於忠直肆意誣詆。僉壬，奸險小人。秉軸，執掌政柄。**丘濬以奸險操觚。**丘濬，字仲深，瓊山人。景泰五年進士。纂《大學衍義補》，為理學名臣。官禮部尚書，入內閣。廉介，所居湫隘，四十年不易。然性褊隘，議論好矯激，聞者駭愕。議事不合，至投冠於地。然稱為「奸險」則似太過。修《憲宗實錄》，充副總裁。修《英宗實錄》，有言于謙之死當以「不軌」書者。濬曰：「己巳之變，無于公則社稷危矣。事久論定，誣不可不白。」其持正又如此。操觚，執筆，此處有主掌編纂之意。**《正德編年》，楊廷和以掩非飾過；**楊廷和，字介夫，新都人。成化十四年，年十九成進士。歷官吏部尚書、武英殿大學士。與宦官張永合謀除劉瑾。官至內閣首輔。修《武宗實錄》，任總裁。嘉靖初，因「大禮議」忤帝意，去位。**《明倫大典》，張孚敬以矯枉持偏。**張孚敬即張璁，嘉靖初以議大禮為帝所知。修《明倫大典》，定議禮諸臣罪，云楊廷和法當棄市。**後至黨附多人，以清流而共操月旦；**此言東林黨以清流自居，標榜門戶，操持輿論，未免黨同伐異。**因使力翻三案，以閹豎而自擅纂修。**萬曆四十三年不明男子入宮梃擊案，明光宗暴死之紅丸案，天啓初年之移宮案，是為三案。三案爭議雙方，各有情理，但均操持失當。及魏忠賢擅權，修《三朝要典》，遂以翻三案為由，大肆殘害東林黨人。**黑白既淆，虎觀、石渠尚難取信；**虎觀、石渠尚難取信：西漢宣帝曾於石渠閣與諸儒雜論《五經》同異。東漢章帝亦曾於白虎觀會諸儒議《五經》同異。此以二處代表國家的最高學術機關，黑白既淆，就是拿到那裏也無法分辨了。**玄黃方起，麟經「夏五」不肯闕疑。**玄黃方起，麟經「夏五」不肯闕疑：孔子修《春秋》，因絕筆於獲麟，故稱《春秋》為「麟經」。「夏五」，見卷一《史闕序》及注。「夏五」闕文問題，引起儒者爭議。《易》有「龍戰於野，其血玄黃」語，「玄黃」在此即指爭辨之激烈。**博洽如王弇州，但誇門第；**王弇州，見卷一《石匱書自序》注。**古煉如鄭端簡，**鄭端簡：鄭曉，字窒甫，海鹽人。嘉靖二年進士。諳悉掌故，博洽多聞。著有《吾學編》、《刪改史論》等。**純用墓銘。《續藏書》原非真本，**《續藏書》

二十七卷，明李贄撰。今存。《四庫總目提要》云其「冗雜顛倒」，「種種踳駁，毫無義例，總無一長之可取」。而「議論背誕之處比《藏書》為略少」，則張岱所說「原非真本」為可信。**《獻徵錄》未是全書。**《獻徵錄》一百二十卷，明焦竑撰。《四庫總目提要》云：「是書采明一代名人事蹟。……自洪武迄於嘉靖，搜采極博，然文頗氾濫，不皆可據。」**《名山藏》有「拔十得五」之譽，**《名山藏》三十七卷，明何喬遠撰。輯明十三朝遺事，始於洪武，迄於隆慶。分典謨記、坤則記、開聖記、繼體記等三十七類。喬遠為萬曆丙戌（十四年）進士，崇禎初官南京工部右侍郎。**《大政記》有「挂一漏萬」之譏。**《明大政記》二十五卷，明雷禮撰。**牀頭俱有捉刀，**《世說新語·容止》：曹操將見匈奴使，自以形陋，不足雄遠國，使崔季珪代，帝自捉刀立牀頭。既畢，令間諜問曰：「魏王何如？」匈奴使答曰：「魏王雅望非常；然牀頭捉刀人，此乃英雄也。」曹操聞之，追殺此使。此處借「捉刀」二字，指很多史書都是別人代筆。**舌底不無按劍。**此處是指一些人修史挾以私怨，把史書當成誹謗之具。**九方皋相馬而失，竟是蝦蟆；**九方皋，古之善相馬者。見《列子》。但「蝦蟆」却是伯樂事。《朝野僉載》有一故事：伯樂令其子執《馬經》畫樣以求馬，經年無有似者。歸以告父，乃更令求之，出見大蝦蟆，謂父曰：「得一馬，略與相同，而不能具。」伯樂曰：「何也？」對曰：「其隆顱跌目脊鬱縮，但蹄不如累趨爾。」伯樂曰：「此馬好跳躑，不堪也。」子笑乃止。此處是說修史者鑒別人物不精。**魏伯起積穢以成，方為蝴蝶。**魏收，字伯起。北齊人。文才與溫子升、邢子才齊名。歷仕北魏、東魏、北齊三朝。主持修撰《魏書》，入傳者之子孫多賄以金貨，魏收即為減惡而增善。書成，人稱「穢史」。又，《北齊書》本傳云：魏收為人輕薄，人號之「驚蛺蝶」。

自幸吾先太史有志，思附談、遷；思附談、遷：太史公司馬談、司馬遷父子。張岱之曾祖張元汴，隆慶五年狀元，歷官翰林修撰、侍讀，故此云「先太史」。其父即張岱高祖張天復，有志史學，曾著有《廣輿考》。而元汴繼承乃父之志，曾修山陰、會稽、紹興三志。故張岱在《家傳》中說：「三志並出，人稱談、遷父子。」**遂使余小子何知，欲追彪、固。**彪、固，班彪、班固父子。以上張岱自言修史之「志」。梅花屋書積如山，《陶庵夢憶》有《梅花書屋》一篇，云：「陔萼樓後老屋傾圮，余築基四尺，造書屋一大間。」宛委峰筆退成塚。據《會稽志》：宛委山在縣東南一十五里。舊經云：山上有石匱，壁立干雲，升者累梯而至。又：王羲之七代孫僧智永，會稽人。常居閣上臨書，凡三十年，所退筆頭，置之大竹簏，簏受一石餘，而五簏皆滿。後取筆頭瘞之，號退筆塚。浮湘溯沅，《史記・太史公自序》：「二十而南游江、淮，上會稽，探禹穴，窺九疑，浮於沅、湘。」無暇三過其門；大禹治水，八年在外，三過家門而不入。探穴搜奇，不覺五易其稿。以上張岱自言修史之「學」。肯學《三國志》以千斛見餉，遂傳其尊公？《晉書・陳壽傳》：壽撰魏吳蜀《三國志》，凡六十五篇。時人稱其善敘事，有良史之才。或云丁儀、丁廙有盛名於魏，壽謂其子曰：「可覓千斛米見與，當為尊公作佳傳。」丁不與之，竟不為立傳。深鄙《五代史》以一妓相持，乃誣其先祖。張岱《夜航船》載此事，全用楊用修《丹鉛總錄》文字，用修云見於「宋人別記」：「歐陽永叔為推官時昵一妓，為錢惟演所持，永叔恨之，後作《五代史》，乃誣其祖武肅王重斂民怨。」按此說實出於錢惟演後人錢世昭《錢氏私志》之誣，文繁不錄。吳越國重斂虐民，本是事實，當時筆記多記之，歐陽修秉公直書，不為錢氏回避，錢氏怨之，掉頭反誣，顛倒因果，極盡醜詆。張岱信此，亦好奇不察之失。近人鄧之誠《骨董續記》卷三有「錢氏私志詆毀歐公」一條，辨此事最力，可參看。洛、蜀、朔黨，勿亂其胸中；北宋末年元祐間，原反對新法的士大夫分為三派：程頤為首，朱光庭、賈易為羽翼的洛黨；蘇軾為領袖，呂陶等為羽翼的蜀黨；劉摯為領袖的朔党。三派雖然都是正人君子，但從學術到政見，勢如水火。此處張岱是說修史要有自己的卓識，不能有黨派門戶之見橫於胸中。人、鬼、仙才，雜見於筆下。這是談修史要把眼光放開，不拘一格，為那些雖然不居高位却有奇才異能的下層畸人逸士立傳。張岱所著《石匱書》，即是他這一修史主張的實踐。意氣所動，真能肉視虎狼；節義所關，何難冰顧湯鑊。此處即言修史「三長」之「膽」，此膽源於節義忠正之氣，敢直對虎狼權奸，視之如走肉，即使是湯火之猛烈，也視之如冰水之清涼。枋頭之直書可惡，不顧子孫；東晉桓溫北伐，大敗於枋頭。孫盛著《晉陽秋》，詞直而理正。桓溫見之，怒謂盛子曰：「枋頭誠為失利，何至乃如尊君所說！若此史遂行，自是關君門戶事。」其子歸請刪改，號泣稽顙，請為百口性命計。孫盛大怒。諸子自改之。盛書遂有兩本，以相考校，多有不同，遂兩存。**蘭臺之著述自明，何煩弟妹？**蘭臺，指蘭臺令史班固。班固以其父班彪著史未竟，欲續其業。既而有人上書明帝，告固私作國史，有詔收固繫京兆獄，盡取其家書。班固弟班超恐兄不能自明，乃馳詣闕上書，具言固所著述意。明帝遂召班固，使終成前所著書。又，班固之妹班昭，博學能文。班固死後，《漢書》尚有八《表》及《天文志》未竟，漢和帝詔班昭續成之。但為兄辯解修史之意一事，與班昭無關。

但成、弘而上，杞、宋無徵；慶、曆以來，文獻不足。成、弘：成化、弘治，明憲宗、孝宗年號。慶、曆：隆慶、萬曆，明穆宗、神宗年號。一般這兩個年號連稱為「隆萬」，此處為變例。《論語・八佾》：子曰：「夏禮，吾能言之，杞不足徵也；殷禮，吾能言之，宋不足徵也。文獻不足故也。足，則吾能徵之矣。」此句言修明史的文獻欠缺。**使藏書尚在，王粲之倒屣堪追；**王粲字仲宣，東漢末人。至長安，左中郎將蔡邕見而奇之。時邕才學顯著，貴重朝廷，常車騎填巷，賓客盈坐。聞粲在門，倒屣迎之。粲至，年既幼弱，容狀短小，一坐盡驚。邕曰：「此王公孫也，有異才，吾不如也。吾家書籍文章，盡當與之。」**若秘笈未傳，蔡琰之筆札可給。**蔡邕曠世逸才，多識漢事，為王允所殺。其女蔡琰，字文姬，博學有才辯。天下喪亂，文姬為胡騎所獲，沒於南匈奴左賢王。曹操素與邕善，痛其無嗣，乃遣使者以金璧贖之，而重嫁於董祀。操問曰：「聞夫人家先多墳籍，猶能憶識之不？」文姬曰：「昔亡父賜書四千許卷，流離塗炭，罔有存者。今所誦憶，裁四百餘篇耳。」操曰：「今當使十吏就夫人寫之。」文姬曰：「妾聞男女之別，禮不親授。乞給紙筆，真草唯命。」於是繕書送之，文無遺誤。**助修五鳳，**見卷二《龍山文帝祠募疏》注。**不遺半瓦半椽；共造凌雲，非是一手一足。**凌雲寺，即今樂山大佛。鑿建於唐開元初，大佛之外覆以七層樓閣，歷九十年始成。**昔衛莊敬尚有鼎銘，**衛莊敬，應指春秋時衛莊公蒯聵時大夫孔悝，《禮記・祭統》錄其鼎銘。**豈郭林宗反無墓碣？**郭林宗，見卷一《孫忠烈公世乘序》

注。卒年四十二。四方之士千餘人，皆來會葬。同志者乃共刻石立碑，蔡邕為其文，既而謂涿郡盧植曰：「吾為碑銘多矣，皆有慚德，唯郭有道無愧色耳。」孔悝，有官位，郭林宗，有道德。張岱之意，修史應為賢德立傳，而不在於官職之有無。共期倒篋，把箱子中所有的東西都倒出來。各出搜遺，倘得成編，實為厚幸。賈太傅以高言見教，賈太傅：西漢賈誼曾任長沙王太傅。此處似誤記張釋之事為賈誼。按《漢書・張釋之傳》：釋之前言便宜事。文帝曰：「卑之，毋甚高论，令今可施行也。」爾惠何難；胡定之以萬卷隨行，吾事其濟。胡定之，北宋時人，蘇軾謫蘇州，定之從之遊。蘇軾《答秦太虛書》：「胡定之載書萬卷隨行，喜借人看。」但恐傳言市虎，《戰國策・魏策》：龐葱謂魏王曰：「今一人言市有虎，王信之乎？」王曰：「否。」「二人言市有虎，王信之乎？」王曰：「寡人疑之矣。」「三人言市有虎，王信之乎？」王曰：「寡人信之矣。」龐葱曰：「夫市之無虎明矣，然而三人言而成虎。」必有先訛；且爾詈及蒼鷹，難為後嗣。《史記・酷吏列傳》：郅都，敢直諫，面折大臣於朝。為太守，誅除豪強。為人公廉，不發私書，問遺無所受，請寄無所聽。常自稱曰：「身既為吏，固當奉職死節，終不顧妻子矣。」為中尉，行法不避貴戚，列侯宗室見都側目而視，號曰「蒼鷹」。而後因臨江王自殺事，為竇太后妄誅。張岱此句的意思大略謂，如果在史書中對郅都這類忠直而被冤的人物作指責，就讓他們的後代很為難。故發端自至正末季，至正：元朝最末一個皇帝元順帝的年號。備考其甲拆勾萌；甲拆勾萌：植物種子的發生萌芽。此指朱元璋之初起。斷簡至天啓七年，餘俟其事久論定。《石匱書》斷於天啓七年明熹宗去世。崇禎一朝因史料等問題暫時不寫。

嗟嗟！郊鋤麟折，魯哀絶筆於《春秋》；《春秋》哀公十四年：「十有四年春，西狩獲麟。」麟，仁獸，不為人識，死於郊農鋤下。孔子哀之，歎曰「吾道窮矣」，遂絶筆《春秋》。兩年後孔子卒。湖鼎龍升，漢武闕編於《史記》。《史記・封禪書》：齊人公孫卿言：黃帝采首山銅，鑄鼎荆山下。鼎既成，有龍垂胡髯下迎黃帝。黃帝上騎，龍乃上去。後世因名其地曰鼎湖。此處借指崇禎皇帝的去世。司馬遷為漢武帝時史官，《史記》無《漢武帝本紀》，今本《史記》中的《孝武本紀》為後人所補。此句說，武帝死後，司馬遷不為當代皇帝寫本紀，意謂我的史書也暫時不為崇禎皇帝立本紀了。其實漢武帝死之前，司馬遷可能就已經去世了。**且遲日月，再續琬琰；敢告蘭茝，勿吝珠玉。此檄。**

鬬雞檄

在昔紀渻治戎，紀渻治戎：《莊子·達生》：紀渻子為王養鬬雞。十日而問：「雞已乎？」曰：「未也，方虛憍而恃氣。」十日又問，曰：「未也，猶應向景。」十日又問，曰：「未也，猶疾視而盛氣。」十日又問，曰：「幾矣。雞雖有鳴者，已無變矣，望之似木雞矣，其德全矣，異雞無敢應者，反走矣。」**特選淮南精銳；**淮南精銳：漢淮南王劉安得道，畜產皆仙，犬吠天上，雞鳴雲中。**迨後賈昌振旅，**賈昌振旅：唐陳鴻《東城老父傳》：玄宗治雞坊，索長安雄雞金毫鐵距、高冠昂尾千數，養於雞坊，選六軍小兒五百人使馴擾教飼。帝出遊，見賈昌弄木雞於道旁，召入，為雞坊小兒。**復募河北強梁。**河北強梁：《酉陽雜組》續集卷八：威遠將軍臧平好鬬雞，其雞高於常雞數寸，無敢敵者。威遠監軍強買之，貢於穆宗。時十宅諸王皆好鬬雞，此雞凡敵十數，猶擅場怙氣。穆宗大悅，因賜威遠監軍帛百匹。主雞者相其蹠距，奏曰：「此雞實有弟，長趾善鳴，前幾賣之河北軍將，獲錢二百萬。」**毛都護飛揚，當其前隊；髯將軍持重，任以中堅。頂擁蓮花，不亂蔡州鵝鴨；**唐將李愬入蔡州取吳元濟之役，兵至懸瓠城，夜半雪愈甚，近城有鵝鴨池，愬令驚擊之以亂其聲。**聲隨茅月，**唐溫庭筠詩：「雞聲茅店月，人跡板橋霜。」**豈俟朝宁蒼蠅。**宁，音zhù。指古代宮室門屏之間。朝宁，即代指朝廷。《詩·齊風·雞鳴》：「雞既鳴矣，朝既盈矣。匪雞則鳴，蒼蠅之聲。」朝宁蒼蠅，據毛傳及箋，意謂君王早晨要上朝，而蒼蠅之聲有似遠雞之鳴，夫人催之早起上朝。鬬鶺鴒，鬬畫眉，孫武陣盡師鷙鳥；《孫子·勢篇》：「鷙鳥之擊，至於毀折者，節也。」鬬山蟻，鬬促織，穆王軍半屬蟲沙。《抱朴子》佚文：周穆王南征，一軍盡化，君子化為猿鶴，小人化為蟲沙。惟爾統軍某者，繫出會稽，曾以一啼殺吳郡；《世說新語·政事》：三國時，賀邵，會稽山陰人，為吳郡太守。初不出門。吳中諸強族輕之，乃題府門云：「會稽雞，不能啼。」賀聞，故出行，至門反顧，索筆足之曰：「不可啼，殺吳兒！」於是檢校諸強族役使官兵及藏逋亡，悉以事言上，罪者甚眾。材如苟變，肯將二卵棄干城？《孔叢子》：苟變，戰國時人。子思薦之於衛君，曰其材可將五百乘。衛君曰：「吾知其材可將，然變也嘗為吏，賦於民而食人二雞子，以故弗用也。」掃淨中原，須效枕戈以待旦；《晉書·劉琨傳》：劉琨與祖逖為友，情好綢繆，共被同寢。中夜聞雞鳴，蹴琨覺曰：「此非惡聲。」因起舞。後劉琨聞逖先起用，遂與親故書曰：「吾枕戈待旦，志梟逆虜，常恐祖生先吾着鞭。」賺開函谷，何煩吹角而啓關。《史記·孟嘗君傳》：孟嘗君逃離秦國，至函谷關，關法雞鳴而出客，孟嘗君恐追至，客為雞鳴而眾雞齊鳴，遂出關。變碧揚旐，禡師實兼金馬；《漢書·郊祀志》：或言益州有金馬碧雞之神，可醮祭而致，於是遣諫大夫王褒使持節而求之。注如淳曰：「金形似馬，碧形似雞。」「變碧」，雞化為碧。「揚旐」，使者持旐。「禡師」，醮祭之師。聯繩帶焰，攝敵疑是火龍。《晉中興書》：丁零反叛，江逌伐之，取數百雞，以長繩連之，脚皆繫火，一時驅放。羣雞駭散，飛過塹，集羌營，皆燃，因其驚亂，縱兵擊之。談向宋窗，《語林》引《世說》：宋處宗甚有思理，嘗買得一長鳴雞，籠盛置於窗間，遂作人語，與處宗談論，宗因此功大進。下馬能草露布；露布：泛指文告、布告之類的文字。桓溫北伐，欲草露布，喚袁虎倚馬前令作，手不輟筆，俄得七紙，殊可觀。鳴當桑樹，陶淵明《歸園田居》：「狗吠深巷中，雞鳴桑樹巔。」登高善測風雲。張兩翼以戰垓心，敢辭躑躅；拔一毛而利天下，何惜飄零。孟子言杨朱為我，「拔一毛而利天下，不為也。」蓄銳桃源，陶淵明《桃花源記》：「鷄犬相聞其中。」留作穴中之鬬；《史記·趙奢列傳》：趙奢曰：「其道遠險狹，譬之猶兩鼠鬭於穴中，將勇者勝。」爭雄鉅鹿，藉為壁上之觀。《史記・項羽本紀》：諸侯軍救鉅鹿下者十餘壁，莫敢縱兵。及楚擊秦，諸將皆從壁上觀。楚戰士無不一以當十，呼聲動天，諸侯軍無不人人惴恐。磨喙垂頭，有如季犂之戰象；黎季犂，明時安南國相，後弒其王而自立。明成祖發大兵俘之。繪衣散彩，無異田單之火牛。《史記・田單列傳》：田單為齊守即墨。收城中千餘牛，為絳繒衣，畫以五彩龍文，束兵刃於其角，而灌脂束葦於尾，燒其端。鑿城數十穴，夜縱牛，壯士五千人隨其後。牛尾熱，怒而奔燕軍，燕軍夜大驚。牛尾炬火光明炫耀，燕軍視之皆龍文，所觸盡死傷。翎墮而血濺桃花，冠碎而肉攢罌粟。煦嫗留食，煦嫗：撫育、愛撫。旋踵只欲乘虛；腷膊交拳，腷膊：象聲詞。韓愈、孟郊《鬬雞聯句》：「腷膊戰聲喧，繽翻落羽皠。」偷覷輒思伺隙。勢宜緩取，翰音豈可登天；《禮記・曲禮下》：「雞曰翰音。」後即以「翰音」代稱雞。《易・中孚》：「翰音登於天。」此翰音則指飛向高空的聲音。利在急攻，雞肋忍教棄地。楊修為丞相曹操主簿。操自平漢中，欲因討劉備而不得進，欲守之又難為功，於是出令，唯曰「雞肋」而已。外曹莫能曉，修獨曰：「夫雞肋，食之則無所得，棄之則如可惜，公歸計決矣。」阮步兵見項、劉戰處，竊歎時無俊傑，豎子乃得成名；《晉書・阮籍傳》：阮籍嘗登廣武，觀楚漢戰處，歎曰：「時無英雄，使豎子成名。」蜀武侯擒孟獲諸酋，稽首公乃天威，南人不敢復反。《漢晉春秋》：諸葛亮南征，聞孟獲為夷、漢所服，生致之。既得，縱使更戰，七縱七擒，而亮猶遣獲。獲止不去，曰：「公，天威也，南人不復反矣。」凱旋飲至，當加祿米千鍾；紀錄敘功，應晉羽林一級。畫形麟閣，麟閣：漢宣帝甘露三年，帝思股肱之美，乃圖畫其人於麒麟閣。閣在未央宮，此為圖畫功臣之始。不必憂走狗之烹；記績凌煙，凌煙：唐太宗貞觀十七年，詔圖畫司徒趙國公長孫無忌等勳臣二十四人於凌煙閣。乃可比鷹揚之烈。聲教遠頒於雁塞，雁塞：雁門關，在今山西代縣。軍威直振於雞林。雞林：唐時新羅國地名。肯拜下風，許爾倒戈以納款；思圖再舉，不妨裹甲而重來。羽檄星馳，髦頭電發。

此文作於天啓二年。《陶庵夢憶》有《鬭雞社》一文憶此時鬭雞事，附於下：

天啓壬戌間好鬭雞，設鬭雞社於龍山下，仿王勃《鬭雞檄》檄同社。仲叔、秦一生日攜古董、書畫、文錦、川扇等物與余博，余雞屢勝之。仲叔忿懣，金其距，介其羽，凡足以助其腷膊敪咮者無遺策，又不勝。人有言徐州武陽侯樊噲子孫，鬭雞雄天下，長頸烏喙，能於高桌上啄粟。仲叔心動，密遣使訪之，又不得，益忿懣。一日，余閱稗史，有言唐玄宗以酉年酉月生，好鬭雞而亡其國。余亦酉年酉月生，遂止。

討蠹魚檄

蓋聞鶴曉檢書，《記纂淵海》引《金城記》：衛濟川養六鶴，三年識字。濟川檢書，皆使鶴銜取之，無差。螢能照讀，《晉書·車胤傳》：車胤家貧，不常得油，夏月則練囊盛數十螢火以照書，以夜繼日焉。蛇堪悟字，即卷一《四書遇序》中說的「古人見道旁蛇鬭而悟草書」。「学」，原誤作「學」。鴿解傳箋。張九齡家養群鴿，每與親知書，繫鴿足上，飛往投之。凡此羽毛，下及蟲豸，皆能垂名於藝苑，亦思效用於文壇。志固可嘉，事皆不朽。

惟此蠹魚者，賦質輕微，存心殘忍。寸喙之犀利類蝨，因名曰蠹；雙尾之輕盈似燕，乃號為魚。穢史得資糧，似魏收筆下之蝴蝶；見本卷《徵修明史檄》注。奇書能致富，如范蠡缶內之鯤鮞。《國語·魯語上》：「魚禁鯤鮞」。韋昭注：「鯤，魚子也。鮞，未成魚也。」按世傳范蠡善養魚，有《養魚經》傳世。盤礴殘編，謂好學不如求飽；

《論語·學而》：子曰：「君子食無求飽，居無求安，敏於事而慎於言，就有道而正焉，可謂好學也已。」，**鑽研故紙，信煮字真可療飢。**黄庚詩：「耽書自笑已成癖，煮字原來不療饑。」**無稿儲胸，枉却王子安之磨墨作汁；**王勃，字子安，初唐四傑之一。《酉陽雜俎》：王勃每為碑頌，先墨磨數升，引被覆面而臥。忽起，一筆書之，初不竄點。時人謂之腹稿。**有刀在口，竊比隋煬帝之剪紙成花。**《資治通鑑》：隋煬帝築西苑，堂殿樓觀，窮極華麗，宮樹秋冬凋落，則剪綵為花葉，綴於枝條，色渝則易以新者，常如陽春。沼内亦剪綵為荷芰菱芡，乘輿遊幸，則去冰而布之。**假道籙以欺人，誑語脈望窺天，而神仙立降；**道籙，此指道教典籍。《酉陽雜俎》：道者曰：據仙經云，蠹魚三食「神仙」字，則化為脈望。斷之，兩頭滴水升餘。可求還丹，取此水和而服之，即時換骨上升。**借江淹以惑眾，妄言壁魚幻化，而野繭繅絲。**《大業拾遺記》：隋煬帝時，越溪進耀光綾。綾紋突起有光彩。越人乘樵風舟泛於石帆山下，收野繭繅之。繅絲女夜夢神人告之：「禹穴三千年一開，汝所得野繭，即江淹文集中壁魚所化也。絲織為裳，必有奇文。」織成，果符所夢，故進之。**發盡書倉，乃效汲黯之矯節；**《史記·汲黯列傳》：河内失火，延燒千餘家，武帝使黯往視之。還報曰：「家人失火，不足憂也。河南貧人傷水旱萬餘家，或父子相食，臣謹以便宜，持節發河南倉粟以振貧民。臣請歸節，伏矯制之罪。」**收完圖籍，何待劉季之開關。**《史記·蕭相國世家》：劉邦至咸陽，諸將皆爭取金帛財物，蕭何獨先入收秦丞相御史律令圖書藏之。具知天下阸塞，戶口多少，強弱之處，民所疾苦者。劉季，即劉邦，兄弟排行最小也。**恣蠶食以忘休，肆鼠傷而無忌。比火焚更慘，何異燒墳典於秦坑；**《史記·秦始皇本紀》：三十三年，非博士官所職，天下敢有藏詩、書、百家語者，悉詣守、尉雜燒之。墳典，三墳五典，概指古代經籍。**較土掩猶凶，誰復發《周書》於汲冢。**晉太康二年，汲郡人不准盜發魏襄王墓，或言安釐王冢，得竹書數十車。《周書》僅其中一種。**罪真難挽，死有餘辜。**

爾乃出役驚惶，駭駭如脫樊之兔；樊：樊籠。**行藏閃爍，忙忙如漏網之魚。欲縛欲禽，難言唾手；倏**

來倏去，不及停睛。縱有書城，誰為墨守；雖加石匱，怎避輸攻？《墨子·公輸》：公輸盤為楚造雲梯之械，成，將以攻宋。子墨子聞之，行十日十夜而至郢，見公輸盤。子墨子解帶為城，以牒為械，公輸盤九設攻城之機變，子墨子九距之。公輸盤之攻械盡，子墨子之守御有餘。是以東壁裭衣，《世說新語·雅量》：郗太傅遣門生詣王丞相，求女婿。丞相語曰：「君往東廂，任意選之。」門生歸，白郗曰：「王家諸郎亦皆可嘉，聞來覓婿，咸自矜持，唯有一郎在東牀上坦腹臥，如不聞。」郗公云：「正此好！」訪之，乃是逸少。白若何郎之傅粉；晉何晏動靜自喜，粉白不去手。南巢卸甲，湯滅夏，放桀於南巢。光如商紂之衣銀。衣銀不詳。按周軍既入朝歌，紂走登於鹿臺之上，蒙衣其珠玉，自燔於火而死。爾蓋開罪斯文，磔死非酷；負辜先聖，碎首允宜。

嗚呼！滿口圖書，胸無隻字，以枵腹而冒名飽學；盈眸文墨，目不識丁，以曳白《舊唐書·苗晉卿傳》：張奭手持試卷，竟日不下一字，時謂之「曳白」。而攪亂文場。以此遇凍則僵，惟懼見形於雪案；雪案：孫康家貧，常映雪讀書。本指映雪讀書時的几案，後泛指書桌。聞香即遁，還思走死於芸窗。芸窗：芸為香草，乾後置書頁內可辟蠹魚，故後人常以芸代指書籍。而芸窗即指書房。自當法嚴武之發奸，破妾喉而驗字；唐嚴武少年時有殺父妾事，長成後攜鄰女私奔，後懼追問，復殺此女，却無驗喉之說。亦須效洪喬之郵簡，《晉書·殷浩傳》：殷羨，字洪喬。為豫章太守，都下人士因其致書者百餘函。行次石頭，皆投之水中，曰：「沉者自沉，浮者自浮，殷洪喬不為致書郵。」剖魚腹而取書。古樂府：「呼兒烹鯉魚，中有尺素書。」此處之魚借指蠹魚。毋使潛逃，致骫律法。骫法，枉法。

癸丑蘭亭修禊檄

禹穴、蘭亭，為會稽之勝地；烏衣、瑞草，烏衣：烏衣巷，在今南京夫子廟附近。東晉時豪族王、謝居於此。蘭亭修禊中的主角王羲之，即烏衣巷子弟。瑞草：古時會稽龍山產名茶曰瑞草，此即代指會稽，而東晉時謝安、王羲之等都曾居隱於會稽。乃晉代之高門。一時偶集名山，千古遂成佳會。自永和到此，永和：東晉穆帝年號，蘭亭修禊在永和九年癸丑。已歷一十六朝；紀癸丑至今，又周二十二度。度二十二甲子，一千三百二十年。張岱寫此文時為康熙十二年癸丑，年已七十七歲。適當今歲，正值茲辰；欲踐古風，仍修禊事。古人三月上巳濯浴於水濱以祓除祟惡，稱修禊，漸漸演變為三月三日的春遊。蘭亭雅集正是祓禊之日，故《蘭亭序》又稱「禊帖」。

為此郵筒遠播，郵筒：郵寄書信用的竹筒，此即代書信。無論齊楚燕韓；冠冕遝來，不問東西南北。茂林修竹，呼之或出，若見右軍；王羲之《蘭亭序》：「此地有崇山峻嶺，茂林修竹。」故此云見茂林修竹則如見羲之。明月清風，速之使來，輒思玄度。許玄度，見卷二《吼山》一文注。唐王勃《山亭序》：「永興新郊，許玄度之風月。」故此云見清風明月則思玄度。解衣盤礡，寬鬆衣襟，隨意而坐。《莊子・田子方》：宋元君將畫圖，眾史皆至，受揖而立。有一史後至者，儃儃然不趨，受揖不立，因之舍。公使人視之，則解衣般礴裸。君曰：「可矣，是真畫者也。」可仿祓禊清溪；席地班荊，朋友相聚，席坐暢談。《左傳》襄公二十六年：「伍舉奔鄭，將遂奔晉。聲子將如晉，遇之于鄭郊，班荊相與食，而言如故。」何異流觴曲水。王羲之《蘭亭序》：「又有清流激湍，映帶左右，引以為流觴曲水。」揮毫作字，豈無換鵝之書；王羲之性愛鵝。山陰有一道士養好鵝，羲之甚悅之。道士云：「為寫《道德經》，當舉群相贈耳。」羲之欣然寫畢，籠鵝而歸。搔首問天，尚有驚人之句。《雲仙雜記》：李白登華山落雁峰，曰：「此山最高，呼吸之氣想通天帝座矣。恨不攜謝脁驚人詩來搔首問青天耳。」蓋水流花放，巖壑自有文章；燕話鶯鳴，禽鳥實繁絲竹。人似西園雅集，皆可入米芾題名；元豐初，駙馬都尉王詵邀蘇軾、蘇轍、黃庭堅、米芾、李公麟、晁補之、張耒、秦觀等十六人遊其西園。米芾為記，李公麟作圖。人稱「西園雅集」，以為堪比「蘭亭之會」。時際天朗氣清，《蘭亭序》：「天朗氣清，惠風和暢。」無不棄《昭明文選》。《昭明文選》未收《蘭亭序》。無詩勿罰，謝勝輩曾有一十五人；蘭亭之會共四十一人，其中二十六人有詩，謝勝等一十五人無詩。痛飲何妨，金谷數不止二十四盞。西晉時潘岳、陸機、陸雲等文士為二十四友，飲宴於石崇別業金谷園。詩不成者，罰酒三斗。故後世以三杯為「金谷數」，此處則捎帶二十四友事。但恐年華屢易，山水亦有升沉；時代迭更，筆墨徒存感慨。

嗟嗟！褉帖已殉昭陵，唐太宗遺詔，以《蘭亭序》真本殉葬於昭陵。不圖復有今日；斯文尚留藝苑，《蘭亭》帖賴有臨本傳於人間。猶能感動後人。會不多期，敢以雜心拒康樂；見本卷書二《迎一金和尚啓》中「若居心如康樂之流」句下注。人無限數，可因蹙頞失淵明。蹙頞，皺鼻作愁苦狀。此處是指那些生活窮苦或事業失意的人。意謂邀請時不要漏掉這些才士。千里駕，務期有約必來；剡溪船，莫教興盡而返。《世說新語》：王子猷居山陰，夜大雪，眠覺，忽憶戴安道。時戴在剡，即夜乘小舟就之。經宿方至，造門不前而返。人問其故，王曰：「吾本乘興而行，興盡而返，何必見戴？」先馳青鳥，遠致赫蹏；赫蹏：本是寫字用的小幅絹帛，後即以借指紙張。更遣飛奴，遙迎鳧舄。鳧舄：見本卷《遊山小啓》注。謹啓。

碑

修大善塔碑

慈錫高飛，卓梵世一錐之地；慈錫：佛教高僧的錫杖。卓：挺立。參見卷二《迎一金和尚啓》注。法輪峻峙，法輪：此指佛塔。佛塔上有塔剎，塔剎則有相輪，即此處說的法輪。護東南半壁之天。鶴立九市之通衢，九市指城中各繁華街市，通衢指城內中心大道。此言大善塔的位置。霞光均照；鼇距四維之去水，風氣攸關。去水：女媧補天，斷鼇足以立四維。地陷東南，水勢趨低，而越地正在中國東南，故稱「去水」。而「去水」又為風水學中的名詞，表示運勢走向，所以下面又說「風氣攸關」。東武遙連，海外飛來寶杼；東武指怪山，傳說自東武飛來，參見卷二《越山五佚記》之《怪山》。塔形如機杼，故云「寶杼」。南浮並聳，南浮：會稽山名，即宛委山，上有「石匱」。座中湧起青蓮。越郡似舟航，兩道桅竿，前見石帆連棹；禹陵如几案，二條玉燭，遠看爐岫生煙。背負臥龍，帶水襟山而頭生文筆；臥龍：臥龍山，即龍山。文筆，塔形如筆，「文筆」則又標誌一郡之文運。鞭雷掣電而爪得戒珠。戒珠：戒珠寺，會稽著名佛寺，以王羲之故宅建。肘回採蕺，採蕺：即蕺山，在勾踐故城東北，山多生蕺菜，勾踐嘗膽食蕺，採之於此，故以名山。

肇惟天監初成，正值梁武捨身之日；天監為梁武帝年號，為初建塔之時。梁武帝第一次捨身同泰寺，在大通元年。此是虛指。後經永樂再造，適當建文遜國之時。建文帝「遜國」在建文四年，次年為永樂元年。歲月遷延，已至千一百八十年於此；自梁時造塔至張岱重修已一千一百八十年。檀那荒廢，更無千二百五十人與俱。佛在世時，有一千二百五十大阿羅漢與俱。

住僧覺源、法生等，蟻行塔下，蝸處穴中。圍薜荔而坐蓬蒿，居惟頹敗；躡芒屩而衣褸裓，貌類懶殘。裓，即「裂」字，殘破。懶殘：唐高僧。天寶初為衡嶽寺執役僧。衆僧食畢，即收所餘而食，性懶而食殘，故號懶殘。半升鐺，那討取十方布施；一粒米，怎想起七級浮屠？人聞皆笑爾癡痞，癡痞：癡呆。自忖亦疑為夢幻。身餘有幾，只遺此四肢百骸；計復無他，全仗爾三步一拜。韋馱尊者，韋馱，本為婆羅門教之神，被大乘佛教吸收而為伽藍之守護神。叫破杜鵑；和尚為造寺塔苦口化緣，如杜鵑般啼破出血。多寶如來，東方寶淨世界之佛，入滅後以本願為全身舍利。叩殘啄木。如啄木鳥般敲盡人家的門，以致堅硬的嘴都啄破了。以上皆言化緣勸募之難。猶思行雲繞栱，將獻巧於層霄；妄想度鳥驚幡，欲建標於危臬。臬：標杆。然非普請衆力，精衛嘴豈得填河；見《龍山文帝祠募疏》注。苟不共發信心，鴿子頭定難棲鴿。須達多布金滿地，方營精舍於祇陀；見卷二《迎一金和尚啓》注。佛圖澄咒水生蓮，佛圖澄，西域人。少出家，於西晉末年來洛陽，志弘大法。欲於洛陽立寺，正值前趙劉曜擾亂帝京，立寺之志遂不果。因見石勒屯兵，專以殺戮為威，沙門遇害者甚衆。澄憫念蒼生，欲以道化勒。知勒不達深理，只可以道術為教，因言曰：「至道雖遠，亦可以近事為證。」即取器盛水，燒香咒之。須臾生青蓮華，光色曜日，勒由此信伏。尚假露臺於阿育。露臺，承露盤。後趙石虎於臨漳修治舊塔，少承露盤。佛圖澄曰：「臨淄城內有古阿育王塔，地中有承露盤及佛像，其上林木茂盛，可掘取之。」即畫圖與使，依言掘取，果得盤、像。

因此啓請萬休法座，乃祈圓滿九級神龕。珀可攝芻，琥珀可吸攝草屑。移山入芥；佛能移須彌山入一芥子。醐能證蜜，醐，即醍醐，從酥酪中提煉的油，為食物中的最上品。蜜，石蜜，相對醍醐為下品。佛在《楞嚴》等經中常以食物為喻以說法。變海成酥。《正法念處經》言斫迦婆羅金剛之山，燒燃金剛斫迦婆羅山乳海之水，近則成酪，轉近此山，則成生酥。漸漸復近，則成熟

酥。深幸玄度重來，共倡捐環之妙果；深幸玄度重來，共倡捐環之妙果：玄度即許詢。見卷二《吼山》一文注。許詢既舍永興、山陰二宅為寺，詔以山陰舊宅為祇洹寺，永興新居為崇化寺。詢乃於崇化寺造四層塔，物產既整，猶欠露盤相輪。一朝風雨，相輪等自備，乃是剡縣飛來。施宿《會稽志》：晉末沙門曇彥與許詢同造磚木二塔，未成而詢死。至梁時，岳陽王蕭詧將至，彥預告門人曰：「許玄度來也。」岳陽王至州，即入寺。曇彥望之而曰：「許玄度，來何暮？昔日浮屠今如故。」王曰：「弟子姓蕭名詧，師何故以許玄度呼之？」彥曰：「未達宿命，焉得知之。」遂握手命入室席地，王忽悟前身造塔之事，宛若今日，由是塔益加壯麗。**更喜魯班再世，能了合頂之夙緣。不日成功，諸天助力。善男發願，即為武肅賢裔；**錢鏐，五代時吳越國開創者，謚武肅。都於杭州，子孫割據兩浙約七十年，北宋初歸土。其孫錢弘俶崇佛，杭州保俶塔即其所建。故此云「賢裔」。**信女隨緣，便是肇興法嗣。**肇興：不詳何人，疑有誤字。**散天花於寶樹，種是娑羅；**娑羅：娑羅樹，傳自印度，據說釋迦菩提樹下悟道，娑羅雙樹下涅槃，所以娑羅樹本身就賦予宗教意義，為一般佛教徒所喜愛。但中土所生長的娑羅樹其實多是七葉樹。**聚金粟於瓊林，鄰為倉庫。江東廟合關壯繆，同作伽藍；**江東廟在紹興城東北，神姓石名固，秦時贛人，本祀於贛江之東。至三國時孫氏遷於吳境。頗著靈異。《大宋宣和遺事》：崇寧五年夏，有二神現於殿庭。天師張繼先指金甲者曰：「此即蜀將關羽也。」又指介冑者曰：「此乃信上自鳴山神石氏也。」言訖不見。按：此信上（江西廣信）鳴山神石氏即江東神石固。此為二神合祀一廟故事，而關帝廟平時占事用的「靈籤」，實際上用的也是「江東靈籤」。**接引佛與烏龍神，共為檀越。**接引佛即阿彌陀佛，人死後，可接引其魂至西方極樂世界。烏龍神，嚴州有烏龍山神。南宋陸游有《廟碑》，云：神為唐貞觀中人，姓邵氏。紹興辛酉金兵南侵，見巨人皆長丈餘，戈戟麾旄，出沒煙雲間，則相告曰：「烏龍神兵至矣。」或降或遁去。但烏龍神與接引佛共為檀越事則不詳所指。按：紹興城內火珠橋畔有烏龍廟，所祀即烏龍神，或烏龍神與接引佛共爲檀越系紹興本地故實，今已難考。**八風不動，**八風：《淮南子》之八風為條風、明庶風、清明風、景風、涼風、閶闔風、不周風、廣莫風。其實就是八方之風。遙瞻鳳飛蓮合之祥；六合無妨，再覩拂日淩雲之象。巍峨寶頂，直與日月爭光；搖曳金鈴，遂使風雲借力。但願輝煌雁塔，衝霄插漢，郡多文武科名；長安大雁塔，又名大慈恩寺塔。建於唐高宗時，中宗神龍年間，新科進士及第，曲江宴後，即登臨大雁塔，題名塔壁以留念。鞏固鴻圖，浴日補天，浴日：《山海經》：羲和，帝俊之妻，生十日，浴日於甘水。代有公侯將相。登臨者頓超十洲三界，十洲：《海上十洲記》所記十洲為祖洲、瀛洲、玄洲、炎洲、長洲、元洲、流洲、生洲、鳳麟洲、聚窟洲，俱為道教仙境。三界：欲界、色界和無色界，則指佛教的輪回。即此脚底階梯；修持者當證七寶五宗，七寶：佛教中說的七種珍寶，說法不大一致，大抵為金、銀、珊瑚、琥珀、瑪瑙之類。五宗：禪宗內的臨濟宗、為仰宗、曹洞宗、雲門宗、法眼宗，為慧能一系派生。非有眼前層級。直須進步，莫更回頭。永奠龜趺，用光螭額。龜趺為碑座贔屭，螭額為碑額刻龍。

普同塔碑

本篇《張子文秕》作《大善寺修塔功德圓滿碑》。

爰自周室肇興，西伯澤留枯骨；《呂氏春秋·孟冬紀》：周文王使人掘池，得無主死人之骸。文王曰：「更葬之。」吏曰：「此無主矣。」文王曰：「有天下者，天下之主也；有一國者，一國之主也。今我非其主也？」遂令吏以衣棺更葬之。天下聞之曰：「文王賢矣！澤及枯骨，又況於人乎？」夏室初造，大禹泣向死囚。《說苑》：禹出見罪人，下車問而泣之。《吳越春秋》：禹見縛人，拊其背而哭曰：「天下有道，民不罹辜。天下無道，罪及善人。此吾德薄不能化民證也。」故掩骼埋胔，載在孟春《月令》；見《禮記・月令》。每年初春，要掩埋收葬暴露於野的屍骨。營丘封墓，特存大誥《周書》。《書・周書・武成》：武王既克殷，乃「釋箕子囚，封比干墓，式商容閭」。大誥此處為詔誥泛稱，非指《周書》中的《大誥》篇。乃王者之風，百年則變；君子之澤，五世而湮。《孟子・離婁下》：「君子之澤，五世而斬。」漏澤園中，漏澤園：自宋時創建的官設叢葬地，專葬無主屍骨及家貧無葬地者。纍纍者不封不樹；不封不樹：不立墳塋，不專植樹木。北邙山下，北邙山：位於洛陽城北，因被視為陰宅寶地，自東漢以來，王侯公卿多葬於此。此處概指大規模的叢葬之地。隆隆者若釜若堂。若堂：不通，疑「堂」字有誤。帷蓋能有幾人，帷蓋：指車乘的帷幕和頂蓋。此以「帷蓋」代指富貴之人。穿埋不過數武。

孰若普同一塔，列峙郊原，接引群生，誕登淨域。不必劉伶荷鍤，隨地可埋；王隱《晉書》：劉伶常攜一壺酒，使人荷鍤自隨，以為死便埋也。但使柳璨燃薪，《舊唐書・柳璨傳》：河東人，少孤貧好學，晝則采樵，夜則燃木葉以照書。普天共照。乾坤窩裏，原是一家之人；生死關頭，並無三岔之路。歷風水火三界，總見其空；合胎濕卵眾生，同歸於化。皮囊虛幻，不知骷髏歎爾，爾歎骷髏；《莊子・至樂》：莊子之楚，見空髑髏，髐然有形，為之歎息。而髑髏曰：「死，無君於上，無臣於下，亦無四時之事，雖南面王樂，不能過也。」夢醒因循，還是蝴蝶化我，我化蝴蝶。《莊子・齊物論》：昔者莊周夢為蝴蝶，栩栩然蝴蝶也。俄然覺，則蘧蘧然周也。不知周之夢為蝴蝶與，蝴蝶之夢為周與？民同胞物吾與也，佛門意合古《西銘》；民同胞物吾與也：眾人皆為我之同胞，萬物俱是我的同輩。語出宋張載《西銘》：「民吾同胞，物吾與也。」魄葬此魂無不之，骨塔義同吳札冢。春秋時鄭國子產認為，人死後體魄留於土中，而精魂則如氣如煙，升於上空。此說為儒家所接受。至魏晉時《孔子家語》出，言吳國季札出使齊國，返回時其子死於嬴、博之間，季札就地葬子，道：「骨肉歸於土，命也。若魂氣，則無不之。」

茲惟虞子咨岳，憫恤殘骸；特簡和尚湛芝，收埋暴骨。逢人說鬼，非坡老之姑使妄言；蘇軾在黃州，每有客至，則強之說鬼，或辭無有，則曰：「姑妄言之。」**望壟消魂，致曹公之車過腹痛。**曹操《祀故太尉橋玄文》：「士死知己，懷此無忘。又承從容約誓之言：『殂逝之後，路有經由，不以斗酒隻雞過相沃酹，車過三步，腹痛勿怪。』雖臨時戲笑之言，非至親之篤好，胡肯為此辭乎？」**慨發是願，一諾無異黃金；**《史記·季布傳》：楚人諺曰：「得黃金百，不如得季布一諾。」**力踐斯言，三復敢忘白璧。**《論語·先進》：「南容三復白圭，孔子以其兄之子妻之。」何晏《集解》引孔安國曰：「《詩》云：『白圭之玷，尚可磨也；斯言之玷，不可為也。』南容讀詩至此，三反復之，是其心慎言也。」**舍衛國乞食，**舍衛國有長者給孤獨，建精舍請如來往彼國講法。如來與眾弟子至舍衛國。乞食即化緣。**應讓遂先；**秦圍邯鄲，平原君選門客二十人赴楚請救。門下有毛遂者，自薦於平原君，曰：「願君即以遂備員而行。」**恒河沙布施，請從隗始。**燕昭王謂郭隗曰：「誠得賢士以共國，以雪先王之恥，孤之願也。先生視可者，得身事之。」郭隗曰：「王必欲致士，先從隗始。況賢於隗者，豈遠千里哉！」**浮圖數級，只要居士替我合尖；業障千重，且待老僧為爾舉火。從前燒却，止剩劫火一團灰；隨後堆來，誰取長陵半抔土？**長陵半抔土：一抔即一捧。語出《史記·張釋之馮唐列傳》：「假令愚民取長陵一抔土，陛下何以加其法乎？」長陵即漢高祖劉邦陵。**勿填溝壑，肯容狐貉磨牙；免蔭蓬蒿，忍使蚋蠅果腹。非是陷人坑塹，真為渡世慈航。白骨如山，無非菩薩前身，安問修行十世；**李伯言《續玄怪錄》：延州（今陝西延安）有婦女，白皙有姿貌。孤行城市，年少之子，悉與之遊，狎昵薦枕，一無所却。數年而歿，州人莫不悲惜，共醵喪具，瘞於道左。大曆中，忽有胡僧自西域來，見墓，遂趺坐具，敬禮焚香，圍繞讚歎。人見謂曰：「此一淫縱女子，和尚何敬耶？」僧曰：「此即鎖骨菩薩，不信即啓以驗之。」眾人開墓，視遍身之骨，鈎結皆如鎖狀，果如僧言。**青磷化碧，**

青磷：據說墓間磷火發青。即是萇弘當體，何須鬱結三年。春秋時，諸侯不朝周天子，周靈王之臣萇弘忠於王室，為晉侯所殺。據說其血三年而化為碧。一炬光明，照見衣冠劍佩，金玉文犀，一件怎拿得去；此言墳墓被掘盜，炬火照見，墓中金玉俱在，一件也未被死者取走。半錐突兀，搬却恩愛冤仇，妻孥臧獲，半個也喚不來。半錐，指墳頭。墳頭一起，人鬼異途，親屬奴僕誰也不能相隨了。免他一個土饅頭，王梵志詩：「城外土饅頭，餡菜在城裏。一人吃一個，莫嫌沒滋味。」漏澤園是斂骨合葬，不可能一人一個土饅頭了，故云「免」。堪為棒喝；棒喝：佛教禪宗用語。當頭棒喝，作警醒人們的迷誤解。還爾千年鐵門限，僧智永善書，求書者如市，所居戶限為穿，乃用鐵葉裹之，人號「鐵門限」。又：古語有「縱有千年鐵門檻，終須一個土饅頭。」此處鐵門檻，指人死不能復生，這道門檻是永遠邁不回來了。便是燈傳。燈傳：指傳承的佛法、佛理。遷谷不遷陵，藉此磚石；改邑不改井，何用棺衾。既鮮道殣之嗟，《禮記・檀弓下》：齊大饑，黔敖為食於路，以待餓者而食之。有餓者貿貿然來。黔敖曰：「嗟！來食。」餓者曰：「予唯不食嗟來之食，以至於斯也！」終不食而死。永絶若敖之哭。見卷二《募造無主祠堂疏》「若敖氏之鬼」注。國殤山鬼，此處借用屈原《九歌》中《山鬼》、《國殤》二篇名。敢為厲乎；君子仁人，斯其主矣。惠州界內，原有官葬碑銘；蘇軾文集中有《惠州官葬暴骨銘》。無定河邊，自少春閨惡夢。唐人陳陶詩：「可憐無定河邊骨，猶是深閨夢裏人。」遍求善信，同轉法輪，各發慈悲，共成勝果。皈依佛地，東西南北，罔非四山五嶽之人；倚傍蠡城，會稽城傳說為范蠡所建，故又稱蠡城。水火坎離，悉合九宮八卦之位。流傳碑石，永鎮雷門；雷門：會稽城門，建於勾踐時。門上有大鼓。至明代名五雲門。殉葬昭陵，用存禊帖。見本卷《癸丑蘭亭修禊檄》注。

余乃合掌，為作偈曰：「佛門造塔，乃葬佛子。今所焚瘞，類多道死。是猶精舍，溷以犬豕。」師曰：「不然，我無二視。上至金天，金天：疑指金天王，即華嶽山神。在唐代傳奇小說中非常顯赫威嚴，肆行無忌。下及蟲豸，皆有道心，不滅不毀，同入冶中，煉道取髓。譬如點鐵，刀圭在指，鐵亦成金，更無渣滓。白骨如山，莫作穢矢，慧眼觀之，佛種在此。」

本篇《張子文秕》作《越州城募造普同塔收葬暴骨碑》。

辨

古蘭亭辨

會稽佳山水，甲於天下，而霞蔚雲蒸，尤聚於山陰道上。《世說新語·言語》：王子敬云：「從山陰道上行，山川自相映發，使人應接不暇。若秋冬之際，尤難為懷。」故隨足所至，皆勝地名山。王右軍卜居茲土，於千巖萬壑中，獨取蘭亭一席地，其景物風華，定當妙絶千古。且余少時見蘭亭墨刻，巖巒奇峭，亭榭巍峨，曲水流觴，浴鵝滌硯，開卷視之，不禁神往。

萬曆癸丑，萬曆四十一年。余年十七，以是歲為右軍修禊之年，修禊：見卷二《龍山文帝祠募疏》注。拉伴往遊。及至天章寺左，頹基荒砌，云是蘭亭舊址。余佇立觀望，竹石溪山，毫無足取，與圖中景象相去天淵。大失所望，哽咽久之。故凡方外遊人欲到蘭亭者，必多方阻之，以為蘭亭藏拙。因此裹足不到又六十年所矣。

今年又值癸丑。自永和至今，凡二十二癸丑，余兩際之，不勝欣幸。因檄同志，即本卷《癸丑蘭亭修禊檄》文。於三月上巳會於蘭亭，仿古修禊。是日天氣晴和，偕吾弟登子，張登子為張岱堂弟，進士，歷官知縣與府同知。與黄宗羲有交往。輕身濟勝，濟勝：體力好，健於登攀。《世說新語·棲逸》：許掾（即許詢）好遊山水，而體便登陟。時人云：「許非徒有勝情，實有濟勝之具。」陟嶺登巖。坐天章方丈，尋覽古碑。始知舊日蘭亭與天章古寺，元末火焚，基址盡失。

今之所謂蘭亭者，乃永樂二十七年郡伯沈公擇地建造。因其地有二池，乃構亭其上，甃石為溝，引田水灌入，摹仿曲水流觴，尤為兒戲。蓋此地撇却崇山，推開修竹，制度椎樸，椎樸：樸而拙。景色荒涼，不過田疇中一郵表畷耳！郵表畷：《禮記·郊特牲》中言八蠟之祭，其中有「郵表畷」。按郵表為古時道路及叉口上的標誌，自然也易為行人暫時歇息之處，建以簡易亭舍也或有可能。如果郵表與田園相接，此處也可為古時「約農事之所」，即郵表畷。且地方湫隘，亭榭卑污，蘭亭圖上四十二人大會於此，輿馬冠蓋，騶從多人，黑子彈丸，於何駐足？其為影射，影射：捕風捉影地冒充。不問可知。

寺僧言此原非故址，半里外尚有古蘭亭焉。余與登子亂踏荆棘，急往視之。及至其地，偏頗僻仄，愈不足觀。傍有石門，勒「古蘭亭」三字。余細視之，乃是入蘭亭之古道，蓋路也，而非亭也。還至方丈，復檢閱吏部碑文，言萬曆三年，西蜀劉見嵩、王松屏諸公，得地於崇山之麓，溯流曲折，稍存永和之舊。捐金若干，委寺僧修葺。有亭翼然，匾曰「蘭亭遺跡」。後建廳事五間，以供宴會。曾不多時，寺復摧殘，亭亦旋廢，其基址亦無所考矣。

余謂登子曰：「右軍，文人也，韻人也，其所定亭址必有可觀。盍於荒草叢木中櫛比尋之？」乃於天章寺之前得一平壤，右軍所謂「崇山峻嶺」者有之，所謂「清流激湍」者有之，所謂「茂林修竹」者有之。山如屏環，水皆曲抱。登子招手呼曰：「是矣，是矣。」乃席地鋪氈，解衣盤礴，幽賞許久，日晡方歸。

余謂蘭亭古跡，埋沒千年，一如《蘭亭》真本，辯才死守，什襲藏之，不許人見。後被蕭翼賺出，走至半途，袖中偷看，遍地花開。此是寺中故典。余急欲於此地建一草亭，還其故址。一為蘭亭吐氣，一為右軍解嘲，亦猶梁上《蘭亭》，被余、登子等閒賺出之也。亭名「墨花」，竊附蕭翼。

春王正月辨

《春秋》書「春王正月」。左氏曰：「此周正也。周建子而改月，蓋以十一月為正月也。」上文僅為《春秋》左氏說，原文並不見於《春秋左氏傳》。胡氏曰：「此孔子作經始筆，孔子欲行夏時，故夏時冠周月也。」胡氏：胡安國，宋紹聖四年進士，為太學博士。靖康元年，除中書舍人，以忤執政，出知通州。南渡後官至徽猷閣待制。著有《春秋傳》，又稱《胡氏春秋傳》。王文成曰：「孔子從周，豈敢私改周正？蓋周之建子，非獨改月，時亦改也。」王文成，即王守仁，人稱陽明先生，謚文成。有《論元年春王正月》文。

信左氏之說，則當書「冬王正月」。何者？《周書》並無改冬為春之令，及秦代周，又無改正前朝以冬易春之令，則書「王正月」自不當書「春」。信胡氏之說，則當書「春一月」。何者？古帝王以孟春頒政，故稱「政月」，後以秦始皇名政，故改「政」為「正」。若不以是月頒政，則止當稱「一月」，不當稱「正月」。如《周書·武成》，有「惟一月壬辰」，其例也。夫子果欲易夏時，則書「春正月」，不當書「王」。王則周王耶，抑夏王耶？信文成之說，當書「春王三月」。何者？周建子，既改十一月為正月，則次年一月亦當改稱三月，則書「春王」，不應書「正月」。

說既不一，余嘗考之諸史，只有周武王十三年改建子月為歲首，一如商建丑、秦建亥之例。然商、周二代，止書建某月歲首，之外並無他辭。惟秦記齊人鄒衍論著始終五德之運，鄒衍，戰國時齊人，在孟子之後。《史記·孟子列傳》中言鄒衍之學，「稱引天地剖判以來，五德轉移，治各有宜，而符應若茲。」所謂五德即五行，或稱五運。他把五行相生相克理論用於朝代更嬗，即五德終始之說。始皇採用其說，以為周得火德，秦代周，從所不勝為水德，始改年，朝賀皆用十月朔，衣服旌旗皆尚黑。見《史記·秦始皇本紀》。由是觀之，則建子、建丑、建亥，皆以是月為頒政朝賀之始，而孟春正月仍是建寅，五帝三王，未之或變也。

乃今之鑿鑿據為周之改月而復改時者，則以朱晦庵「七八月之間旱」，與「歲十一月徒杠成，歲十二月輿梁成」之注，謂周七八月，夏五六月也；周十一月，夏九月；周十二月，夏十月也。見《朱子五經語類》卷五十三。且據夏令「十月成梁」之語，謂確不可易。而余又據晦庵《告朔》章注，「古者常以季冬頒來歲十二月之朔於諸侯」，見朱熹《論語集注》卷二「八佾第三」「子貢欲去告朔之餼羊」章。只此一語，可據為不改夏正之本。其曰「季冬」，則明是前歲之十二月矣；曰「來歲十二月之朔」，則明是正月為歲首，以十二月為歲終矣；其曰「古者天子」，則明是歷代帝王皆以寅月為正月矣。

商、周朝會，頒政授時，用十一月、十二月，亦猶今之朝廷以十月朔頒曆即建亥之遺意，十一月冬至賀年即建子之遺意也。且聞外國有以中元、重九為年者，而時令節序，竟何曾改換乎？如確確謂周之春王正月為仲冬十一月，則孟、仲、季三時亦當改換。世豈有十一月為孟春，而立春反在季春之月，而孟夏之月始為春分；二月為孟夏，而立夏反在季夏之月，而孟秋之月始為夏至；五月為孟秋，而立秋反在季秋之月，而孟冬之月始為秋分；八月為孟冬，而立冬反在季冬之月，而孟春之月始為冬至？節氣乖睽，時序紊亂，時不成其為時，曆不成其為曆，王亦不成其為王矣。

以此推之，則《論語》云「暮春」者，當是夏之正月。此時而欲「浴乎沂，風乎舞雩」，萬萬不能，冬衣未能卸却，而乃言「春服既成」耶？《論語·先進》：「暮春者，春服既成，冠者五六人，童子六七人，浴乎沂，風乎舞雩，詠而歸。」且考之周幽王九年戊辰，夏六月隕霜。家南軒斷之曰：家南軒：張栻，四川綿竹人，字敬夫，號南軒。南宋理學家。與朱熹、呂祖謙齊名，時稱「東南三賢」。張岱先世即張栻後代，南宋末方由綿竹遊宦至越，故稱「家南軒」。「當盛夏生長之時而隕霜，是陰盛陽衰之變也。褒姒之滅周，見於此矣。」既曰盛夏生長之時，則此六月是夏正建寅之六月，斷非周正建子之六月矣。據此一節，非周室不改月亦不改時之明證乎？

然而不特此也。《夏小正》者，《夏小正》，見於《大戴禮記》。夏后氏之書，孔子得之杞者也。夏建寅，故其書始於寅。周建子，雖改歲於十一月，而授民時、巡狩、燕享皆與夏時同，故其書始於立春。此周之不改時月，可證之《夏書》也。

殷建丑，如《伊訓》「惟元祀十有二月乙丑」，《太甲中》「惟三祀十有二月朔」，舉「元祀」「三祀」，而只云十二月，此周之不改時月，可證之《商書》也。

《邠風·七月》之詩，周公作以訓成王。而「七月流火，九月授衣」，「蠶月條桑」，「四月秀葽，五月鳴蜩」，「六月食鬱及薁，七月亨葵及菽，八月剝棗，十月獲稻」，「九月肅霜，十月滌場」，其於月令歲時，事事皆協。而前言「一之日觱發」，十一月也；「二之日栗烈」，十二月也；

「無衣無褐，何以卒歲」，明以十二月為卒歲也。而人猶疑於「十月」之下便云「嗟我婦子，曰為改歲」，正以十一月為歲首，乃以建子之月為改歲也。此周之不改時月，可證之《豳風》也。

又《周官》者，朱子常信其為周公運用天理爛熟之書，而其中仲春「逆暑」，仲秋「迎寒」，「季春出火」，「季秋納火」，「仲夏斬陰木」，「仲冬斬陽木」，此周月也，又何以與夏同也？此周之不改時月，可證之《周禮》也。

然有難之者曰：「《禮記·雜記》有曰：『孟獻子曰：「正月日至，可以有事於上帝；七月日至，可以有事於祖。」七月而禘，孟獻子為之也。』」以改月論之，則正月日至，是為冬至，七月日至，是為夏至。冬至郊天，於禮合矣，夏至祭地，未聞禘祖。今云「有事於祖」，又云「孟獻子為之」，則七月禘祖，與夏父弗綦「燔柴於爨」，皆譏其非禮也，何足以證周之改時與月？且考之《明堂位》，亦《禮記》也，其曰「季夏六月，以禘禮祀周公於太廟」，是六月謂之季夏，則七月日至非仲夏之日至，不待辨而自明矣。

又有難者曰：「周既不改夏正，何以孔子論為邦，而首曰『行夏之時』？」行夏之時：《論語·衛靈公》：顏淵問為邦。子曰：「行夏之時，乘殷之輅，服周之冕，樂則《韶舞》。」夫夏時，孔子謂其授時出政，無過於建寅為妥，如後世衣冠，有晉巾唐巾之類，時莫妙於夏時，猶言巾莫妙於晉巾也。如謂周不用夏時，而孔子思以設政，則「服周之冕」，豈周之後代皆不服周冕，而孔子亦思改正之耶？況周王者，功成作樂，治定制禮，一代之王自有一代之樂，《韶》舞雖妙，豈可襲而用之？孔子說為邦作樂必盡善盡美，與《韶》舞一樣方妙耳。以此推之，則「行夏之時」，語意自明，不必矯強穿鑿，乃以常人之心忖度聖人也。使周天王不用夏正，而孔子突然用之，則生今反古，自蹈逆亂，鄉黨自好者不為，而謂我孔子為之乎？

蓋胡氏以附會孔子欲行夏時起見，而王文成又以發明孔子決不用夏時起見，故未免旁引曲據，以自申其說，幾將周家八百年之支干，《春秋》二百四十年之筆削，顛倒錯亂，紊若亂絲。是皆賢者拘泥聖言之過，豈定論也哉！

制

戲冊穰侯制

《禹貢》之書，蚤稱橘柚；《書・禹貢》揚州「厥篚織貝，厥包橘柚」。《楚騷》之頌，獨著穰橙。《楚辭・九章》中有《橘頌》。嗅之香，食之甘，荔枝比美；赤如日，甜如蜜，萍實爭奇。萍實：《說苑》：楚昭王渡江，有物大如斗，直觸王舟，止於舟中。昭王大怪之，使聘問孔子。孔子曰：「此名萍實，令剖而食之，惟霸者能獲之，此吉祥也。」江陵千戶，既有素封；《史記・貨殖列傳》：「蜀、漢、江陵千樹橘……此其人皆與千戶侯等。」又云：「今有無秩祿之奉，爵邑之入，而樂與之比者。命曰『素封』。」即無官爵封邑而富比封君者。湘甸三衢，湘甸指今湖南，三衢即今浙江衢州。可無徽號？

咨爾具官臣金衣者，發跡洞庭，馳名荊郢。廣、閩、浙散處四方，朱、陸、謝臚分三族。橘有朱橘、陸橘、謝橘。陸橘即盧橘。謝橘為產於餘姚東山謝氏園的一種橘子，小而甘甜。盧乃易姓，翻恨遇夏即黃；陸橘改姓為盧。盧，黑色。盧橘青黑色時味最佳，至次年入夏變黃，味反不佳。北不改操，寧許渡淮為枳？《晏子春秋》：橘生淮南則為橘，生於淮北則為枳。葉徒相似，其實味不同。津能解渴，無勞曹孟德之望梅；《世說新語》：曹操行軍，失汲道，軍皆渴，乃令曰：「前有大梅林，多子，甘酸可以解渴。」士卒聞之，口皆出水，乘此得及前源。性可補脾，實似顧長康之食蔗。《世說新語》：顧長康（愷之）啖甘蔗，先食尾。問所以，云：「漸至佳境。」囊中二叟，其樂不減商山；唐牛僧孺《玄怪錄》：有巴邛人，橘園諸橘盡收，餘有二大橘，如三四斗盎，剖開，每橘有二老叟，鬚眉皤然，肌體紅潤，皆相對象戲，身僅尺餘，談笑自若，亦不驚怖，但與決賭。

賭訖，有一叟曰：「此中之樂，不減商山；但不得深根固蒂，為摘下耳。」商山，即「商山四皓」之商山，在今陝西商洛。**袖裏雙柑，**《獻徵錄》：明時仙人尹蓬頭館魏國公家，晝睡，寤而語魏國曰：「適遊姑蘇洞庭山而返。」魏國不信，即出袖中雙橘，其時南都尚未有也。**厥孝還同陸績。**東漢末吳人陸績，年六歲，見袁術。術出橘，績懷三枚。術謂曰：「陸郎作賓客而懷橘乎？」績跪答曰：「欲歸遺母。」術大奇之。**映日真如鶴頂，經霜即見雞皮。**

朕才乏塗林，塗林：漢時西域有塗林安石國，張騫使西域，得石榴種以歸，故名安石榴。**廷鮮益智。**益智：龍眼果又稱益智。**喜聞箴砭，同汝聽鸝；**《高隱外書》：戴顒春攜雙柑斗酒，人問何之，曰：「往聽黃鸝聲，此俗耳針砭、詩腸鼓吹，汝知之乎？」**畏見螬蠐，**螬蠐：金龜子幼蟲，居土中，以植物根莖為食。**用爾除蠹。每懷饑渴以求士，無藉酪奴；**酪奴：茶飲的代稱。《洛陽伽藍記》：王肅與高祖殿會，食羊肉酪粥甚多。高祖怪之，謂肅曰：「卿中國之味也。羊肉何如魚羹？茗飲何如酪漿？」肅對曰：「羊比齊、魯大邦，魚比邾、莒小國。唯茗不中，與酪作奴。」**欲設醴酒以待賓，爰思長友。**長友：以橘為久長之友。《楚辭·九章·橘頌》：「願歲並謝，與長友兮。」**允稱花露，不犯楂酸。**楂：山楂。**既絶茶淫，**茶淫：飲茶成癖。**豈為橘虐？丹陽守呼奴勿受，**丹陽太守指李衡。晉習鑿齒《襄陽記》：李衡於武陵作宅，種甘橘千株。臨死，敕兒曰：「吾州裏有千頭木奴，不責汝衣食，歲上一匹絹，亦可足用耳。」**汝能崛強，羞與衛車騎同出曹封之門；**衛車騎，西漢武帝時衛青。出身微賤，與其姐衛子夫俱為平陽侯府中家奴。子夫後為武帝所幸，生太子而立為皇后。衛青遂因戚畹關係，官拜車騎將軍。曹封之門，「封」字應為「壽」字，字形相近而誤。（古時「壽」字行草即有作「寿」者。）曹壽，平陽侯姓名也。**東籬老同姓不親，**東籬老，此指菊。陶淵明有「采菊東籬下」詩，故以東籬代指菊，而菊、橘音同，戲云「同姓」。此句言東籬老既不肯與橘這個「同姓」相親近，橘也不會像下文所說的郭崇韜那樣厚着臉皮與菊相攀。**爾獨迂疏，肯學郭崇韜乃拜汾陽之墓？**郭崇韜，五代後唐大將。權傾四海，車騎盈門，自宰相豆盧革等皆附之。以其姓郭，因問崇韜曰：「汾陽王本太原人，徙華陰。公世家雁門，豈其枝派耶？」崇韜曰：「因遭亂亡，失譜牒，嘗聞先人言，上距汾陽四世耳。」革曰：「然則固從祖也。」乃自附為郭子儀之裔。及征蜀之行，於興平拜子儀之墓。是用寵之喉舌，寄以腹心。安棗為朋，安棗：褚先生補《史記・封禪書》：方士李少君言於上曰：「臣嘗遊海上，見仙人安期生，食臣棗，大如瓜。」鑽核幸非戎李；戎李：《世說新語・儉嗇》：王戎有好李，賣之，恐人得其種，恒鑽其核。哀梨作伴，哀梨：《世說新語・儉嗇》中提到「哀家梨」，劉孝標注：「秣陵有哀仲家梨甚美，大如升，入口消釋。」刊皮有似邵瓜。刊皮：削皮。邵瓜：《史記・蕭相國世家》：召平，故秦東陵侯。秦破，為布衣，貧，種瓜於長安城東，瓜美，故世俗謂之「東陵瓜」，從召平以為名也。按「召」，讀如邵。列諸草瓠，香浮新雉；新雉：即辛夷。俗稱玉蘭、木筆。況以木實，味勝來禽。來禽：即林檎，類似於蘋果。煼麊自爾知甜，煼麊：煼，又作焣。見揚雄《長揚賦》，一說為製乾酪的酵母，一說為匈奴人的聚落。碩果詎能不食。搗齏燒薤，鱸魚怎配夫金橙；《隋唐嘉話》：松江鱸魚鱠，再以細縷金橙拌之，號為金虀玉鱠。煉月烹天，橘井應鄰於銀杏。仙掌玉露，降自銅人；漢武帝起柏梁臺，作承露盤，高二十丈，大七圍，以銅為之。上有仙人掌，以承露，和玉屑飲之，云可以長生。方朔蟠桃，來從金母。西王母取七桃，以五枚與武帝。曰：「此桃三千年一生實。」唯帝與母對坐，其從者皆不得進。時東方朔竊從牖中窺母，母顧之，謂帝曰：「此窺牖小兒嘗三來盜吾此桃。」帝乃大怪之。由此，世人謂方朔神仙也。特遣上林苑從事甘茂持節，甘茂：戰國時秦人，此特借甘、茂二字喻為果木之類。冊命爾為穰侯。

嗚呼！魏冉相秦，乃有穰侯之號；魏冉為秦宣太后異母弟，昭王時相秦，封於穰，復益封陶，號曰穰侯。蘇軾草制，遂封萬戶之侯。蘇軾有遊戲文字《黃甘陸吉傳》，黃甘即黃柑，陸吉即盧橘。文中封甘為穰侯，吉為下邳侯。爾其風播清涼，病除消渴，分壤襲鄧郢之美，提封擅蜀漢之尊。提封：疆域。毋恃甘薺，甘薺：《詩・谷風》：「誰謂荼苦，其甘如薺。」尚思冰蘖。冰蘖：冰寒而蘖苦。冰蘖常比喻寒苦而有操守。

戲冊岕侯制

玉川伯甘露，以平夏功，平夏功：雙關為消夏去暑。本文全以茶事與征戰事雙關。晉秩岕侯。岕侯：借岕茶為號，岕又名羅岕，以產於浙江長興羅岕山者最佳。明人最為推崇。制曰：

自古喉舌之司，盟同帶礪；盟同帶礪：見《賀魯國主冊封啓》注。腹心之寄，重若干城。干城：《詩·周南·兔罝》：「赳赳武夫，公侯干城。」用城守的器械來比喻保衛者。惟商湯有負鼎之臣，商湯賢臣伊尹，善調五味，精於烹飪，負鼎俎而見湯，遂命為相。故《說命》得甘盤之佐。《書·商書·說命》：王曰：「來！汝說。臺小子舊學于甘盤……。」甘盤為殷高宗時大臣，此處雙關茶具。咨爾玉川伯甘露者，系出東南，名馳西北。少年入貢，遂將瑞草掄魁；瑞草，紹興所產名茶。掄魁，奪取第一。壯歲選鋒，乃以紫雲樹幟。五代時吳僧文了，善烹茗，擅絕一時。遊荊南，住紫雲禪院，日試其藝，高季興大加欣賞，呼為湯神。滌肝似雪，允稱清白傳家；吹氣勝蘭，雅羨芬芳遍族。居心以金石為性，嘗欽其圭角磷磷；《陶庵夢憶·褉泉》言泉水之冽，云「磷磷有圭角」。賦形以龍鳳成名，龍鳳：宋時研茶為末，入模為團，貢品有龍鳳茶。每見其羽儀肅肅。羽儀：帝王儀仗衛隊。碧潤明月，佐爾帷幄運籌；乳窟玉泉，勝彼青州從事。青州從事：指好酒。《世說新語·術解》：桓公有主簿善別酒，有酒輒令先嘗，好者謂「青州從事」，惡者謂「平原督郵」。青州有齊郡，平原有鬲縣：「從事」言「到臍」，「督郵」言在「鬲上住」。以此戎生草野，藉展旗槍；旗槍：世謂茶始生而嫩者為一槍，寖大開者為一旗。茶有稱「一旗一槍」者，言一葉一芽也。歐陽修詩有「共約試新茶，旗槍幾時緑」之句。凡遇變起烽煙，特司刁斗。刁斗：古代行軍用具。斗形有柄，銅質；白天用作炊具，晚上擊以巡更。此處代指煮茶炊具。仙人掌隻手擎天，仙人掌：茶名。李白有《贈族侄僧中孚玉泉仙人掌茶序》。驚雷莢一聲震地。驚雷莢：茶名。《記纂淵海》卷九十引《蠻甌志》：覺林寺僧志崇製茶有三等，待客以驚雷莢，自奉以萱草帶，供佛以紫茸香。素瓷傳靜夜，於靜夜中輕遞斟於素瓷之茶。張岱《陶庵夢憶·柳敬亭說書》：「每至丙夜，拭桌剪燈，素瓷靜遞。」密若銜枚；密，閉口不言。銜枚，古時行軍夜襲，為防喧嘩，士兵銜枚於口，不能出聲。雀舌報先春，雀舌：茶名。《宣和北苑貢茶録》：「茶芽數品，最上曰小芽，如雀舌鷹爪，以其勁直纖鋭，故號芽茶。」《夢溪筆談》：「芽茶，古人謂之雀舌麥顆，言其至嫩也。」急如號箭。鋭氣罔失，鼎沸於揚子江心；唐張又新《煎茶水記》言劉伯芻評天下水以揚子江南零水為第一，而陸羽則評為第七。鎮江金山下有中泠泉，泠或作零，或說南零即在中零之南者。因在江心，汲水須以特殊容器投至揚子江江心取之，臨岸者不佳。塘報勿訛，瓶罄於石頭城下。塘報：驛馬傳送的軍情報告。瓶罄於石頭城下：李德裕為相，有親知奉使於京口，李曰：「還時金山下揚子江中零泉水，與取一壺來。」其人歸時忘之，舟至石頭城下方記起，乃汲一瓶於江中，歸京獻之。德裕飲後，曰：「此頗似建鄴石頭城下水。」每逢徵調，于囊于橐，囊橐，此指行軍時裝口糧的袋子。《詩·大雅·公劉》：「乃裹餱糧，于橐于囊。」無煩玉女洞之破竹為符；蘇東坡在鳳翔時有詩，題為《愛玉女洞中水，既致兩缾，恐後復取而為使者見給，因破竹為契，使寺僧藏其一，以為往來之信，戲謂之調水符》。按此玉女洞在終南山。若遇分茅，古時分封諸侯，以白茅裹土授予被封者，謂之「分茅」。載璧載圭，圭璧，古代帝王、諸侯祭祀或朝聘時所用玉器。有似唐叔虞之剪桐作冊。見卷二《賀魯國主冊封啓》注。建績寧為草虎，《拊掌録》：宋自崇寧後復榷茶法，私販者抵罪，而商賈持官券販賣，稍不如令，則被罰沒。被罪者衆，其儕乃目茶籠為「草大蟲」，言傷人如虎也。立品肯受「酪奴」？酪奴：見《戲冊穰侯制》注。所至能激濁揚清，誰誚王蒙之水厄；水厄：為水所厄害。晉司徒長史王蒙好茶，人至輒飲之，士大夫甚以為苦，每欲候蒙，必曰「今日有水厄」。從來皆浴膏飲德，敢嘲陸羽之茶淫！濯魄冰壺，濟世皆峨眉雪水；勒名玉柱，標格如蒙頂石花。《唐國史補》：「風俗貴茶，茶之名品益衆。劍南有蒙頂石花，或小方，或散牙，號為第一。」蜀名山縣蒙山以產茶名，相傳有甘露祖師自嶺表所攜靈茗八株。啓沃從心，《書・說命上》：「啓乃心，沃朕心。」孔穎達疏：「當開汝心所有，以灌沃我心，欲令以彼所見，教己未知故也。」遇三焦則可解；三焦：上焦、中焦、下焦的合稱。《史記・扁鵲倉公列傳》張守節《正義》引《八十一難》：「三焦者，水穀之道路，氣之所終始也。上焦在心下下鬲，在胃上口也；中焦在胃中脘，不上不下也。下焦在臍下，當膀胱上口也。」厥功在目，雖百損亦何妨。顧炎武《日知錄》卷七「茶」條：「《大唐新語》言右補闕綦毋煚性不飲茶，著《茶飲》，序曰：『釋滯消壅，一日之利暫佳；瘠氣侵精，終身之害斯大。獲益則功歸茶力，貽患則不謂茶災。豈非福近易知，害遠難見？』宋黃庭堅《茶賦》亦曰：『寒中瘠氣，莫甚於茶。或濟之鹽，勾賊破家。』今南人往往有茶癖，而不知其害，此亦攝生者之所宜戒也。」

爾既立勳，救民於水火；朕思圖報，錫汝以土田。今特遣春官持節，晉爾為岕侯，原官如故。爾其食祿宜興，以羅岕、虎丘為汝湯沐之邑；剖符顧渚，《唐國史補》：湖州有顧渚之紫筍。以松蘿、閬苑為汝芻牧之場。松蘿、閬苑：皆茶名。特進官階，復加軒冕。羨爾臭味，人皆望而知珍；咀汝甘芳，朕實喜而不寐。欽哉！

樂府

荊軻匕

荊軻為燕太子刺秦王，奉地圖以獻。秦王發圖，圖窮而匕首見。軻左手把秦王袖，右手持匕首揕之。秦王驚起，環柱走，拔劍，劍戀室，戀室：不肯離開劍鞘。不能即拔。軻逐秦王，倉卒不知所為。左右曰：「王負劍！」負劍，遂拔，斷荊軻左股。荊軻廢，乃引其匕首以擿秦王。不中，中銅柱。秦王復擊軻，軻被八創。軻自知事不就，倚柱而笑，箕踞而罵曰：「事所以不成，吾欲生劫之，必得契約以報太子也。」左右既前，擊斬之，遂被殺。

刺韓相，聶軹里；聶政，戰國時韓國軹深井里人。韓大夫嚴仲子與韓相俠累有仇，遂結交聶政，為己報仇。聶仗劍入韓都，刺殺俠累於階上。詳見《史記・刺客列傳》。刺王僚，吳專諸。專諸，春秋時吳人，為吳公子光（即後來的吳王闔閭）刺殺吳王僚。不了事，不了事：不了事漢，辦不成事的漢子。見下《施全劍》小序。荊佽飛；此以荊軻為荊佽飛，誤。荊佽飛實為名佽飛之荊人，《淮南子》記其斬蛟事，而張華《博物志》再述斬蛟事時，則已誤作荊軻字佽飛了。鬼夜哭，樊於期。樊於期借頭與荊軻，而荊軻既不了事，樊鬼就只有夜哭了。秦舞陽，若死灰。秦舞陽為燕國勇士，副荊軻使秦。既見秦王，舞陽色變振恐。提藥囊，有夏醫。夏醫：荊軻在殿上逐秦王，侍醫夏無且以所奉藥囊提擲荊軻。擿銅柱，中副車。擿，即擲，荊軻以匕首擲秦王，中銅柱。此正與張良募壯士椎秦皇僅中副車一樣，只能讓人歎息「惜其未中」了。易水祖道盡白衣，壯士一去不復歸，怒髮衝冠空涕洟。《史記・刺客列傳》：荊軻將赴秦，太子及賓客皆白衣冠送之。至易水之上，高漸離擊築，荊軻和而歌，為變徵之聲，士皆垂淚涕泣。又前而為歌曰：「風蕭蕭兮易水寒，壯士一去兮不復還！」復為羽聲慷慨，士皆瞋目，髮盡上指冠。於是荊軻就車而去，終已不顧。嗚呼，怒髮衝冠空涕洟！

漸離築

高漸離，燕人，屠狗於燕市，與荊軻友善。荊軻既死，漸離變姓名為人庸保，庸保：傭人雜役。匿作於宋子。宋子，地名。久之，作苦，聞其家堂上客擊築，築：古絃樂器。形似箏，內空，故高漸離可置鉛其中。彷徨不能去，每出言曰：「某善，某不善。」從者以告其主，主乃使前擊築，悲歌慷慨，座客皆驚。既而秦王召見之。有識者曰：「高漸離也。」秦王惜其善擊築，重赦之，乃矐其目，矐目：把眼弄瞎。使擊築，未嘗不稱善。稍益近之，漸離乃以鉛置築中。復進，得近，舉築撲秦王，不中。於是遂誅高漸離，終身不復近諸侯之人。

天雨粟，馬生角。《燕丹子》云：太子丹為質於秦，求歸。秦王曰：「烏頭白，馬生角，乃許耳。」丹乃仰天歎，烏頭即白，馬亦生角。而《刺客列傳》末太史公曰：「世言荊軻，其稱太子丹之命，『天雨粟，馬生角』也，太過。」太子丹，日夜哭。軻斷臂，離矐目。爾獻圖，余擊築。置錫鉛，只一撲。眼中出火口生煙，肘後風雷來迅速。軻死為丹復為光，光，指田光，燕人，以自殺激荊軻刺秦。詳見《史記・刺客列傳》。於期授首舞陽族。爾為死友報強秦，爾死不為人所促。不為人所促，即不為人所促迫役使，全屬自願。

博浪椎

張良，韓人。秦滅韓，良年少。家僮三百人，弟死不葬，悉以家財求客刺秦王，為韓報仇，以大父、父五世相韓故。良因東見倉海君，倉海君：原本作滄海君，據《史記・留侯世家》改。下同。得力士，為鐵椎重百二十斤。秦皇帝東遊，良與客狙擊秦皇帝博浪沙中，誤中副車。秦皇震怒，大索天下，卒莫能得。

黄石公，參見本書卷一《博浪椎傳奇序》及注。赤松子。赤松子，傳說中的神仙：神農時雨師。服水玉，以教神農。能入火不燒。至崑崙山，常入西王母石室中，隨風雨上下。炎帝少女追之，亦得仙俱去。《史記・留侯世家》：張良晚年自言：「以三寸舌為帝者師，封萬戶，位列侯，此布衣之極，於良足矣。願棄人間事，欲從赤松子遊耳。」乃學辟穀，導引輕身。報秦仇，立韓祀。項梁起兵，立楚懷王為天下主。張良乃說項梁，求韓諸公子韓成，立為韓王。先見倉海君，千金募壯士。博浪只一椎，大索出秦市。圯上書未傳，神奇已若此。賴汝一擊功，明年祖龍死。副即轀涼車，鮑魚臭方始。秦始皇死於巡遊途中，李斯恐天下有變，秘不發喪，棺藏於轀涼車中。會暑，車臭，乃令車載一石鮑魚，以亂其臭。行將作帝師，肯與荆聶齒。荆聶：荆軻、聶政。齒，引以為同類。滿腹儲風雷，貌一好女子。《留侯世家》：太史公曰：「余以為其人魁梧奇偉，至見其圖，狀貌如婦人好女。」是不是，問太史。

伍孚刃

越騎校尉汝南伍孚，忿董卓兇毒，志手刃之。乃朝服懷佩刀以見卓。孚語畢，辭去。卓起送，至閤，以手撫其背。孚因出利刃刺之，不中。卓自奮得免，急呼左右執殺孚，而大詬曰：「汝欲反耶！」孚大言曰：「恨不得磔裂奸賊於都市，磔裂：車裂。以謝天下！」言未畢而斃。

殿前校，如蠓蠛。即蠛蠓，俗稱蠓蟲，一種很細小的飛蟲。此言校尉官職卑微。腰下刃，白於雪。遇奸雄，思屠裂。事不成，反飲鐵。飲鐵：即飲刃，被兵器所傷。曾聞安祿山，腹大如丘垤。賴有李豬兒，刺出一囊血。李豬兒本安祿山親隨，祿山晚年昏悖暴虐，豬兒時遭笞責。祿山子慶緒與豬兒謀殺祿山，豬兒入帳下，以大刀斫其腹，腸潰於牀而死。今有大臍奴，肝腸寸寸截。咸陽三月火，臍輪燒不滅。董卓既被誅，陳屍於市。天時始熱，卓素充肥，脂流於地。守屍吏燃火置卓臍中，光明達曙，如是積日。厲鬼日夜號，噬臍悔不迭。

赤壁火

曹操伐吳，屯軍赤壁，軸轤千里，帶甲百萬。周瑜對敵，諸葛亮築臺於江口祭風，東南風大作。命黃蓋詐降，駕小舟直入舟次。舟中裝硝黃，倉卒火發，煙焰漲天，江水盡赤。吳兵乘勢擊之，屍積如山。曹瞞鬚鬢俱焚，僅以身免。剩十八騎，走華容道，遇關公義釋，始得脫歸。謂長江天塹，終身不敢再犯。按以上述赤壁事，全用小說情節，不必作史實看。燒曹瞞，走赤壁。燒敬業，浴血立。徐敬業起兵討武則天，兵敗，傳說自焚而死。果是奸雄，火燒不得。諸葛祭風，周瑜對敵。江口築臺，煙迷焰急。楚尾吳頭，楚地與吳地交界處，一般指江西一帶，赤壁應屬楚地。山焦水赤。夜走華容，割鬚棄革。搖尾乞憐，關公義釋。出祁山，誅漢賊。終三分，不得一。此指曹操未能统一天下。但願保殘骸，疑冢至七十。傳說曹操死，恐人掘其墓而殘其屍，造疑冢七十二座。

司農笏

唐司農段秀實，謀誅朱泚。唐德宗建中三年，河北諸鎮聯兵拒朝廷，次年，朝廷調涇原兵東征，過京師，擁朱泚為變，德宗出逃至奉天，朱泚稱大秦皇帝。適泚召李忠臣、源休、姚令言及秀實等議稱帝事。秀實勃然起，奪源休象笏，前唾泚而大罵曰：「狂賊！吾恨不斬汝萬段，豈從汝反耶！」因以笏擊泚，中其額，濺血灑地。泚黨殺之。

有舞象，觸祿山。唐明皇有舞象數十。祿山據長安，出舞象，令左右教之拜。舞象皆不動，祿山怒，盡殺之。有弄猴，擊朱泚。弄猴擊賊，應是朱溫事，張岱誤記。唐昭宗有弄猴，頗馴，能隨班起居。後朱溫篡位，取猴令殿下起居。猴望見朱溫，跳躍奮擊。溫遽令殺之。禽獸耳，亦為主。段秀實，勃然起。奪象笏，撲狂兕。破賊頭，出腦子。血迸流，汙當宁。宁，音zhù，古代宮室門屏之間。笏下如轟雷，恨不萬段汝。姚、李皆唐臣，附賊真無恥。禽獸且不如，夫顙亦有泚。泚顙，額上冒汗，羞愧難當狀。

施全劍

施全，宋殿前司軍人。秦檜入朝，全持斬馬刀，邀於望仙橋下，邀：截擊。秦檜府第即在望仙橋附近。斷轎子一柱，而不能傷。被執，檜叱之曰：「你莫心風否？」風即瘋，心風即精神病。全曰：「我不心風。舉天下要殺金人，汝獨不肯殺金人，我故來殺汝。」遂斬於市。觀者甚衆，中有一人朗言曰：「此不了事漢，不斬何為！」聞者皆笑。

五國城，金人既虜徽、欽二帝，因於五國城，在今黑龍江省依蘭縣。青衣泣。西晉末年，劉聰俘獲晉懷帝，大宴會，使帝服青衣行酒。此處是指作了俘虜的徽欽二帝。風波亭，少保磔。岳飛曾以功授少保，人稱岳少保。殿前小校氣填胸，斬馬刀鋒如霹靂。望仙橋，遇奸賊。透革車，山棚客。宋時豪貴有喜慶賀節，輒搭建彩棚以宴客，稱山棚。山棚客，即賀客。此處所說與小序不同，是說施全誤刺革車中的一個秦檜的賓客。《中興小記》言施全刺傷大程官數人，當即指此。「刺汝原不是心風，爾與金人何親戚！官家倚爾作長城，口吃南朝心向北。」不了漢，授首級，檜賊遇此魂膽失，惟向車前加護卒。

唐琦石

唐琦，紹興衛士。高宗南渡，事急，欲航海。金將琶八追至紹興。李鄴為守，以城降，方與琶八並馬行，琦從後持一大石，祝曰：「願天一擊殺兩賊。」伏道旁，俟其騎過，擊之。不中，被執。琶八詰之，琦曰：「欲碎爾首，為趙氏鬼耳。」琶八曰：「使人人如此，趙氏豈至是哉！」令牽出斬之。琦曰：「若止斫我，不足為奇。吾願以布裹灌油，焚燒竟日，示愧降賊之臣。」依其言，自頂燒至踵。為時已久，高宗遂得脫去。事聞，贈將軍，立廟祀之，賜名旌忠。

穆駿飛，古有周穆王乘八駿西遊的傳說。此指乘馬南逃的宋高宗趙構。追將及，袖石何人衛小卒。李鄴琶八並轡行，願天一擊殺兩賊。被生禽，取膫膟，膫膟：此指五臟之類。照天空，萇弘碧。春秋時，諸侯不朝周天子，周靈王之臣萇弘忠於王室，為晉侯所殺。據說其血化為碧。骨肉燒殘飛作灰，清煙散入五侯宅。漢高遠去柏人城，漢高帝劉邦過趙，趙王張敖為劉邦婿，劉邦傲慢詈罵，頗不禮之。趙王之臣貫高等謀殺劉邦。及劉邦再過趙，當宿於柏人，貫高設伏於廁。劉邦如廁心動，問知地名柏人，道：「柏人者，迫於人也。」不宿而去。此以漢高喻趙構。鳳起猶然視藪澤。鳳凰已經飛走，張羅捕獵的人還傻盯着藪澤。司馬相如《難蜀父老》：「鵷鵬已翔乎寥廓之宇，而羅者猶視乎藪澤。」李善注：鵷鵬，狀如鳳凰。天折誰能補不周，唐琦手是女媧石。往古之時，共工與祝融爭天下。共工敗，觸不周之山，使地東南傾。於是四極廢，九州裂，天不兼覆，地不周載，火爁炎而不滅，水浩洋而不息，猛獸鷙鳥攫食老弱，於是女媧煉五色石以補蒼天，斷鼇足以立四極。

景清刺

景清，初為北平參議。燕王與語，悅之。及即位，詣上自歸。燕王曰：「吾故人也。」仍其官。清坦伏銛刃以朝。坦，原本作「旦」，誤，據《石匱書》卷七十三《景清傳》改。但「坦」字也不通，疑當是「恒」字之誤。《明史紀事本末》「壬午殉難」一章云：「清自是恒伏利劍於衣衽中，委蛇侍朝。」可證。蓋抄者見「坦」不通，遂以意改爲「旦」字，而不想下文又有「旦，清衣緋入」句犯重。銛，原本作「鉛」，誤。均據《石匱書》卷七十三《景清傳》改。銛，鋒利。而鉛刀質軟，常用以比喻廢物。先一日，太史奏文曲星犯帝座甚急，其色赤。旦，清衣緋入，上疑之。有頃，黚然而前。黚然，卒然而至貌。黚，原本作「默」，誤，據《石匱書・景清傳》改。《荀子・強國篇》：「黚然而雷擊之。」楊倞注：「黚然，卒至之貌。」正與本文意合。左右收之，得其銛刀。銛刀，原本作「鉛刀」，據《石匱書》改。清知事不成，躍而詢。詢：即詬字，詬罵。上大怒曰：「毋謂我王，即王，敢爾耶！」這句的意思是：你不稱我為王，如果當成王，你何敢如此！清曰：「今日之號，尚稱王哉！」命抉其齒，立且詢，則含血前，淰御衣。淰，《康熙字典》引《集韻》等云：「音閃，淰躍，湧逸也。」據此，當是口噴之意，即詩中之「含血唾」也。上益怒，剝其膚，刷之以鐵帚，以芻匱膚，用草楦於人皮中，成人形。匱，木櫃，此作動詞，作裝入解。械繫長安門。上寢，夢清環殿追劫之。旦日，輦過長安門，清膚前者三，清膚：指草楦之景清之皮。如欲犯駕狀。上曰：「尚欲劫我耶？」赤其族，掘夷其先塚，籍其里，轉相攀染至數千百家，攀，《石匱書》作「扳」，二字通。命之曰「瓜蔓抄」。

文曲星，犯帝座。緋衣人，入朝賀。佩銛刀，「銛」字，原本作「鉛」。藏膝髁。太史奏，機謀破。不稱王，向前坐。對御衣，含血唾。鴟夷皮，即革囊。但此處却是人皮了。實芻莝。輦過長安門，犯駕尚數步。再加瓜蔓抄，夢逐常驚怖。文皇踐祚數十年，未得一日安穩卧。

天一硯

江天一，休寧人，與金聲友善。金聲：字正希，安徽休寧人。崇禎元年進士。清兵破南京，聲糾集士民保績溪、黄山，遣使通表唐王，授聲右都御史兼兵部右侍郎，總督諸道軍。聲起義，天一身任贊畫。聲敗被禽，傳送留都。明成祖遷都北京後，以南京為留都。天一請從，聲曰：「此死路也，而兄往何耶！」天一曰：「兄往成仁，弟往取義。」遂與聲同至留都，羈公館。督師遣使慰勞再三，督師：據《石匱書後集·金聲傳》，此督師為洪承疇。天一恐聲意遊移，與同起居，不離跬步。及見督師，天一掖聲往，語稍不振，即大聲代答。近督師座，天一出袖中石硯擲之，中案前吏。督師大怒，左右刀交下，天一立死。

金中丞，受梏桎。有客哱啐來，與公同對質。恐公語囁嚅，代公為訶叱。爾無姜維膽，三國蜀漢姜維，死後被剖，膽大如斗。我有常山舌。安祿山反，顔杲卿為常山太守，城陷被執，押至洛陽，祿山縛之天津橋柱，肢節以肉啖之，詈不絶，賊鉤斷其舌，曰：「復能罵否？」杲卿含糊而絶。爾無朱亥椎，朱亥，大梁屠者，為信陵君魏公子無忌門客。信陵君竊符救趙，矯魏王令代晉鄙。晉鄙合符，疑之，欲無聽。朱亥袖四十斤鐵椎，椎殺晉鄙，公子遂將晉鄙軍，破秦軍，遂解趙圍。我有唐琦石。吁嗟乎！使爾委棄中丞岸然不顧也，真風馬牛之不相及。

按：清人汪琬有《江天一傳》，收入張潮編《虞初新志》。云：字文石，徽州歙縣人。順治二年，唐藩自立於福州，聞天一名，授監紀推官。其被逮及死難事，與此文小序頗有異同，錄於下，以供參考：

（城陷後）大帥購天一甚急。天一知事不可為，遽歸，囑其母於天表（天一之弟），出門大呼：「我江天一也！」遂被執。有知天一者，欲釋之。天一曰：「若以我畏死邪？我不死，禍且族矣。」遇僉事公（即金聲）於營門，公目之曰：「文石！汝有老母在，不可死！」笑謝曰：「焉有與人共事而逃其難者乎？公幸勿為吾母慮也。」至江寧，總督者欲不問，天一昂首曰：「我為若計，若不如殺我；我不死，必復起兵！」遂牽詣通濟門。既至，大呼高皇帝者三，南向再拜訖，坐而受刑。觀者無不歎息泣下。越數日，天表往收其屍，瘞之。而僉事公亦於是日死矣。

書牘

王謔庵年祖

向年搜青藤佚稿，年祖曾語某：張岱祖父與王思任為進士同年，雖思任僅長張岱不足二十歲，岱亦尊稱之年祖。「選青藤文，如拾孔雀翎，只當拾其金翠，棄其羽毛。」某以年少，務在求多，不能領略。今見佚稿所收，頗多率筆，意甚悔之。今二集俱在，求年祖大加刪削。某謂幕中代筆，徐渭曾為胡宗憲幕友，軍府之文，多由徐代筆。如《白鹿表》之類，悉應刪去。即《代初進白牝鹿表》及《代再進白牝鹿表》等文，現收在《徐文長三集》中。使後人追想高文，如王勃《鬬雞檄》，其妙處正在想像之間。王勃在唐高宗乾封初為沛王府修撰。時諸王以鬬雞為戲，勃作《檄英王雞》文。高宗聞之，曰：「回車朝歌、不踐勝母者，惡其名也。勃此文恐成交構之漸。」斥勃不令入府。所以此文對王勃仕途影響極大。王勃文集未收此文，今已失傳，故此云「妙處正在想像之間」。另徐渭因為胡宗憲幕友，當宗憲被陷入獄時，徐渭也同樣受到牽連。此某愚見及此，不識有當於尊意否也。幸踐夙言，以救前失。

與祁世培

造園亭之難，難於結構，更難於命名。蓋命名俗則不佳，文又不妙。名園諸景，自輞川之外，無與並美。王維有別墅在藍田縣南輞川，亭館相望。自寫其景物，日與文士丘為、裴迪、崔興宗遊覽其中。王摩詰畫其所居輞川，有輞水、華子崗、孟城坳、輞口莊、文杏館、斤竹嶺、木蘭柴、茱萸沜、宮槐陌、鹿柴、北垞、欹湖、臨湖亭、欒家瀨、金屑泉、南垞、白石灘、竹里館、辛夷塢、漆園、椒園，凡二十一所。又與裴迪賦詩，以紀諸景。即蕭伯玉春浮之十四景，蕭士瑋，字伯玉，泰和人。天啓進士。官至吏部郎中。有《春浮園集》十卷。春浮園為明末江南名園，據吳梅村文云：「伯玉築春浮園於柳溪之上，極云泉林木之勝。」其十四景之名目今已不詳。亦未見超異。而王季重先生之絶句，又只平平。故知勝地名詠，不能聚於一處也。西湖湖心亭四字扁，隔句對聯，填楣盈棟。張鍾山欲借咸陽一炬，項羽引兵西入咸陽，燒秦宮室，火三月不滅。了此業障。果有解人，真不能消受此俗子一字也。寓山諸勝，寓山：山在紹興西南二十里。祁士培建園於此，並撰《寓山注》。參見本書卷五《跋寓山注二則》及卷六有關詞作。其所得名者至四十九處，無一字入俗。到此地步大難。而主人自具摩詰之才，弟非裴迪，乃令和之，鄙俚淺薄，近且不能學王謔庵，而安敢上比裴秀才哉！醜婦免不得見公姑，醜焉呈面，公姑具眼，是妍是醜，其必有以區別之也。草次不盡。

祁彪佳，字弘吉，號世培。與從兄豸佳、熊佳均為張岱至交。天啓二年進士，崇禎四年升任右僉都御史，受權臣排斥，家居八年，崇禎末年復官。清兵入關，力主抗清，任蘇松總督。杭州陷，自沉殉節。其二子繼續抗清，卒至破家。

與毅儒八弟

見示《明詩存》，博搜精選，具見心力。但竊吾弟立意，存人為急，存詩次之，故存人者詩多不佳，存詩者人多不備。簡閱此集，大約是「明人存」，非《明詩存》也。愚意只以詩品為主，詩不佳，雖有名者亦刪；詩果佳，雖無名者不廢。蓋詩刪則詩存，不能詩之人刪，則能詩之人存。能詩之人存，則能詩之明人亦與俱存，仍不失吾弟存人與存明之本意也。且子房不見詞章，玄齡僅辦符檄；張良，字子房。玄齡，房玄齡。明楊守陳序《劉誠意（基）集》曰：「子房之策，不見詞章；玄齡之文，僅辦符檄。未見樹開國之勳業，而兼傳世之文章，可謂千古文豪。」意謂開國元勳而又能盡文章之事者，唯有劉基一人。按房玄齡，史稱「幼聰敏，博覽經史，工草隸，善屬文」，其文才固非「僅辦符檄」者。不能詩，無害於人，不能詩而存其人，則深有害於詩也。吾弟以余言為然否？

張弘，字毅儒，張岱為其族兄，稱之為八弟。與張岱同為祁彪佳所發起的詩社「楓社」成員。參見卷一《紀年詩序》。

與陳章侯

曉起，簡笥中有章侯未完之畫百有十幀。一日完一幀，亦得百有十日，況其中筆墨精工，有數十日不能完一幀者。計其歲月，屈指難盡，弟見之徒有浩歎而已。

文與可畫竹，文同，字與可，北宋大畫家，善畫竹。見人多持縑素而請者，與可厭之，投諸地而罵曰：「吾將以為襪！」縑素純白，尚中襪材。兄所遺絹，塗抹殆遍，一幅鵝溪，鵝溪絹，產於四川鹽亭，自唐代即為貢品。不堪為婦作褌。弟之「雙荷葉」又不善收藏，以此無用之物，雖待添丁長付之，無益也。兄將何法用以處我？《文秕》此句下有注：「蘇長公與賈耘老書曰：『子盡可令雙荷葉收掌，須添丁長付之可也。』雙荷葉，耘老妾；添丁長，耘老子。」參看卷一《水滸牌序》注。

陳洪綬，字章侯，號老蓮、老遲等，明末大畫家，尤以人物見長，對後世影響亦最大。善詩文，有《寶綸堂集》存世。與張岱自少年時即為至交。

又與毅儒八弟

前見吾弟選《明詩存》，有一字不似鍾、譚者，鍾惺，見卷二《岱志》第一節注。譚元春，字友夏，號鵠灣。湖廣竟陵人。天啓七年鄉試第一。崇禎十年赴京會試，病死於旅舍。必棄置不取。今幾社諸君子盛稱王、李，幾社：東林書院既盛，蘇州張溥、楊廷樞等慕之，結會名復社。華亭夏允彝、陳子龍、徐孚遠、王光承等亦結幾社相應和。盛稱王、李：以李攀龍、王世貞為首的「後七子」，為盛於嘉靖、隆慶年間的文學流派。其文學主張就是復古擬古。痛罵鍾、譚，而吾弟選法又與前一變，有一字似鍾、譚者必棄置不取。鍾、譚之詩集仍此詩集，吾弟手眼仍此手眼，而乃轉若飛蓬，捷如影響，何胸無定識，目無定見，口無定評，乃至斯極耶！

蓋吾弟喜鍾、譚時，有鍾、譚之好處，盡有鍾、譚之不好處，彼蓋玉常帶璞，原不該盡視為連城。連城：此指和氏璧。《史記・廉頗藺相如列傳》：趙惠文王時，得楚和氏璧。秦昭王聞之，使人遺趙王書，願以十五城請易璧。吾弟恨鍾、譚時，有鍾、譚之不好處，仍有鍾、譚之好處，彼蓋瑕不掩瑜，更不可盡棄為瓦礫。吾弟勿以幾社君子之言橫據胸中，虛心平氣，細細論之，則其妍醜自見，奈何以他人好尚為好尚哉！況蘇人極有鄉情，王世貞為太倉人，與華亭相鄰，俱為蘇州府屬邑。阿其先輩，阿：曲意吹捧。見世人趨奉鍾、譚，冷淡王、李，故作妒婦之言以混人耳目。吾輩自出手眼之人，奈何亦受其溷亂耶？且吾浙人極無主見，蘇人所尚，極力摹仿，如一巾幘，忽高忽低，如一袍袖，忽大忽小。蘇人巾高袖大，浙人效之，俗尚未遍，而蘇人巾又變低、袖又變小矣。故蘇人常笑吾浙人為「趕不着」，誠哉其趕不着也！

不肖生平崛強。巾不高低，袖不大小，野服竹冠，人且望而知為陶庵，何必攀附蘇人，始稱名士哉！故願吾弟自出手眼，撇却鍾、譚，推開王、李，毅儒、陶庵還其為毅儒、陶庵，則天下能事畢矣。學步邯鄲，《莊子・秋水》：壽陵餘子學行步於邯鄲，未得其能，又失故行，匍匐而歸。幸勿為蘇人所笑。

答袁籜庵

傳奇至今日，傳奇：明代戲曲形式，演唱以南曲為主，篇幅長，情節亦較復雜。怪幻極矣！生甫登場，即思易姓；男主角因有了家庭變故而改姓更名，戲曲中常常以此為埋伏誤解巧合之手段。旦方出色，便要改妝。女扮男裝。也是舊戲中爛熟情節。兼以非想非因，無頭無緒，只求鬧熱，不論根由，但要出奇，不顧文理。近日作手，要如阮圓海之靈奇，阮大鋮，字集之，號圓海。安徽懷寧人。初入東林，為骨幹，後因東林黨內部矛盾，大鋮轉而投靠魏忠賢。閹黨敗後，大鋮又欲投入東林，為黨人所拒，到明亡，遂投靠馬士英，官兵部尚書，南明之亡，罪責不小。後降清，死於仙霞嶺。大鋮人品固不足論，但文采煥然，詩歌戲曲為有名一代大家，所作傳奇《春燈謎》、《燕子箋》堪稱傑作。張岱對他的態度是人歸人，文歸文，在戲曲創作上不乏交流，在歷史評價上又毫不徇情。李笠翁之冷雋，李漁，字謫凡，號笠翁。浙江蘭溪人（生於江蘇如皋）。居南京芥子園，編刻圖籍，廣交名流。為明末戲曲大家，代表作為《笠翁傳奇十種》，而所著《閒情偶寄》中的戲曲理論更是至今為人視為經典。蓋不可多得者矣。

吾兄近作《合浦珠》亦犯此病。蓋鄭生關目，亦甚尋常，而狠求奇怪，故使文昌、武曲、雷公、電母奔走趨蹌，熱鬧之極，反見淒涼。兄看《琵琶》、《西廂》，有何怪異？布帛菽粟之中，自有許多滋味，咀嚼不盡，傳之永遠，愈久愈新，愈淡愈遠。東坡云：「凡人文字，務使和平。至足之餘，溢為奇怪，蓋出於不得已耳。」《邵氏聞見後錄》：黃魯直以晁載之《閔吾廬賦》問東坡何如。東坡報云：「晁君騷辭，細看甚奇麗，信其家多異材邪！然有少意，欲魯直以漸箴之：凡人為文，宜務使平和，至足之餘，溢為奇怪，蓋出於不得已耳。晁君喜奇似太早。然不可直云爾，非為之諱也，恐傷其邁往之氣，當為朋友講磨之語可耳。」今人於開場一齣，便欲異人，乃裝神扮鬼，作怪興妖。

一番鬧熱之後，及至正生衝場，引子稍長，便覺可厭矣。兄作《西樓》，（《西樓記》，寫書生于鵑與妓女穆素徽的愛情故事。已收入《六十種曲》。）只一情字。《講技》、《錯夢》、《搶姬》、《泣試》，皆是情理所有，何嘗不鬧熱，何嘗不出奇，何取於節外生枝、屋上起屋耶？總之，兄作《西樓》，正是文章入妙處，過此則便思遊戲三昧，信手拈來，自亦不覺其熟滑耳。湯海若初作《紫釵》，（湯顯祖，字義仍，號海若，又號若士。所作傳奇以《玉茗堂四夢》最為著名，四夢即《紫釵記》、《南柯記》（即下稱《蟻夢》者）、《邯鄲記》、《還魂記》（即《牡丹亭》）尚多痕跡。及作《還魂》，靈奇高妙，已到極處。《蟻夢》、《邯鄲》，比之前劇，更能脫化一番，學問較前更進，而詞學較前反為削色。蓋《紫釵》則不及，而「二夢」則太過，過猶不及，故總於《還魂》遜美也。今《合浦珠》是兄之「二夢」，而《西樓記》為兄之《還魂》，「二夢」雖佳，而《還魂》為終不可及也。承兄下問，故敢盡言，伏望高明，恕弟狂妄。

袁于令，字令昭，一字鳧公，號籜庵。吳縣人。明末為生員，居蘇州，因挾妓革去學籍。清兵南下，吳地豪紳挽于令草降表，因授荊州太守，十餘年未有升遷。某日，監司謂于令云：「聞君署中有三聲，弈棋聲，唱曲聲和骰子聲」。于令遽答云：「聞公署中亦有三聲，天秤聲，算盤聲和板子聲」。監司大怒，立免其官。于令與張岱定交於崇禎八年，暨晚年寓居會稽，則與張岱往來更密。于令長於按曲，所作《金鎖記》、《玉符記》、《珍珠記》、《鷫鸘裘》等傳奇多種，而尤以《西樓記》最為知名。

與祁文載

庚子嵩讀《莊子》，開卷一尺許，便放去，曰：「了不異人意。」事見《世說新語・文學》。劉孝標注：庚敳，字子嵩，潁川人。恢閎有度量，自謂是老莊之徒，曰：「昔未讀此書，嘗謂至理如此。今見之，正與人意暗同。」殷中軍見佛經，云：「理亦應阿堵上。」事亦見《世說新語・文學》。殷浩，字淵源，陳郡長平人。弱冠有名。善玄言，好老、易。建元初，石虎死，為都督揚、豫、徐、兗、青五州軍事。以定中原為己任，上疏北伐。永和九年軍敗，廢為庶人，口無怨言，惟終日書空作「咄咄怪事」四字。其讀佛經即被廢之後事。阿堵，猶言「這個」。此二人者，方可與注經，方可與解經。何者？注經者，於舊注外為解義，必須妙析奇致，大暢玄風。解經者，於字句中尋指歸，必須爛熟白文，漫加咀嚼。

弟閱《金剛經》諸解，深恨竈外作竈，硬入人語，未免活剝生吞，又恨於樓上造樓，橫據己見，未免拆橋斷路。拆橋斷路：以自己之見橫於中間，令讀書者斷却途路，無由理解原書本旨。故余之解《金剛經》，與余之解《四書》、《五經》無有異也。

余解《四書》《五經》，未嘗敢以注疏講章先立成見。必正襟危坐，將白文朗誦數十餘過，其意義忽然有省。古人云：「熟讀百遍，其義自見。」蓋古人正於熟讀時深思其義味耳。佛家以香花燈燭虔誦經文，亦欲人思其意義。無奈今之徒眾，止知以誦經了願，訇訇之外，訇訇：此處作大聲朗讀解。不更着想，所以終無進路耳。

故人能熟讀經文，深思義味，《莊子》所謂「思之思之，神鬼通之」，此句在明清時已成俗語，其實出自《管子・內業》：「思之思之，又重思之，思之而不通，鬼神將通之。」政謂此也。諸解具在，皆弟於朗誦白文忽然有得，第恐錯入魔境，顒望明眼人為弟指迷。顒禱顒禱。顒禱：真誠地祈願。

祁熊佳，字文載。祁豸佳胞弟。張岱稱為「禪學知己」。參見卷六《祭祁文載文》。

與李硯翁

弟《石匱》一書，泚筆四十餘載，心如止水秦銅，止水：靜止不動的水，言其平而不頗也。秦銅：秦代銅權，其形制甚穩重。並不自立意見。故下筆描繪，妍媸自見，敢言刻畫，亦就物肖形而已。蒙兄臺過譽，謂「當今史學，無逾陶庵」。伯樂一顧，遂多索看之人。而中有大老，言此書雖確，恨不擁戴東林，恐不合時宜。弟聞斯言，心殊不服，特向知己辨之。

夫東林自顧涇陽講學以來，顧涇陽：顧憲成，字叔時，號涇陽。萬曆進士，官至吏部文選司郎中。萬曆二十二年革職還鄉，與弟允成及高攀龍等在東林書院講學。人稱東林先生。以此名目，禍我國家者八九十年。以其黨升沉，用占世數興敗。其党盛，則為終南之捷徑；終南之捷徑：此言一些士人參加東林黨，不過是作為求官的捷徑。《資治通鑑・唐紀》：天台道士司馬承禎嘗召至闕下，固請還山，上許之。尚書左丞盧藏用指終南山謂承禎曰：「此中大有佳處，何必天台？」承禎曰：「以愚觀之，此乃仕宦之捷徑耳。」藏用嘗隱終南，則天時徵為左拾遺，故承禎言之。其黨敗，則為元祐之黨碑。元祐之黨碑：元祐為宋哲宗年號，當時司馬光為相，力糾王安石新法。及宋徽宗即位，聽奸臣蔡京之言，將元祐中任職的大臣數百人列為「元祐奸黨」，並將其名單刻石，頒佈全國。此即「元祐黨籍碑」。碑中多為正人，故士人以列入黨碑為榮。風波水火，龍戰於野，其血玄黃。朋黨之禍，與國家相為始終。蓋東林首事者實多君子，竄入者不無小人；擁戴者皆為小人，擁戴者：指明亡之後，成立南京政權時擁戴福王朱由崧為帝的一党，即馬士英、阮大鋮一夥及擁兵自重的高傑等三鎮。招徠者亦有君子。此其間線索甚清，門戶甚迴。作史者一味模糊，不為分別，則是魏收集穢，見本卷《徵修明史檄》一文注。陳壽報仇，《晉書·陳壽傳》：陳壽父為馬謖參軍，謖為諸葛亮所誅，壽父亦坐被髡，諸葛瞻又輕壽。壽為諸葛亮立傳，謂亮將略非長，無應敵之才，言瞻惟工書，名過其實。顛倒錯亂，其書可燒也。

東林之中，其庸庸碌碌者不必置論。如貪婪強橫之王圖，奸險兇暴之李三才，王、李二人《明史》俱有傳，又張岱《石匱書》入王圖於《門戶列傳》，言其「假借東林，以濟其貪橫。」入李三才於《逆黨列傳》。可參看。闖賊首輔之項煜，項煜：據《甲申傳信錄》等書，項煜，官詹事府少詹、兼翰林院侍讀學士。降李闖，僅授太常丞。其門生黎志升曾力薦可為宰相，煜即倡言於眾曰：「大丈夫名節既不全，當立蓋世功名，如管仲、魏徵！」及授太常，氣沮。奉偽名祀奉泰山，馳驛潛遁。南渡時，被人執而沉諸河死。上箋勸進之周鐘，周鐘，官庶吉士。牛金星以薦首用之。次日即至牛所，遞門生帖，撰登極詔。或語鐘以闖王殘殺太甚，萬難成事。鐘云：「太祖初起亦然。」以至竄入東林，乃欲俱奉之以君子，則吾臂可斷，決不敢徇情也。

東林之尤可醜者，時敏之降闖賊曰：「吾東林時敏也。」以冀大用。魯王監國，蕞爾小朝廷，蕞爾：形容很小。科道任孔當輩猶曰：六科給事中、諸道御史等官統稱科道。任孔當時為魯王政權之御史。「非東林不可進用。」則是「東林」二字，直與蕞爾魯國及汝偕亡者！夏桀暴政，民咒之曰：「時日曷喪，予及汝偕亡。」見《書·湯誓》。手刃此輩，置之湯鑊，出薪真不可不猛也。

呂東萊曰：呂祖謙，字伯恭。世稱「東萊先生」。南宋大學者，尤重史學。「見辱於市人，越宿而已忘；見辱於君子，萬世而不泯。君子所以口誅筆伐於蓽門圭竇之間，蓽門圭竇：編竹為門，穿牆作窗。此指貧寒士子所居的陋室。而老奸巨猾心喪膽落，得恃此權也。」此句見於呂祖謙《左氏博議》。今乃當東林敗國亡家之後，流毒昭然，猶欲使作史者曲筆拗筆，仍欲擁戴東林，此某所痛哭流涕長太息者也。

兄臺胸無成見，不落方隅，不拘於一偏之見。故可痛快言之。若語他人，則似荊軻與蓋聶論劍，怒目視之，所不免矣。《史記・刺客列傳》：荊軻過榆次，與蓋聶論劍。蓋聶怒而目之。荊軻出。蓋聶曰：「曩者吾與論劍有不稱者，吾目之。試往，是宜去，不敢留。」使人視之，荊卿已駕而去矣。此處張岱以荊軻自喻，言其論不爲眾人所容，遭人怒目，在所不免。

與何紫翔

李硯翁，即李長祥，號硯齋。四川達州人。明亡後，曾在魯王監國政權中任右僉都御史。敗後，又與張煌言舉兵抗清。兵敗後，曾居紹興、杭州、南京等地。與張岱交情甚篤，張岱於項王里營生壙，長祥為題辭。在對明代晚期的歷史，二人見解相近，張岱稱為「史學知己」。

昨聽松江何鳴臺、王本吾二人彈琴。何鳴臺不能化板為活，其蔽也實；王本吾不能練熟為生，其蔽也油。二者皆是大病，而本吾為甚。何者？彈琴者，初學入手，患不能熟；及至一熟，患不能生。夫生，非澀勒離歧、遺忘斷續之謂也。古人彈琴，吟揉綽注，揉，一般琴書作「猱」字。「綽」原作「掉」，當是抄刻之誤。吟、猱、綽、注是古琴演奏中左手最基本的四個指法。得手應心，其間勾留之巧，勾留，應該是指手指在弦上的掌控力。穿度之奇，穿度，應是彈琴時手指在弦與弦之間的挪動、變化。呼應之靈，頓挫之妙，真有非指非弦、非勾非剔、勾、剔是右手最基本的六個指法（抹挑勾剔劈打）中的兩個，勾為中指向內，剔為中指向外。此處用以概指指法。所謂「非指非弦，非勾非剔」，即《絲社小啓》中「非關匣裏，不在指頭，東坡老方是解人」之意。參看該文及注中所引東坡之詩。一種生鮮之氣、人不及知、己不及覺者，非十分純熟，十分淘洗，十分脫化，必不能到此地步。蓋此練熟還生之法，自彈琴撥阮，蹴踘吹簫，唱曲演戲，描畫寫字，作文做詩，凡百諸項，皆藉此一口「生氣」。得此生氣者自致清虛，失此生氣者終成渣穢。吾輩彈琴，亦惟取此一段生氣已矣。

今蘇下之人彈琴者，一字音絶，方出一聲。停閣既久，脈絡既斷，生氣全無。此是死法，吾輩不學之可也。吾兄素以鍾期自任，鍾期：鍾子期。《列子·湯問》：伯牙善鼓琴，鍾子期善聽。伯牙鼓琴，志在高山，鍾子期曰：「善哉！峨峨兮若泰山。」志在流水，鍾子期曰：「善哉！洋洋兮若江河。」其以弟言為然否？

萬曆四十六年，張岱與何紫翔等學琴於王本吾，半年得二十餘曲。此文當作於是時。《陶庵夢憶》有《紹興琴派》一文，可參看。

與王白嶽

弟讀《廉書》，而知《廉書》之不廉也。不廉：此處的「不廉」是說《廉書》不簡煉。先生曰：「善讀《廉書》者，必能詳我所略。」夫《廉書》之不廉，以其詳也，而先生猶以略自少，自少：自己以為不足。則《廉書》之不廉，殆無底矣。

弟愛《廉書》者，猛思急救《廉書》，止有「割愛」一法。夫割愛之法，必曠觀於未有《廉書》之前，更置身於既有《廉書》之外，大着眼孔，冷着面皮，硬着心腸，濃磨墨，飽蘸筆，凡正史鴻書，為人所爛熟者，則塗之；凡《御覽》、《廣記》為人所生造者，則塗之；凡稗官小說，語近於諧謔者，則塗之；凡佛道記錄，事涉於怪誕者，則塗之；凡就成豔異，意屬於淫冶者，則塗之。其所摘入者，麗水淘金，《韓非子·內儲說上·七術》：「荊南之地，麗水之中生金。」或說此麗水即雲南麗江。必求赤箭；赤箭：不詳。金以紫為貴，故有紫膽之名，或赤箭亦此類？又古人常以「玉劄、丹砂、赤箭、青芝」連稱，此赤箭實即天麻，與礦砂無關。玄圃積玉，玄圃或作懸圃，在崑崙山之上。此處即代指崑崙。崑崙產美玉。無非夜光。其所旁及者，邯鄲磁枕，忽然另辟乾坤。見卷一《夢憶序》「黍熟黃粱」注。其所附存者，海外扶餘，隱然復有世界。杜光庭《虬髯客傳》：有虬髯者見隋末天下大亂，欲取而代之，後見李世民英武為不可及，於是過海自立為扶餘國王。其所芟潤者，刀圭所及，刀圭：中醫藥的量器。此處代指治療疾病。便能起死回生；丹汞所加，丹汞：古代煉丹術及煉金術中常用朱砂及銀朱。遂欲以金點鐵。其所廣搜博覽者，上入九天，下入重淵，摘星辰於弱水，弱水：傳說中險惡難渡的河流。如《海內十洲記》云：鳳麟洲在西海之中央，地方一千五百里，四面有弱水繞之，鴻毛不浮，不可越也。探驪龍於延津。驪龍即黑龍。其頷下有寶珠。此處實指探驪龍之珠。張華與雷煥既得二寶劍。（見《一卷冰雪文序》中「與張華之辨劍於斗，雷煥之出劍於獄」注。）後張華被誅，失劍所在。雷煥卒，其子為州從事，持劍行經延平津，劍忽於腰間躍出，墮水。使人沒水取之，不見劍，但見兩龍，各長數丈。想見其一股鋭氣，一片苦心，一番猛力。熱則揮汗成漿，冷則呵冰出水。埋頭折肱，穴硯髡毫。埋頭折肱，穴硯髡毫：埋頭書案，彎臂書寫，石硯磨穿，毛筆寫禿。三十年以來，真非一朝一夕之功，亦非一手一足之烈也。廢楮為山，退筆成塚，其張羅於藝林，舉網於學海，先生之書橱經庫，自有明至此，非楊升庵、王弇州、唐荆川不足與之語痛癢、較豐嗇矣。楊升庵：見卷一《詩韻確序》注。唐荆川：唐順之，常州人。因愛好荆溪（宜興）山川，故號荆川。嘉靖八年進士，禮部會試第一，入翰林院任編修。一年後即告病歸里，閉門讀書二十年，於學無所不精。今書猶未竣，而帙已等身，何況以之殺青，以之壽木哉！

弟惟極愛《廉書》，故欲急救《廉書》，如良工以梅檀減塑佛像，減塑：塑像以泥則為增塑法，以木則為減塑法。去一斧，妙一斧，加一鑿則精一鑿。蓋其繁枝錯節，惟先生自知之，亦惟先生自削之。若欲假手他人，又工倕、匠石之所攦指而却走矣。工倕、匠石：二人均為古代傳説中的能工巧匠。攦指：折斷手指。《莊子·胠篋》：「攦工倕之指，而天下始人有其巧矣。」珍重先生，勿吝淘汰，勿靳鏟揚，靳：吝惜。以冀成此異寶也。愚弟清饞，顒望果腹。

王雨謙，字白嶽。詳見卷一《白嶽山人虎史序》注及《廉書小序》。

與張噩仍

不肖以廢棄陳人，陳人：陳舊過時、為世遺忘的人。株守泉石，株守：宋人有耕田者，田中有株，兔走，觸株折頸而死，因釋其耒而守株，冀復得兔，兔不可復得，而身為宋國笑。並不與聞戶外之事，而郡縣不知何所見聞，乃以《會稽志》事相屬。不肖辭讓再三，不得俞允。正在踧踖，賴有宗兄肯毅然任事，宗兄：稱張噩仍，因是同姓一宗也。不吝糗粻，糗粻：食糧。糾集多人，抄寫謄錄，兼之對神立誓，決不受一錢，決不啜人杯酒，匠心筆削，真使游、夏不能贊助一辭。《史記·孔子世家》：孔子為《春秋》，「筆則筆，削則削，子夏之徒不能贊一辭。」按《論語·先進》，孔門中「文學」以子游、子夏為最。

不肖在局，亦僅可坐嘯畫諾、飲酒食肉而已。坐嘯畫諾：偃坐長吟，只管簽押而無所事事。故於「凡例」之外，不敢多贅一字，《會稽縣志》張岱為作「凡例」十則，今存。蓋至慎也。卷首書名，自當以宗兄為首事纂修，不肖列名較閱，亦邀榮甚矣。不曉當事何意，又以賤名纂列兄前，而並不用兄原本，乃屬董兄舜鄰，倒顛錯亂。

考之原書，掛一漏九，留三增七。有所作好，則踵事增華；有所作惡，則變本加厲。王德邁大為詫異，言之府公，府公：知府。劈板數十餘塊，嚴飭中尊，命其聘人再訂。

今雖得賡之俞兄力除前弊，為之易轍改弦，然滓穢甚多，實難湔滌。譬之舂米，糠粃稊稗，攙和既多，則揀擇為難，雖鑒別如碧眼波斯，碧眼波斯：指中亞商人，因對種族和國家不能區分，一律稱為波斯人，又認為他們多財富，善能識別寶物。我國民間關於波斯「別寶」的故事甚多。亦不能籔揚盡淨也。不肖力請當事，欲除賤名，又不得請。在當日，兄之著述，弟乃竊之，則吾兄為向秀，弟為郭象。向秀為「竹林七賢」之一，喜《莊子》，於舊注外而為解義，妙演奇致，惟《秋水》、《至樂》二篇未竟而卒。其子幼，其義零落，有別本流出，為郭象竊以為己注，乃自注《秋水》、《至樂》二篇，又易《馬蹄》一篇，其餘諸篇或點定文句而已。在今日，弟所竊取者，又被他人竊之，則他人為齊丘，弟為譚峭矣。譚峭，五代時人，字景升，好黃老仙傳。居南嶽煉丹，丹成，能入水不濡，入火不灼，亦能隱形變化。作《化書》。道過金陵，見宋齊丘，出《化書》請為序。宋齊丘以酒飲之大醉，以革囊裹之，投深淵中。遂奪此為己書，作序傳世。後有隱者漁於淵，獲革囊，剖而視之，一人大睡其中，問其姓名，曰：「我譚景升也。宋齊丘奪我《化書》，沉我於淵。今《化書》行於世否？」漁者曰：「行之久矣。」景升曰：「《化書》若行，不復入世矣。」復請漁者縫革囊，沉己於淵。中心憤懣，實不自安。古云：「萬斛之舵，操之非一手，則捷捽招抒，不能盡如己意。臨事不得專操舟之權，而僨事乃與同覆舟之罪，此所謂難也。」以上引文出自王守仁《寄楊邃庵閣老書》。弟與兄同病，故特向兄道之。使後之讀志者，知此一段苦楚，則狐竊虎皮，難瞞具眼，或能見諒吾輩，未可知也。

張文成，字噩仍，會稽人。博學好古，以史才自負。康熙十一年壬子，紹興府聘張岱主修《會稽縣志》，文成與之，人物志即其草創，而由董欽德完成。

與周戩伯

吾兄樸茂長厚人也，言事訥訥，不易出諸口。而為弟較正《石匱書》，則善善惡惡，毫忽不爽，欲少曲一筆，斷頭不為，則兄又剛毅崛強人也。細觀諸傳，見吾兄筆削之妙，增一字如點龍睛，刪一字如除棘刺。張乖厓以蕭楚材為一字之師，《鼠璞》：宋張詠，號乖崖，詩有「獨恨太平無一事」之句，蕭楚材改「恨」為「幸」。公曰：「楚材，吾一字師也。」弟受兄千字萬字之賜，則弟當百世師之，又不止一字之師矣。至於傳中之依附東林，借名竊祿，吾兄恥之，弟亦恥之。趨奉《要典》，指魏忠賢主持編寫之《三朝要典》。媚璫邀榮，吾兄恨之，弟亦恨之。皮裏陽秋，不謀自合，示我高言，真如饑十日而饗以太牢也。

弟向修《明書》，即《石匱書》。張岱初修時並未定名，及明亡，始決意如鄭所南之著《心史》，藏於石匱，以待後人，故名為《石匱書》。止至天啓。以崇禎朝既無《實錄》，又失《起居》，六曹章奏，闖賊之亂，盡化灰燼，草野私書，又非信史，是以遲遲，以待論定。今幸逢谷霖蒼文宗欲作《明史紀事本末》，谷應泰，字賡虞，別號霖蒼，直隸豐潤人。順治十三年，任提督浙東浙西學政僉事。主修《明史紀事本末》，邀張岱同修。張岱至杭，以《石匱書》稿本提供給谷應泰，並撰《本末》中部分篇章。廣收十七年邸報，充棟汗牛。弟於其中簸揚淘汰，聊成本紀，並傳崇禎朝名世諸臣，計有數十餘卷，悉送文几，祈著丹鉛，以終厥役。弟蓋以先帝鼎升之時，鼎升：用黃帝鑄鼎升天來比喻皇帝之死。遂為明亡之日，並不一字載及弘光，弘光：南明福王政權年號，僅一年即亡。更無一言牽連昭代。昭代：本朝，此指清朝。兄可任意較讎，無庸疑慮也。專此奉懇，伏望垂俞。

《乾隆紹興府志》：周懋谷，字戩伯，山陰人。天啓辛酉舉人。常集越中名流為舊雨堂文會，互相砥切。每綜輯政事得失，辨人物賢奸，以及朝廷典故、邊徼機宜，一一討論而記錄之，若指諸掌。

與包嚴介

前承垂顧，弟偶他出，不及倒屣迎兄，殊為懊恨。今承郵致蘭亭屬和諸詩，如金谷園石崇鬬富，晉石崇有別館在河陽之金谷，稱金谷園。崇財產豐積，室宇宏麗。後房百數，皆曳紈繡，珥金翠。絲竹盡當時之選，庖膳窮水陸之珍。與貴戚王愷、羊琇之徒以奢靡相尚，詩財鬬富。事見《晉書》本傳。火浣布衣及僕從，珊瑚樹堆垛階墀，弟如范丹，范丹，字史雲。為東漢末年的廉介之士，為萊蕪令。遭「黨錮」之禍，廢居在家，結廬而居，四壁蕭然，以至絶糧。鄉人作歌曰：「甑中生塵范史雲，釜中生魚范萊蕪。」望之却走矣。後見《畫詩樓》詩，又復奇妙，真得詩畫合一之理。弟獨謂詩中有畫，畫中有詩，因摩詰一身兼此二妙，故連合言之。若以有詩句之畫作畫，畫不能佳；以有畫意之詩為詩，詩必不妙。如李青蓮《靜夜思》詩「舉頭望明月，低頭思故鄉」，有何可畫？王摩詰《山路》詩「藍田白石出，玉川紅葉稀」，尚可入畫；「山路原無雨，空翠濕人衣」，則如何入畫？按，今王維集中不收此詩，僅《王右丞集箋注》本收入「外編」，題為《山中》。又：《詩話總龜》引《詩史》：東坡嘗與人書，言味王摩詰之詩，詩中有畫，觀摩詰之畫，畫中有詩。云：「藍田白石出，玉關紅葉稀。山路元無雨，空翠濕人衣。」此東坡詩，非摩詰也。又《香積寺》詩「泉聲咽危石，日色冷青松」，泉聲、危石、日色、青松，皆可描摩，而「咽」字、「冷」字，則決難畫出。故詩以空靈才為妙詩，可以入畫之詩，尚是眼中金銀屑也。畫如小李將軍，小李將軍：見卷二《快園記》注。樓臺殿閣，界畫寫摩，細入毫髮，自不若元人之畫，點染依稀，煙雲滅沒，反得奇趣。由此觀之，有詩之畫，未免板實，而胸中丘壑，反不若匠心訓手之為不可及矣。

吾兄精於藻鑒，故以此言就正高明，惟祈晉而教之。

與胡季望

金陵閔汶水死後，閔汶水：原刻作「文水」，誤。詳見卷一《茶史序》。茶之一道絕矣。紹興惟魯雲谷略曉其意，魯雲谷：見卷四《魯雲谷傳》。然無力裝載陽和山泉，陽和山泉：即紹興陽和嶺玉帶泉，空靈不及褉泉而清洌過之，特以玉帶名不雅馴，張岱遂更其名為陽和。一因泉在陽和嶺，二則張岱祖墓即在陽和嶺，而其曾祖張元汴號陽和。恒以天泉假充玉帶，則茶香不能盡發。且以做茶日鑄，《會稽志》：日鑄嶺在會稽縣東南五十五里。朝暮常有日，產茶絕奇，故謂之日鑄。宋人有以日鑄茶為江南第一者。全靠本山之人，是猶三家村子，此「村子」指村民。使之治山珍海錯，烹飪燔炙，一無是處，明眼觀之，祇發一粲。

蓋做茶之法，俟風日清美，茶須旋采，抽筋摘葉，急不待時。武火殺青，文火炒熟，急火為武火，慢火為文火。窮日之力，多則半斤，少則四兩，一鍋一小錫罐盛之。煮水嘗試，其香味一樣，則合成一瓶。如一鍋焦臭，則不可攙和，倘雜一片，則全甕敗壞矣。瑞草、雪芽，其托胎具在於此。

吾兄精於茶理，故向兄言之。且吾兄家多建蘭、茉藜，香氣薰蒸，纂入茶瓶，則素瓷靜遞，間發花香。此則吾兄獨擅其美，又非弟輩所能幾及者矣。異日缺月疏桐，竹爐湯沸，弟且攜家製雪芽，與兄茗戰，並驅中原，未知鹿死誰手也。臨楮一笑。

卷之四

傳

家傳

張岱曰：李崆峒之《族譜》，李夢陽，字獻吉，號空同子。慶陽（今屬甘肅）人。弘治七年進士。明代文學流派「前七子」領袖。所著《族譜》收於《空同集》中。鍾伯敬之《家傳》，今存《鍾惺集》中。待崆峒、伯敬而傳者也。此句的意思是，李、鍾二人所寫家傳中的那些人，只能由李、鍾為他們作傳，憑他們的事蹟和地位是不會有別人為他們作傳的。岱之高曾自足以傳，而又有傳之者，無待岱而傳者也。《明史·文苑傳》中有張岱曾祖張元汴傳，其高祖天復附之。岱之大父亦自足以傳，而岱生也晚，及見大父之艾艾，艾艾：此指年老。人過五十稱艾年。以前無聞焉，岱即欲傳之，有不能盡傳之者也。岱之先子，先子：稱自己去世的父親。岱知之真，積之久，岱能傳之，又不勝其傳焉者也。是以岱之傳吾高曾祖考，蓋難於李、難於鍾者也。雖然，其可終無傳哉！終無傳，是岱能傳我有明十五朝之人物，張岱著《石匱書》，不寫崇禎一代，自洪武至天啓，共十五朝。而不能傳吾高曾祖考，則岱真罪人也已。

岱乃泚筆而志曰：傳吾高、曾如救月，去其蝕則闕者可見也；傳吾大父如寫照，寫照：畫肖像。肖其半則全者可見也；傳吾先子如網魚，舉其大則小者可見也。岱不才，無能為吾高曾祖考另開一生面，只求不失其本面、真面、笑啼之半面也已矣。「厲之人夜半生其子，遽取火而視之，汲汲然惟恐其似己也。」見於《莊子·天地》。「厲之人」，面目醜惡之人。岱之高曾祖考幸而不為厲之人，而岱之傳而不能酷肖吾高曾祖考，則夜半取火而視之惟恐其似己，與惟恐其不似己，其心則一也。

高祖諱天復，姓張氏，號內山，生正德癸酉。癸酉：正德八年。太高祖以二伯子既儒，令高祖賈。高祖泣曰：「兒非人，乃賈耶！」壯其語，仍命業儒。及冠，補縣諸生。華亭徐文貞行學，徐文貞：徐階，字子升，號少湖，又號存齋，松江府華亭縣人。嘉靖二年探花及第，授翰林院編修。歷官浙江按察僉事、江西按察副使、主浙閩二省學政、禮部尚書兼文淵閣大學士。卒謚文貞。行學：視察各府學政，同時對諸生員學業也進行考核。得高祖牘，牘：此指考卷。置第一。明年復按越，一夕叩戶急，舉火視之，則文貞也，謂高祖曰：「若往助我。」拉之去。各縣牘出，頗得人。閱山陰，高祖以嫌辭。張天復籍在山陰，徐階令其閱山陰之卷，自然要避嫌了。文貞曰：「以若首，第二以下，若自定之。」是年，遂與伯兄漢陽公讀書天衣寺。先輩蕭靜庵先生精青烏術，青烏術：或作青烏術，即堪輿術。卜兆天衣山，卜兆：勘定陰宅位置。期其門人陳司李者僉主。司李：即司理，掌審訊的推官。司李至，謂穴非是，與蕭師爭論再三，齟齬不入。司李散步寺中，問寺僧：「此地有讀書人否？」僧曰：「有張茂才者讀書於寺。」詢其名，大喜曰：「吾門人也。」亟召見，遂屏人攜高祖至山椒，山椒：山頂。曰：「此地當大貴，蕭師盲耳。若留意！」高祖志之，後竟得為五世祖葬地。

既葬，方嘉靖改元。漢陽公先舉於鄉。高祖舉癸卯，丁未成進士，丁未：嘉靖二十六年。授祠部主事，歷吏、兵二部，視全楚學政，調雲南臬副。臬副：按察副使。沐氏縱恣不法，沐氏：明開國功臣沐英家族。沐英與傅友德、藍玉征平雲南，傅、藍班師，而留沐英鎮守。死於鎮，追封黔寧王。其子孫襲爵，世鎮雲南，直至明亡。高祖佩臬司篆，屢以強項見左。強項：東漢光武帝時，董宣為洛陽令。湖陽公主蒼頭白日殺人，董宣當公主面格殺之。公主哭訴於帝，帝令董宣叩頭謝主，宣不從，強使頓之，宣兩手據地，終不肯俯。光武帝稱之為「強項令」。見左：視為異己。後武定亂，武定亂：武定，本為南詔三十七部之一。元改武定路，置南甸縣。明初武定女土官首先歸附，改為武定軍民府。嘉靖末土官鳳氏作亂，尋平。高祖提兵出討，與元戎會，間道驅巨象四十有二，雜氈衫鐵鎧，出入洞菁猩狖間，俘名酋以十數，斥地二千餘里。惟時功當伯。當以武功封伯。沐氏輂金鉅萬，餌高祖曰：「孰不聞沐氏滇者？功出爾，則無沐矣。盍以金歸公而功歸沐，則兩得。」高祖以輂金相醫，非人臣所宜，嚴詞絕之。沐氏知不可餌，乃輂金至都，賂當事者嚙齕之。嚙齕：誣陷攻擊。

時高祖已遷甘肅道行太僕卿，方抵家，疏入，逮對雲南。文恭掖之走萬里，文恭：張天復之子張元汴，張岱之曾祖。文恭為其諡號。往對簿。滇中當道皆沐氏私人，惟直指稍持公道。直指：明朝好用古官稱，直指本漢朝時的「直指繡衣使者」，此處應指主管一省司法的提刑按察使。滇中傳其丁憂，傳聞按察使有家喪，要解職服喪，如此則張天復就失去雪冤的唯一機會了。報且至，文恭急走，問計於黔撫麟陽趙公。趙公者，高祖戚也，稱文恭曰舅，且曰：「按君報逮馬上，按君：對提刑按察使的尊稱。下文「按院」，即指提刑按察使司衙門。將入境矣。而尊人對簿事，得一月方了，奈何？事在今夕，吾與舅熟思之，遲則不可為矣。」文恭徹夜走庭除，計無所出，則泣。公於暗中出，呼舅曰：「有策乎？」對曰：「無有。」復泣，公亦泣。如是者至再至三。天曙，文恭鬚鬢皤然成頒白矣。公見之大驚，曰：「孝子孝子！吾計已定，若第至滇，速了對簿事。」公囑一胥：胥：胥吏。「至屠香驛伺之，屠香驛：「屠」字應是「奢」字之誤。奢香驛在貴州，為經黔入滇必經之處。有差馬入滇，偵是下檄按院者，拉得之，以鬪毆喊轅門，吾自有說。」胥奉命，果得下檄者，喊轅門。公問之，輒應曰「鬪毆」。公曰：「鬪毆巡撫耶！」發所司，將二人監。後經月取出，訊之，乃曰：「某下按院丁憂檄者。此人拉至，累羈候者月餘矣。」公曰：「若不蚤言！」亟釋之。馳至滇，言此下檄者急馳至雲南。高祖事已得雪，遂歸里。

歸則構別業於鏡湖之址，鏡湖：即鑒湖，在紹興城南。高梧深柳，日與所狎縱飲其中。命一小傒踞樹顛，俟文恭舟至，輒肅衣冠待之；去即開門轟飲叫嚎如故也。辛未，文恭魁大廷，殿試奪魁，即中狀元。張元汴為隆慶五年進士第一。高祖益喜，召客嘯詠豆觴，日淋漓。大醉淋漓。遂病痹，六十二乃卒。

劉安人有遠識。劉安人：張天復之妻，張岱之高祖母。安人為朝廷命婦之封號，六品官之妻封安人。高祖視學湖湘，文恭領鄉薦。領鄉薦：中舉人。安人曰：「可以知足矣。」因諷高祖作歸計。後詿誤雲南，詿誤：官員受事故連累而被羈縶。備諸苦，深悔不用安人之言。及文恭登第，安人愈作憂危，曰：「福過矣，福過矣！」是冬，文恭以星變上疏，星變：天文星象的異變。古代認為是上天對人主過失的預警。觸忌諱，人皆危之，恐駭安人，不以聞。會有族人自外至，驟言之。安人謂王宜人曰：王宜人：張元汴之妻。明代五品官之妻封宜人。「有是乎？」宜人曰：「有之，不敢言耳。」安人笑曰：「兒能效忠，吾何憂！」已而疏中留不報，安人乃雪涕謂文恭曰：「汝父母老矣，奈何出位言，出位言：越出自己的職位而上言。以冒不測耶！」文恭亦垂涕。自是緘口不復言。

玄孫張岱曰：岱家發祥於高祖，而高祖之祥正以不盡發，為後之人發。高祖之所未盡發者，未免褻越太甚。褻越：褻瀆天物，僭越本分。華繁者鮮其實，天地不能常侈常費，而況於人乎！文恭方魁大廷，而劉安人遽憂福盡。嗚呼，高祖母之心，何心哉！

曾祖諱元汴，號陽和。少椎魯，椎魯：頭腦鈍魯。六行書讀竟日，然熟則不復忘。六歲從太僕公葬天衣墓，太僕公：張天復官至甘肅道行太僕卿。葬天衣墓：即前云天衣寺旁之塋地，張天復始葬其父於此。黑氣出壙中，瞇瞞山谷，瞇瞞：彌漫。匠石急舁土覆之。曾祖曰：「此殺氣也，縱之使出。」太僕公從其言，頃之，黑氣盡而青氣繼之，遂掩壙。

年十七，太僕官儀部。儀部：明初，禮部下設四屬部，即儀部，祠部，膳部，主客部。旋改諸屬部為司，而儀部為儀制清吏司。楊椒山棄西市，嘉靖三十二年，兵部員外郎楊繼盛劾權相嚴嵩十大罪，被杖下獄。三十四年被殺害。繼盛字仲芳，號椒山。曾祖設位於署，為文哭之，悲愴憤鯁，聞者吐舌。

戊午歸娶，戊午：嘉靖三十七年。遂舉於鄉。是冬，走湖湘，省太僕公，遂止不會試。次年歸，築室龍山，遂邀太外祖朱金庭先生、少宗伯羅康洲先生讀書其中，朱金庭：朱賡，字少欽，浙江山陰人。隆慶二年進士，改庶吉士，授編修。萬曆三十年入閣，官至吏部尚書、文華殿大學士。卒，謚文懿。羅康洲：即羅萬化，隆慶二年狀元及第。官至禮部尚書。而此言為「少宗伯」（禮部侍郎），當是「大宗伯」之誤。十年不輟。戊辰，同上春官，獨曾祖不第。而太僕公又以武定功為忌者所中，有詔逮訊於滇。曾祖自都中馳歸，身掖太僕公至滇對簿，幸而得雪。又慮有中變，囑所親護太僕公歸，而自以單騎並日馳京師，白當道，始得俞旨。旨下，則又以單騎馳歸，慰太僕公於家。

一歲而旋繞南北者三，以里計者三萬。年三十而髮種種白，辛未臚唱，辛未：隆慶五年。臚唱：殿試後，皇帝召見，按次第唱名傳呼上殿。中官見曰：「今日那得此老狀元！」蓋嫌其髮白也。

曾祖舉禮闈，禮闈：禮部試，即會試。實出康洲先生門。填榜發覆，填榜時揭曉中試名單。康洲見曾祖名，乃大笑曰：「此余結髮老友，今屈作門生，是大可笑事。」放榜後，曾祖投門生刺，往見康洲。康洲曰：「二十年好友以一日棄之，可乎？」因謝之。謝之：拒絕接受門生拜帖。曾祖睇目熟視康洲，乃歎曰：「誠哉言也。雖然，非羅康洲不肯，非我張陽和不敢。」遂坐上座。《明儒學案·發凡·師說》中述及此事，與張岱頗有異同：「文恭與同鄉羅文懿為筆硯友，其後文懿為會試舉主，文恭自追友誼如昔，亦不署門生，文懿每憾之，文恭不顧。廷對係高中玄，讀卷後相見，亦不署門生，其矯矯自立如此。」

明年，星變上疏，言切直。既上，以揭帖詣座師張江陵。江陵不出見，第遣謂曰：「如此門生，十五年即望代我，何見小如此！」這句是說：這樣的門生，十年五年之後就有可能取代我的位置，為何如此短見！這是對張元汴上疏的強烈不滿。天象有變，古代認為責在大臣，元汴雖然談星象之變，但也間接地指責了張居正。張居正認為元汴本來前途遠大，但不懂得官場規矩。又曰：「既如此，我亦不為渠地。」不為渠地：不為他留方便之地。曾祖曰：「待為地，當不上疏矣。」竟出。語傳入，江陵曰：「是子病狂矣。」疏入不報。曾祖乃請告歸，告歸：請假歸鄉。遂遇太僕之變。太僕之變：指太僕公去世，張元汴遵禮要丁憂三年，不能出仕。

里居四年，私刺不入公門，不以名刺投遞官府，即不與當地官員結交。遇鄉里有不平事，輒侃侃言之不少避。徐文長以殺後妻下獄，曾祖百計出之，在文長有不能知之者。一日文長在座，丐一小傒，曾祖不答。戊寅北上，戊寅：萬曆六年。屬大父曰：「天池喜此僮，天池：徐渭號天池。我去，汝往送之，勿告以我意可也。」至京，江陵驕恣日甚。曾祖歲時旅進，歲時旅進：逢年過節時隨着眾官一起拜見。一揖而已，更不私謁。私謁：私下單獨拜謁。嘗語人曰：「某，門人也，皂囊白簡，皂囊，黑綢口袋。漢制，群臣上章奏，如事涉秘密，則以皂囊封之，相當於密奏。白簡，彈劾官員的奏章。袁于令《西樓記・檢課》：「官受京畿道御史，皂囊獻替，白簡繩糾。」以讓他人。乃若喪請留，病請禱，某總死不為也。」我作為張居正的門生，像上密奏彈劾他的事，就只能讓別人做了。但張居正本該丁憂，却上書請留，張居正有了病，便禱告上天，（這種噁心事）我就是死也不能做的。「總」字，《明儒言行錄》作「即」。

壬午，壬午：萬曆十年。以皇嗣誕生，齎詔告楚中六王。事竣，省太安人於越。太安人病，上疏請告。太安人曰：「汝吉行，不可以病請。」以吉事出差，不能以病事請假。強之行，不百里忽心動，馳歸，五日而太安人逝矣。

居廬，居廬守墓。代指在家守制。修《紹興府志》及《會稽縣志》。《山陰志》則向出太僕公手。三志並出，人稱談、遷父子。司馬談、司馬遷父子相繼為太史公。此處是說張氏父子和司馬遷父子一樣都是史學家。

丁亥復職，丁亥：萬曆十五年。升左諭德，左諭德：太子左、右諭德，官名，掌侍從贊諭，職比常侍。侍經筵。經筵即為帝王所設講說經史的講席，侍經筵即充教官。先是以覃恩上疏，覃恩：皇帝施恩於臣下，此指對大臣的父祖予以封贈和某種恩典。乞復父官，詔予冠帶。降詔不復官職，僅恢復仕籍。至是，復申前請，詔格不許。曾祖乃伏地哭曰：「痛哉，吾不能以至誠動天，昭雪父冤，何以見吾父地下乎？」於邑不已，於邑：鬱抑苦悶。遂成臌疾。戊子三月增劇，戊子：萬曆十六年。竟不起。臨革，臨革：即病革，病勢危急。一語不及私，伏枕呼「陛下」者再，曰：「朝臣亦多有人。」一目瞑，門人曾鳳儀呼曰：「師平日功夫，正在此際用。」復張目拱謝之，乃瞑。

曾祖家居嗃嗃，嗃嗃：嚴厲貌。待二子、二子婦及二異母弟、二弟媳動輒以禮。黎明擊鐵板三下，家人集堂肅拜。大母輩頮盥不及，大母：祖母。頮盥：洗臉洗手。則夜纏頭護髩，勿使鬖髿。鬖髿：頭髮下垂貌。家人勞苦，見鐵板則指曰：「此鐵心肝焉。」曾祖誕日，大母輩衣文繡，稍飾珠玉，曾祖見，大怒，褫衣及珠玉，焚之階前，更布素，乃許進見。平居無事，夜必呼二子燃炷香靜坐，夜分始寢。王宜人，六湖王公女也，天性儉約，不事華靡，日惟結線網巾一二頂，易錢數十文，輒用自喜。傒奴持出市，人輒曰：「此狀元夫人所結也。」爭售之。

曾孫張岱曰：吾文恭一生以忠孝為事，其視大魁、殿撰為吾忠孝所由出，大魁：狀元及第。殿撰：即翰林修撰。則大魁、殿撰是吾地步，地步：位置，可用以做事業的地位。非福德也。其視為福德者，則為享福之人，其不視為福德而視為地步者，則仍為養福之人也。不然，而飲食宮室之奉，文恭何求不得，而種種之不如後人，何也？

祖諱汝霖，號雨若。幼好古學，博覽群書。髫時以文恭命，髫時：髫，兒童時留髮，髮下垂。髫時即童時。入獄視徐文長先生，見囊盛所着械懸壁，戲曰：「此先生無弦琴耶？」無弦琴：《宋書·陶潛傳》：潛不解音聲，而畜素琴一張，無弦，每有酒適，輒撫弄以寄其意。文長摩大父頂曰：「齒牙何利！」案頭有《闕編序》，《闕編序》：徐文長著有《闕編》，今僅存《闕編序》於《徐文長逸稿》中。用「怯里赤馬」。大父曰：「徐先生！『怯里馬赤』，那得誤『怯里赤馬』。」今《闕編序》文作「吾夫子，天之怯里馬赤也。」怯里馬赤，蒙古語譯者之意。徐文長所述見於葉子奇《草木子》：昔世祖嘗問：「孔子何如人？」或應之曰：「是天的怯里馬赤。」世祖深善之。文長咋指曰：「幾為後生窺破。」少不肯臨池學書，字醜拙，試有司輒不利，遂輸粟入太學。淹蹇二十年，淹蹇：坎坷不進。益勵精古學，不肯稍襲占畢，占畢：本意為吟誦，此指書本的原字句。以冀詭遇。文恭捐館，捐館：捐棄館舍，即去世。家難漸至，縣官修舊隙，魚肉人。修舊隙：追算老賬，報復以往的仇隙。魚肉人，把張家視同魚肉。大父讀書龍光樓，輟其梯，軸轤傳食。軸轤傳食：用吊籃傳遞食物。不下樓者三年。田產居積，多為人豪奪，不敢阻，直聽之而已。

江西鄧文潔公至越，鄧文潔公：鄧以贊，字汝德，江西新建人。與張元忭同為王守仁弟子。隆慶五年，以贊舉會試第一，廷試第三，授編修，而元忭以廷試第一，授修撰。吊文恭，文恭墓木已拱，攀條泫然，悲咽而去。大父送之郵亭，文潔對大父邑邑不樂。蓋文潔中忌者言，中忌者言：聽信忌者之讒言。言大父近開酒肆，不事文墨久矣，故見大父輒欷歔。是日將別，顧大父曰：「汝則已矣，還教子讀書，以期不墜先業。」大父泣曰：「侄命蹇，特耕而不獲耳，穮蔉尚不敢不勤。」穮蔉，耕耘和培育。用耕種比喻讀書，雖然我讀書而未能取得功名，但一直尚不敢廢棄讀書寫作。文潔曰：「有是乎？吾且面試子。」乃拈「六十而耳順」題。大父走筆成，文不加點。文潔驚喜，擊節曰：「子文當名世，何止科名！陽和子其不死矣。」陽和子：張元忭之號。

是年當入試，方束裝，而王宜人又逝。王宜人：張汝霖之母。襄事畢，仍上龍光樓，輟梯傳食者又三年。甲午正月朔，甲午：萬曆二十二年。即入南都，讀書鶴鳴山，晝夜不輟。病目眚，下幃靜坐者三月。友人以經書題相商，入耳，文立就。後有言及者，輒塞耳不敢聽。入闈，日未午即完牘。牘落一老教諭房。教諭：

縣學的教官。其所取牘，所取牘：所看中的考卷。上大主考九我李公，九我李公：李廷機，字爾張，號九我。晉江人。貢入太學，順天鄉試第一。萬曆十一年，會試復第一，以進士第二授編修。累遷祭酒。官至禮部尚書兼東閣大學士，入參機務。詈不佳，令再上。上之不佳，又上，至四至五，房牘且盡矣，教諭忿恚而泣。公簡其牘，少七卷，問教諭。教諭曰：「七卷大不通，留作笑資耳。」公曰：「亟取若笑資來！」公一見，撫掌稱大妙。洗卷更置丹鉛，《易經》以大父擬元，龔三益次之，其餘悉置高等。填榜，南例無胄子元者，胄子，貴胄之子。南闈之例，沒有以官宦子弟為第一名者。遂首龔，抑置第六。公後語人曰：「不以張肅之作元，此瞞心昧己事也。」揭榜後，大父往謁房師，房師闔門拒之曰：「子非我門人也，無溷我。」此房師即那位昏教諭。

乙未，萬曆二十三年。成進士，授清江令，調廣昌。清江屬江西臨江府。廣昌屬江西建昌府。僚寀多名下士。僚寀：同僚。名下士：盛名之士。貞父黃先生善謔弄，易大父為紈袴子。易：輕視，低估。巡方下疑獄，令五縣會鞫之。五縣：建昌府下屬五縣，即南城、南豐、新城、廣昌、瀘溪。貞父語同寅曰：同寅：同僚，五縣令對府來說是一府同僚。「爰書例應屬我，爰書：對案件的判決書。黃汝亨為首縣，即府治所在縣的縣令，例應由他起草爰書。我勿受，諸君亦勿受，吾將以困張廣昌。」大父知其意，勿固辭，走筆數千言，皆引經據典，斷案如老吏。貞父歙然張口，稱「奇才！奇才！」遂與大父定交，稱莫逆。滿六載，考卓異第一，擬銓部。銓部：擬議安排到吏部任職。吏部職在銓選官吏，又稱銓部。朱文懿公以石門舅祖方在文選，朱文懿公：張汝霖的岳父朱賡。山陰人。時任東閣大學士參機務。石門舅祖：朱敬循，朱賡之子，在張岱應稱舅祖。文選：文選司。吏部下有文選、驗封、稽勳、考功四司。據《明史》，朱敬循似在稽勳司。力辭之，為避郎舅同部之嫌。授兵部武選司主事。部屬司內官員為郎中、員外郎、主事。

丙午，萬曆三十四年。副山東。為山東鄉試副主考。大父感李文節以落卷見收，李廷機卒諡文節。至闈中，顓以搜落卷為事。於落卷中得李延賞者，文古崛，每篇字不滿三百，多不作結語，排眾議中之。解卷，部訐，落職歸。

數年間，頗畜聲妓，磊塊之餘，輒以絲竹陶寫。辛亥，萬曆三十九年。朱恭人亡後，乃盡遣姬侍，獨居天鏡園，擁書萬卷，日事紬繹。暇則開山九里，開山九里：即開九里山。每日策杖於猿崖鳥道間。作《遊山檄》，遍遊五泄、洞巖、天台、雁宕、玉甑諸峰，詩文日進。

甲寅，萬曆四十二年。當事者以南刑部起大父，南刑部：南京刑部。南京為留都，設六部。與貞父先生復同官白下。白下舊地在今江蘇省南京市西北。唐時移金陵縣於此，改名白下縣。後即以白下為南京別名。拉同志十餘人為讀史社，文章意氣，名動一時。丁巳，萬曆四十五年。貞父視學江右，大父視學黔。黔固鬼方，鬼方：《易・既濟》：「高宗伐鬼方，三年克之。」是為上古時期西北種族。後來則泛指遠離中原的少數民族地區。而所得士瑰異多軼才。有楊文驄者，楊文驄，字龍友，即傳奇《桃花扇》中的楊龍友。歷史上的楊龍友為南明唐王兵部侍郎，抗清時父子被俘，不屈死，全家三十餘口俱殉難。冠郡庠，而經義失旨，撲之十日，屬教官日理經三卦，完則押至所按地方送背。是科文驄遂魁黔榜。入彀者三十五人，入彀：五代王定保《唐摭言》：唐太宗見新進士綴行而出，喜曰：「天下英雄入吾彀中矣！」彀中，指弓箭射程之內。後因以「入彀」比喻人才入其掌握，被籠絡網羅。無不冠軍。而第二人梅豸者，梅豸：萬曆戊午（四十六年）舉人。令完縣，多所建樹，以力幹聞。則初試受扑，受扑：扑責，挨板子。而大收則又冠軍者也。黔中謂三百年來無此提學。十月主武闈，策中獨問奢、藺二酋，謂其變在旦夕，其為防禦計甚悉。不逾年，變起重慶，而大父之言如左券。如左券：如執左券。古代契約分為左右兩片，左片稱左券，由債權人收執，最為依據。川督張鳳皋先生重大父才，凡帷幄事悉與參酌之。尋晉廣西參議，瑤、僮亂，大父提兵往討。有苗人龍阿者歸部下，大父請於制臺，授指揮銜，自粵至黔，千有餘里，悉底定。龍阿練曠卒五千，曰「張家」，所向無敵。天啓辛酉，天啓元年。大父以病歸，龍阿擕兵送，盡黔界，慟哭而去。歸即築砎園於龍山之趾，砎園：《陶庵夢憶》有《砎園》一篇，可參看。嘯詠其中。

壬戌，天啓二年。起湖西道。過清江，父老擕婦子，出酒肴茶核，走輿前跪送，曰：「我恩主父母也。」追隨數十里，歡呼不絕。癸亥還山。癸亥：天啓三年。明年，又轉副閩臬。大父意不欲出，勉強之福寧，繳憑即歸。乙丑三月，乙丑：天啓五年。病瘝鬝，不起。不起：病故的諱語。

朱恭人者，朱文懿公女也。文懿公與文恭讀書龍山，嘉靖丙辰七月七日，丙辰：嘉靖三十五年。與文恭指腹為姻婭。所割襟，雙方割襟付對方以為憑證。岱猶及見之，其色灰蠡，蓋重澼白布也。甲辰，萬曆三十二年。文懿公當國，子孫多驕恣不法。文懿公封夏楚，封夏楚：夏楚，泛指進行體罰用棍棒，未必即用榣（夏）及荆（楚）也。文懿封署夏楚，即相當於授權施罰。貽書大父，開紀綱某某，紀綱：用事的幹僕。屬大父「懲之猶我」。大父令臧獲捧夏楚，立至朱氏，摘其豪且横者，痛決而逐之，不稍縱。其子孫至今猶以為恨。

長孫張岱曰：我張氏自文恭以儉樸世其家，而後來宮室器具之美，實開自舅祖朱石門先生，張岱《陶庵夢憶》卷六有《朱氏收藏》一文，對朱氏用收藏古玩字畫以圖攫取金銀田地之惡頗有微詞。吾父叔輩效而尤之，遂不可底止。

大父自中年喪偶，盡遣姬侍，郊居者十年，詩文人品，卓然有以自立，惜後又有以奪之也。倘能持此不變，而澹然進步，則吾大父之詩文人品，其可量乎哉！

先子諱耀芳，字爾弢，號大滌。少極靈敏，九歲即通人道。通人道：早熟，知男女之事。病瘵幾死，日服參藥，大父母夾持之同宿。至十六而方就外傅。就外傅：隨從家外的老師讀書。時文恭與郡守蕭公講學於陽明祠，陽明祠：紹興有王陽明祠堂。先子善歌詩，聲出金石，太守厚賫之。十四補邑弟子，補邑弟子：補縣學的弟子員，即中秀才。遂精舉子業。大父教之，惟讀古書，不看時藝。先子獨沉埋於帖括中者四十餘年，雙瞳既眊，猶以西洋鏡掛鼻端，西洋鏡：即眼鏡。漆漆作蠅頭小楷，蓋亦樂此不為疲也。

先大父世產僅足供饘粥，饘粥：稀粥。通籍令清江，通籍：名字登於朝廷簿籍，就相當於正式做官了。疲敝蕭條，鬻產佐費。先子家故貧薄，又不事生計，薪水諸務，一委之先宜人。先宜人：張岱之母。宜人辛苦拮据，居積二十餘年，家業稍裕。後以先子屢困場屋，抑鬱牢騷，遂病翻胃。先宜人憂之，謂岱曰：「爾父馮唐易老，唐王勃《滕王閣序》：「時運不齊，命途多舛，馮唐易老，李廣難封。」西漢馮唐身歷三朝，及舉賢良，年已九十餘，不能再做官了。河清難俟，或使其適意園亭，陶情絲竹，庶可以解其岑寂。」庚辰以來，庚辰為萬曆八年，張耀芳年方幼，有誤。疑當作丙辰，即萬曆四十四年。遂興土木，造船樓一二，教習小傒，鼓吹劇戲，一切繁靡之事，聽先子任意為之。宜人不辭勞苦，力足以給。故終宜人之世，先子裒然稱富人也。泰昌改元，泰昌改元：泰昌僅一年。先宜人厭世，厭世：去世。而先子又遘奇疾，參見卷一《陶庵肘後方序》。凡事㛹㑥，㛹㑥：馬虎，不經心。不出三年，家日落矣。日落：日益敗落。

天啓辛酉，辛酉：天啓元年。復就試南雍，南雍：南京國子監學。幾得復失。甲子、丁卯，闈牘佳甚，而又不售，是年五十有三矣。諸叔父勸駕，乃以副榜貢謁選，鄉試取士，除正榜外另取若干名，為副榜。作貢生，則稱為副貢或副榜貢。謁選，就是參加選官。授魯藩長史司右長史。魯藩：明洪武三年，朱元璋封其子朱檀（時方生兩月）為魯王，次年建魯王府於滋陽（即兗州）。張耀芳到任時，正魯憲王朱壽鋐在位（萬曆二十八年至崇禎九年）。右長史：王國長史為正五品，掌理王府事。

魯憲王好神仙，魯憲王，原作魯獻王，據《明史》改正。先子精引導，引導：導氣引體，以求強身，甚者以求長生之術。君臣道合，召對宣室，必夜分始出。《史記・賈誼傳》：漢文帝接見賈誼於宣室。「上因感鬼神事，而問鬼神之本。賈生因具道所以然之狀。至夜半，文帝前席。」宣室，天子所居宮室。李商隱有《賈生》詩譏此事：「宣室求賢訪逐臣，賈生才調更無倫。可憐夜半虛前席，不問蒼生問鬼神。」自世子、郡王以至諸大夫、國人，俱向長史庭執經問業，郡王：王之嗣子稱世子，其他諸子稱郡王。執經問業：手執經書以問所業，是為弟子禮。户屨常滿。古人入室，脫鞋留於户外。户外屨滿，是拜訪請教者人多。是年，山東妖賊猖獗，圍兗州城三匝，先子任城守，出奇退賊。時當道撫軍宏所沈公、監軍半舫劉公，巡道盤初蔣公，皆敬禮先子，稱莫逆。一日，在半舫座中，半舫善署書，滕李宰請額，滕李宰：滕縣李縣令。半舫曰：「苦無佳語。」先子曰：「薛歸於滕。今李宰晉秩郡司馬，宜書『薛大夫』。」滕、薛在春秋時都是魯國南面的小國，都邑相距不足百里。在明代，山東滕縣即舊滕國地，而薛國地則並於滕縣內。所以這裏說「薛歸於滕」。署匾講究的是用典，而最好的則是能見於經書。《論語・憲問》中有「不可以為滕、薛大夫」之句，割其末「薛大夫」三字以稱滕縣令，確實是既準確又典雅了。一座叫絶。先子起，亦請署額。半舫曰：「能工確如前語，即為公署之。」先子曰：「『季孟之間』，非魯右史而何？」《論語・微子》：齊景公待孔子曰：「若季氏則吾不能，以季、孟之間待之。」半舫復大噱稱賞。

嘉祥令趙二儀物故，欠庫銀千八百兩無抵。沈宏所強先子署篆。署篆：代理職任。啓王，得俞旨。先子至邑，見趙令妻子羈廣柳車中，廣柳車，運棺木的大車。此車現載着趙令的棺柩，而趙令妻子無處可居，又不准回鄉，只能羈留於車中。淒其可憫，乃出己橐為代償，而復以百金為麥舟之贈。麥舟之贈：助喪之贈。北宋范仲淹遣子堯夫於姑蘇取麥五百斛。堯夫時尚少，既還，舟次丹陽，見石曼卿家有三喪未舉，堯夫遂以所載舟付之。嘉祥人德之，為立張國相捐金之碑。

嘉祥獄中死囚只七案，先子悉為平反之：殺人者曰義士，盜曰俠客，報仇者曰孝子。讞上，司道笑之，為減二人死。先子猶申請再三。或勸已之，先子曰：「地獄不空，誓不成佛。」解事歸，益究心沖舉之術，與人言多荒誕不經，人多笑之。

先宜人去世，先子內妾周氏席捲資斧，資斧：在外旅居的資產。恐以宦況歸遺諸子，宦況：此指做官的所得。乃勸先子置產兗州，請必無歸，以罄其橐。辛未罷職，辛未：崇禎四年。先子欲一省先人墳墓，紿周氏曰：「吾家尚有剩產，當為子拔宅再來。」九月抵家，日促先子行。而先子見子婦孝敬，心安之，然又不肯傷周氏意，猶日日戒束裝不置口。先子喜詼諧，對子侄不廢謔笑。一日，周氏病，先子憂其死。岱曰：「不死。」先子曰：「爾何以知其不死也？」岱曰：「天生伯嚭，以亡吳國；吳國未亡，伯嚭不死。」楚誅伯州犁，其孫伯嚭亡奔吳，吳以為大夫。曾與伍子胥從吳王闔閭伐楚。夫差即位，以伯嚭為太宰。吳既敗越，伯嚭受越賄，許越王委國為臣。又讒殺伍子胥，終使越滅吳。《越絶書》：子貢與夫子坐，告夫子曰：「太宰死。」夫子曰：「不死也。」如是者再。子貢再拜而問：「何以知之？」夫子曰：「天生宰嚭者，欲以亡吳。吳今未亡，宰何病乎？」後來人，言不死。先子口詈岱，徐思之，亦不覺失笑。

壬申十二月，壬申：崇禎五年。先子強健如常，忽言「二十七日吾將去」。三日前遍辭親友，果於是日午時無疾而逝。先子善飯，是日早膳，猶兼數人之餐。蓋先子身軀偉岸，似舅祖朱石門公而稍矮。壯年與朱樵風表叔較食量，每人食肥子鵝一隻，重十斤，而先子又以鵝汁淘麵，連啜十餘碗，表叔捧腹而遁。

陶宜人生於會稽陶氏。外大父蘭風府君，外大父：外祖父。為清白吏子孫。宜人以荊布遣嫁，以荊布遣嫁：荊釵布裙，比喻嫁衣寒儉，嫁奩肯定也不會豐盛了。未嘗以纖芥私厚，未嘗以一絲一毫的錢財資助娘家。失歡大母。後以拮据成家，外氏食貧，外氏：外家，張岱母家，即陶蘭風家。以明不負先子所託。大母朱恭人性卞急，待宜人嚴厲。克盡婦道，益加恭慎。辛亥，萬曆三十九年。先子客鄞，鄞：鄞縣，即今浙江寧波。大母卒於三叔之僦居，僦居：租借的房子。湫隘不能成禮。大父欲遷祖居，以俗忌旅櫬不宜入宅，旅櫬不宜入宅：人死於外，則棺木不能運回家宅之中，只能直接入葬地，否則將給家人帶來凶禍。遲疑不決。宜人力請歸宗，歸宗：此指靈柩歸於舊宅。以凶煞自認。自己承擔凶禍。陶宜人是長子之婦，依迷信之說，要首當凶災。大父喜曰：「女中曾、閔也。」曾、閔：曾參、閔子騫，是孔子弟子中最孝者。也都是「二十四孝」中的人物。後屢遭禍祟，終不自悔。

長子張岱曰：先子少年不事生計，而晚好神仙。宜人以戮力成家，而妾媵、子女、臧獲，輒三分之。張岱之母去世之前，把財產分成三份，妾媵、子女、臧獲各得其一。先子暮年身無長物，則是先子如邯鄲夢醒，繁華富麗，過眼皆空。先宜人之所以點化先子者，既奇且幻矣。點化，指點而使其醒悟。岱母把財產分淨，留給自己的不多，去世之後，岱父身無長物，這才如邯鄲夢醒。不肖岱妄意先子之得證仙階，或亦宜人之助也。

附傳

張岱曰：家傳之有附，何也？附吾仲叔葆生、三叔爾含、七叔爾蘊也。仲叔死七年，三叔死十年，七叔死三十六年，尚未有傳，則是終無傳也已。死了多年而尚未有傳，那就不會再有人給他們寫傳了。人之死而寂寂終無傳者有之矣，惜乎吾三叔者皆可傳之人也。三叔者，有瑜有瑕，言其瑜則未必傳，言其瑕則的的乎其可傳也。解大紳曰：解縉，字大紳。洪武二十一年舉進士。成祖入京師，擢侍讀。直文淵閣，預機務。引拔士類，持身正直。後得罪下獄死。「寧為有瑕玉，勿作無瑕石。」然則瑕也者，正其所以為玉也，吾敢掩其瑕以失吾三叔之玉乎哉！

仲叔諱聯芳，字爾葆，以字行，號二酉。生而頭仄向左，文恭公憂之，乃以大秤錘懸髻上，墜其右。坐鄉塾，命小傒持香伺左，稍偏則淬其額。行之半年，不復仄。仲叔少先子一歲，兄弟依倚。文恭公以假滿入都，仲叔方四齡，文恭公鍾愛先子，攜之北上。仲叔失侶，悲泣不食者數日。時劉太安人在堂，遣急足追返。迨先子歸，而仲叔始食。嗣是同起居食息、風雨晦明者，四十年如一日。

先子專攻帖括家言，仲叔喜習古文辭，旁攻畫藝。少為渭陽石門先生所喜，渭陽石門先生：渭陽，舅父代稱。朱敬循，字叔理，號石門。萬曆二十年進士，官禮部郎中，改吏部稽勳。其父朱賡，官東閣大學士。多閱古畫。年十六七，便能寫生，稱能品。後遂馳騁諸大家，與沈石田、沈周，字啓南，號石田。姑蘇人。博學有奇思，為詩清新，字亦古拙。畫學黄大癡法。文衡山、文徵明，名璧，後以字行，號衡山。長洲人。官翰林待詔。山水出沈石田之右，兼總諸家之長。小楷、行草深得智永筆法，大書仿黄庭堅。二子文彭、文嘉亦善書畫。陸包山、陸治，字叔平，號包山。吴人。善畫青綠山水。董玄宰、董玄宰：董其昌，字玄宰。華亭人。官至禮部尚書。精山水，為一代宗師。李長蘅、據《石匱書後集·妙藝列傳》，李流芳，字長蘅，嘉定人。關虛白據《石匱書後集·妙藝列傳》，關思，字九思，號虛白，吴郡人。畫得荆、關、董、巨之法，而尤以大幅雪景見奇。相伯仲。仲叔復精賞鑒，與石門先生競收藏，交遊遂遍天下。癸卯落第，癸卯：萬曆三十一年。至淮安，有賈客以鐵藜天然几貨者，淮撫李修吾以百金相值，李修吾：李三才，字修吾。萬曆二年進士，十七年以右僉都御史總督漕運，巡撫淮陽。《明史》載其與宦官鬬爭，上疏明神宗要求「罷除天下礦税」。又結交東林黨，顧憲成極力支持他入閣。但張岱對他的評價是「奸險兇暴」。事實是，李三才利用漕運大斂錢財，其家産多達四百七十萬兩白銀，相當於天啓年間朝廷一年的財政收入。此人借助東林勢力而與宦官（實即皇帝）爭利，不可不謂之「奸險」，而為一件傢俱竟至發兵追躡，也夠得上兇暴了。仲叔以二百金得之，放舟亟行。李修吾飛騎追躡，見朱文懿勘合，勘合：驗對符契。張爾葆用的是外祖父朱相國的關防。不敢問而返。自是收藏日富，大江以南，王新建、新建伯王承勳，王守仁之孫。朱石門、項墨林、項元汴，字子京，號墨林。明末嘉興人。收藏極富，鑒賞極精。周銘仲，與仲叔而五焉。丙午，造精舍於龍山之麓，鼎彝玩好，充牣其中，倪迂之雲林秘閣不是過矣。倪瓚，字元鎮，號雲林。元代大畫家，與黄公望、吴鎮、王蒙並稱「元四家」。書室名清閟閣。著有《清閟閣集》。

戊午拆卷，戊午：萬曆四十六年。填名三十五，而本房以次經稍注註誤。大主考慎之，特問監臨王墨池先生，且曰：「山陰與京兆同里，山陰與京兆：王氏為山陰大族，此處隱指王墨池。漢張敞曾為京兆尹，此以京兆隱張氏。若是名士，不妨中之。」墨池不答，遂易以他卷。及榜定，墨池始歎曰：「此天下名士，不佞受業弟子也，頃避嫌，不敢對耳。」劉宗周與祁彪佳書云：「昔王墨池負一時清標，及佐銓衡，舉動頗失物望。」主師大懊惜之。丁卯，天啓七年。小草一出，《世說新語·排調》：謝安始有東山之志，後就任桓溫司馬。於時人有餉桓公藥草，中有遠志。公取以問謝：「此藥又名小草，何一物而有二稱？」謝未即答。時郝隆在坐，應聲答曰：「此甚易解，處則為遠志，出則為小草。」出為出仕，處為隱居。此處是郝隆隱刺謝安不能終東山之志。但後來即用「小草一出」來代指出仕。遂倅太平。倅太平：擔任安徽太平府的二尹。次年，調蘇州府。倅之有調繁，調繁：調至政務繁劇之處。自仲叔始。辛未大計中，辛未：崇禎四年。大計：官吏三年一考績，稱大計。忌者以「不及」鐫級。不及：能力不逮其職。此為「考語」。鐫級：降級。司道曰：「張倅而不及，誰有餘者？」乃謂仲叔曰：「人言爾不及，爾只行有餘事。」遂以鐫級官委解白粲，委解白粲：委任他解送白米。到京補河南臬幕，署篆陳州。陳州：今河南淮陽。時賊逼宛水，刀戟如麻。仲叔登陴死守，陴：城上女牆，此即指城牆。日宿于戍樓，夜尚燒燭為友人畫重巒叠障，筆墨安詳，意氣生動。識者服其膽略。

次年，升孟津縣令，謫官之得轉正印，亦自仲叔始。孟津有城無濠。仲叔至，為掘濠，不日而就。邑人王鐸為作《靈濠碑記》。王鐸，字覺斯，河南孟津人。天啓二年進士。官至南京禮部尚書。明亡後，任弘光政權東閣大學士。降清，仍官禮部尚書。博學好古，工詩文。書法大家，與董其昌齊名。畫宗荊、關。滿六載，升揚州司馬，分署淮安，揚州司馬，即揚州同知。而分署駐於淮安。督理船政。史道鄰廉仲叔才，史可法，字道鄰。當時總督漕運。廉：審查清楚。漕事緩急，一以委之，無不立辦。癸未，流賊破河南，癸未：崇禎十六年。流賊：指李自成軍。淮安告警。仲叔練鄉兵，守清江浦，清江浦：即江蘇淮安。以積勞致疾，遂不起。

仲叔一子萼，任誕不羈，不事生業，仲叔計數萬輒盡，此指張爾葆在紹興的家業數萬。宦橐又數萬亦輒盡。

宦橐：此指張爾葆在淮安的官場所得。仲叔好古玩，其所遺尊罍卣彝、名畫法錦以千萬計，不數日亦輒盡。仲叔姬侍盈前，岱曾勸叔父出之。姬侍曰：「奴何出？作張氏鬼耳。」意謂至死不嫁，死也要做張家的鬼。仲叔喜，亟呼岱聽之。姬侍對如前。岱曰：「幸甚！」甲申，岱同萼弟奔喪，姬侍林立，請曰：「得蚤適人，相公造福。」岱笑曰：「張氏鬼奚適耶？」姬侍曰：「對老爺言耳。年少不得即鬼，即鬼亦不張氏侍矣。」萼弟笑而遣之，亦輒盡。

猶子張岱曰：以吾叔父之相貌才略，術數權謀，可作戎政司馬，戎政司馬：此指兵部長官。其功名斷不在張銅梁、吳寰洲之下。張佳胤，字肖甫，銅梁人。嘉靖二十九年進士。有智謀，敢決斷，歷官陝西、宣大巡撫，拜戎政尚書，尋兼右副都御史，總督薊、遼、保定軍務。吳寰洲：吳兌，字君澤，號寰洲。紹興山陰人。嘉靖三十八年進士。萬曆間先後總督宣大、薊遼，進太子少保，召拜兵部尚書。惜乎其宮室器具之奉，實埒王侯，岱所謂褻越之太甚者，褻越：褻慢僭越禮數，侈靡無度。正謂此也。仲叔嗜古，即一隃麋不肯輕棄，隃麋，本地名，在今陝西，因以產墨著稱，後世因借指墨。而銅雀諸妓可謂朝夕西陵，朝夕西陵：曹操造銅雀臺，臨終時吩咐諸妾：「汝等時時登銅雀臺，朝夕望吾西陵墓田。」乃不移時而散如泡幻。則是貨利嗜欲之中，無吾駐足之地，何必終日勞勞、持籌握算也？

三叔諱炳芳，號三峨。幼時佻㑥，佻㑥：即佻達，輕薄放蕩。與群兒嬉，見文恭公，文恭為張炳芳之祖父。一跳而去，走匿諸母房，不能即得也。文恭公惡之，乃以薄瓦磨礱，裁如履趾，綴之屨下，見文恭一跳，其瓦底碎，即縛而笞之。少有機穎，與人交，輒洞肺腑，洞肺腑：看穿對方心思。談言微中，無不傾心向之。雲間何士抑、金斗許芳谷官於越，雲間：松江的古稱，今屬上海。金斗：安徽合肥的古稱。三叔居幕下，不諮詢，不敢理郡事。三叔以諸生遂創大廈，土木精工，費且鉅萬，皆赤手立辦之，不為苦。天啓丁卯，天啓七年。不攜寸鏹走京師，寸鏹：鏹是錢串，寸鏹，形容極少的錢。以一席言，取內閣秘書如取諸寄。三叔曾語岱曰：「恩留三相，費省七千。」結恩於三位丞相，而買官之費省了七千。蓋實錄也。

三叔機警善應變，目所見輒終記不忘。凡臺省部寺，臺省：尚書臺、中書省，指行政的中樞機關。部寺：六部九卿各衙門。朝上疏，夕必伺於三叔之門，探問消息。車馬填擁，行者不得路。而夜歸見客，必四鼓。旨一出，有喜事，即以赫蹏走報，赫蹏：一小幅紙。時人稱之「張喜雀」。間日入直，則衙署稍閑，一出直，則蠅附蜂攢，撩撥不去矣。外省藩臬諸公出京，藩臬：藩司、臬司。明、清諸省的布政使和按察使，為一省行政長官。有所屬，必走辭。大老在座，伺於鄰居，或旬日不得一見焉。粵撫許芳谷，走萬金於宜興，走：此處作行賄講。宜興：宜興周延儒，崇禎二年十二月，拜禮部尚書兼東閣大學士，參預機務，時年三十六歲。次年九月為首輔。為官貪鄙，任用私人。崇禎六年罷相。再起入相則為崇禎十四年事，故此處所述應在崇禎六年之前。托三叔為介。三叔頷之，而金不至。不把粵差的賄金送上去。其差官遲回簡不得，性卞急，直走問宜興。宜興謝無有，問誰居間，曰張中書。亟召三叔，三叔趨至。宜興迎而問曰：「粵撫事果否？」曰：「有之。」宜興出一拇指。出一拇指：暗示一萬兩。曰：「有之。」曰：「不至，何也？」三叔請間，遂屏人語曰：「太師何言之遽耶？粵差官不慎密，廠衛詗之急，廠衛：東西廠及錦衣衛。詗：密察，刺探。伺稍閑，中書擲原物驅之去耳。」中書：張炳芳自稱，其時為內閣中書。宜興亟點頭曰：「甚善。」急遣之，且曰：「中書君愛我。」三叔出，呼差官詈曰：「暮夜金而欲相公當堂承認，暮夜金：暮夜送賄金錢。有是理乎？無回簡矣，我一書亟報若主。」馳至粵，許芳谷以差官債事，債事：敗事，把事搞砸。立斬之。後有行金者，委之即去，無復敢問。

戊寅，崇禎十一年。九山伯為南戶科，九山伯：張岱之堂叔父張焜芳。南戶科：南京戶科給事中。疏參巡漕史𡐓。齎本入，三叔持之勿上，持之勿上：扣留而不向上呈送。以告𡐓，𡐓德之。九山伯以疏羈留不上，特參納言。參：彈劾。納言：古官名，掌「出納王命」。此處是指負責呈送奏章的部門。三叔懼，簡疏即上，下𡐓獄。𡐓以三叔索謝不得，故佹留而佹上之，佹，即詭。張炳芳「持之勿上」的本意正是要售恩索賄，張岱此語貌似隱諱，其實正是揭露。亦以疏抨三叔。齮齕者四年，齮齕：互相咬噬。而𡐓竟瘐死。三叔歸里，張炳芳因此事敗露而罷官。見伯曰：「九山累我。」九山伯曰：「三峨累我。」語格格不相下。三叔恚怒，嚄唶不能語，大喊大叫却說不清話。歸即臌發，不兩月而殂。臨終，詔諸子曰：「棺中多着筆札，我入地當遍告之。」壬午九月，壬午：崇禎十五年。九山伯以補官入邸，三叔見夢於貞子弟曰：貞子弟：張貞子，張炳芳之子，在張岱為堂弟。「我與九山在臨清結案，屈王司馬峨雲一行。一行，《張子文秕》作「對簿」。汝明晚於家中設餞，多燒輿馬從人，我且亟去。」貞子從其言，備牲醴致餞，設賓主席，上食如生前。祭畢澆灌，旋風起桌下，燈燭盡滅，步履躃蹶，真若有車馬行者。十月，九山伯殉難臨清，清兵入侵，張焜芳守城被執而死。《明史》入《忠義傳》。而結案之言先於八月見夢，厲鬼之靈而狠也如此。按史事涉及宰輔及黨爭，亦見於《明史·薛國觀傳》，略有異同，讀者可參看。但史「為御史無行，善結納中官，為王永光死黨」，姜曰廣目為「貪橫無賴」，其非正人則無疑，而張炳芳與焜芳之孰是孰非也略可判定。

猶子張岱曰：三叔父其今之蔡澤乎？赤手入秦，立談間即取大位。蔡澤，戰國時燕國辯士，入秦說範雎讓相位。歷事昭王、孝文王、莊襄王及秦王政。又能於卿相之前，顛倒侮慢，提挈而奴使之，是豈碌碌庸人所能遽辦乎？心之所恨，力能致之於死，而又能厲鬼晝見，以雪其憤，則殺氣陰森，真有不可犯者矣。三叔鬚眉如戟，毛眼倒豎，未嘗正視人，而人亦不敢正視。

季叔諱燁芳，號七磐。生而跛㽱，不喜文墨。招集里中俠邪，俠邪：此指街巷惡少。相與彈箏蹴踘，陸博蒱樗，傅粉登場，鬬雞走馬。食客五六十人，常蒸一豭饗客，豭：公豬。啖者立盡，據牀而嘻。性好啖橘，橘熟，堆砌牀案間，無非橘者。自刊不給，刊：去皮。輒命數僮環立剝之。冬月，諸僮手龜皸，瘃黄入膚者數層。更喜豢駿馬，以三百金易一馬，曰大青。客竊往躪柳，躪柳：馳馬射柳，為騎術之一種。與他馬爭道，泥濘奔蹶，四蹄迸裂而死。叔知，即命帷蓋葬之，恐傷客意，置不問。里中惡少年稱曰「主公」，走赫蹏招之，不輒至，即有以誰何之。誰何：質問，問罪。王某者素崛強，又狎其弄兒，叔欲置之死地。某逃過江，至鎮海樓下，有猙獰壯士數十人，手持應天巡撫大牌，云是越牢大盜，椎棒交下，立斃之，遽去。

年二十，見諸父為文社，視所為制藝，曰：「徒爾爾，亦何極！」「極」字疑為「亟」字之誤。遂下帷讀書，凡三年，業大成。挾一編走天下，海內諸名士無不傾倒。諸俠邪不能遣，而天下士又多就之，客日益。後築室爐峰，日遊城市，夜必往山宿。山窗未曙，又督促入城，輕舟八楫，猶嫌其遲也。四方名宿亦多入山訪之。乙卯，萬曆四十三年。宋羽皇、謝耳伯至山，破雨遊雲門。水漲，赤體走冷溪中，衝激過頂，致病兩踝。九月，服劫藥，有小效。醫者曰：「藥中有大毒，日食一分，藥一囊，以百日盡。」

季叔曰：「誰能耐此！」罄囊中藥，一夕啖盡，毒發，遂死。季叔殯，宋羽皇、謝耳伯始去。後客有來吊，不通主人，徑造殯所。留詩去者，則鄭孔肩、吳伯霖、閔子將、嚴印持、黃元辰、李長蘅、陳明卿、文一起、陳古白、繆當時、方孟旋、艾千子、陳大士、羅文止、丘毛伯、章大力、韓求仲、宋比玉、蕭伯玉、萬茂先。

季叔死之六日，仲叔在燕邸，夢季叔乘大青馬，角巾緋裘，僕從五六，貌俱怪。問：「弟何來？」曰：「候阿兄耳。弟有《自度詩》為兄誦之，曰：斂色危襟向友朋，我生聚散亦何辛。而今若與通音問，九里山前黃鳥鳴。」九里山即侯山，在紹興縣西南湖中。张氏在山中建有园墅。《詩・秦風・黃鳥》序：「《黃鳥》，哀三良也。國人刺穆公以人從死而作是詩也。」故下言仲叔疑其不祥。仲叔疑其不祥，逼前牽其袂，叔即上馬去。仲叔尾而追之，則舉鞭遙指曰：「阿爺思兄甚，兄其亟歸。」人騎遂失。仲叔志其詩以歸，蓋即季叔死前三日所作《自度詩》也。《自度詩》凡五首。

猶子張岱曰：語云：「千里馬善蹄囓人。」蓋不蹄不囓，不成其為千里馬也。見爾蘊叔於髫時，其蹄囓特甚。而二十而後，見鞭影而馳，遂能瞬息千里。豈馬之善變哉，蓋能蹄能囓而又能千里，始成其為千里馬也。季叔好俠邪則俠邪至，好名宿則名宿至，一念轉移而交遊迭換。「不知其人，則視其友」，語出《史記・張釋之馮唐列傳》「太史公曰」。余於季叔見之矣。

張岱曰：岱次先世傳以授諸子曰：「余之先世在是也，余之後世亦在是也。」諸子不解。岱曰：

「先世之渾樸，勿視其他，止視其兄弟：太僕公事漢陽公如事父，文恭公手出二異母弟於澡盆，而視之如子；大父與芝如季祖相顧如手足，而父叔輩尚不失為平交。自此以下，而路人矣，而寇仇矣，風斯日下，而余家之家世亦與俱下焉。吾子孫能楷模先世，珍重孝友，則長世有基。若承此漫不知改，則『君子之澤，五世而斬』，余之家世自此斬矣。故曰：余之先世在是，余之後世亦在是也。」

五異人傳

張岱曰：岱嘗有言：「人無癖不可與交，以其無深情也；人無疵不可與交，以其無真氣也。」此語又見《陶庵夢憶》卷四「祁止祥癖」一文。余家瑞陽之癖於錢，髯張之癖於酒，紫淵之癖於氣，燕客之癖於土木，伯凝之癖於書史，其一往深情，小則成疵，大則成癖。五人者皆無意於傳，而五人之負癖若此，蓋亦不得不傳之者矣。作《五異人傳》。

族祖汝方，號瑞陽，長余大父數歲。讀書不成，去學手藝經紀，俱不成，貧薄無所事事。娶某氏，不能養，為富家漿澣縫紉，藉以餬口。一日坐草，坐草：分娩。育長兒守正，方三朝，度不得朝食，朝食：明天的早飯。乃泣曰：「我與若一貧如洗，若再戀棧豆，填溝壑必矣。欲北上，經營經年，以無路費輒止。今至此，出亦死，不出亦死。與其不出而死，吾寧出而死也。我身無長物，見汝衣領尚有銀扣二副，盍與我措置之？」孺人剪其扣與瑞陽，瑞陽急走鍛鋪熔之，得銀三錢許。瑞陽與孺人各取其半，曰：「汝以是為數日糧，彌十日，仍往富家餬口。吾以是為路費，明日行矣。」二人哭別。

明日昧爽，擔簦即行。擔簦：一副行李，一把雨傘。渡錢塘，至北關門，買一縴搭，縴搭：縴夫拉縴的用具。應糧船募為水夫。數月抵京師，投報房抄邸報，邸報：朝報，地方長官在京師設邸，傳抄詔令、奏章及朝廷任免諸事，以遞報於地方官府。食其飯，一日得銀一分。落魄者二十年，居積百餘金。辦事吏部，為王府科掾史。吏部下設文選、驗封、稽勳、考功諸司。司下設科，王府科屬驗封司。掾史，小吏。吏部諸司極其薰灼，薰灼：聲威氣勢逼人。而王府科為冷局，門可羅雀。諸掾史到司公幹者，月不過幾日，其餘則閉門卻掃，闃其無人。瑞陽獨無事，亦復無家，無日不坐臥其中。又十餘年，為掾史長。

一日晝寢，方寤，聞梁上群鼠曳紙，踤ðŸ聲甚厲。急起叱逐，有文書一卷墮地，拾起視之，乃楚王府報生公移也。有王子出生，需申報宗人府備案，而吏部王府科或有副本。公移，即公文。瑞陽藏之簏底。又一日，無事晝寢，有數人扣門急。問之，則尋掾史查公案。瑞陽出見之，曰：「掾史焉往？」瑞陽曰：「我即是也。」來人曰：「吾儕楚府校餘，「校餘」難解，疑是「校尉」之誤。為承襲國王事，至宗人府，失去報生文書，特來貴司查取。乞掾史向文卷中用心一查，倘得原委，願以八千金為壽。」瑞陽曰：「我向曾見過，不知落何所。第酬金少，不厭人意耳。」來人曰：「果得原文，為加倍之。」瑞陽方小遺，寒顫，作搖頭狀。來人曰：「如再嫌少，當滿二十千數。」瑞陽私喜，四顧，乃附來人耳曰：「莫高言，莫高言：不要聲張。明早齎銀某處，付爾原案。」來人謝去。次日，瑞陽攜案潛出付之，得銀二萬兩。

人勸其納官出仕，瑞陽歎曰：「人苦不知足，視吾婦領上扣相去幾何！將為田舍翁，苟得溫飽，足矣！足矣！」乃覓京衛幕告身一道，告身：授官文憑。有告身即有任職某官的資格，並無實職。冠進賢，明代品官一般都戴進賢冠。錦衣歸里。

孺人初生兒三十餘歲，已列青衿，為娶婦，生孫。父子相見，膜不相識。瑞陽為置田宅，家居二十餘年，裒然稱為富人。年逾八十，夫婦齊眉。

諸孫岱曰：瑞陽伯祖，貧如黔婁。黔婁，春秋時魯國人，生時食不充口，衣不蓋形，死則手足不斂，旁無酒肉。嗟來之食，尚不能着口。乃以赤手入都，堅忍三十餘年，於故紙堆中取二萬金，易如反掌。昔日牛衣對泣，《漢書》：王章為諸生學於長安，獨與妻居。章疾病，無被，臥牛衣中，對妻涕泣。今乃富比陶朱。范蠡字少伯。助越王滅吳成霸之後，浮海至齊。齊人聞其賢，以為相。范蠡喟然歎曰：「居家則致千金，居官則至卿相，此布衣之極也。久受尊名，不祥。」歸相印，散其財，去止於陶，自謂陶朱公。候時轉物，逐什一之利。居無何，則致貲累巨萬。入之名利場中，謂非魁梧人傑也哉！乃其厚資入手，遂賦歸來，陶淵明為彭澤令，歎曰：「吾不能為五斗米折腰！」解印去，乃賦《歸去來》。鷗租橘俸，橘俸，見卷二《快園記》注。「鷗租」難解，而張岱常用之，徐渭有「橘租千戶俸，鷗伴六湖莊」之句，張岱所云，大致類此。永享素封。霸越之後，不復相齊，其曠懷達見，較之范少伯又高出一等矣！

族祖汝森，字眾之。貌偉多髯，人稱之曰「髯張」。好酒，自曉至暮無醒時。午後，岸幘開襟，以鬖結鞭，翹然出頷下。逢人輒叫嚎，拉至家，閉門轟飲，非至夜分，席不得散。月夕花朝，無不酩酊大醉，人皆畏而避之。然性好山水，聞余大父出遊，杖履追陪，一去忘返。

庚戌年，庚戌：萬曆三十八年。大父開九里山，取道直上爐峰，命髯張董其役。至張公嶺，力不繼。髯張記是年從大父遊雁宕，入羅漢洞，見聖像未設一老人像，二鬟立其側。僧云：「此劉處士像也。處士發願洗此洞，力窘乏，遂鬻二女以畢役，故到今莊嚴之。莊嚴：塑像端莊嚴整。二鬟，即二女也。」髯張遂慨然欲鬻其姬，以自附於劉處士。大父謔之曰：「妾婦之道，君子不由。」二語皆出自《孟子》，前句出《滕文公下》，後句出《公孫丑上》。此處用「由」諧音「遊」。於是聞者噴飯。顧因此稍有助髯張者，路遂成，而姬亦免去。

逾年壬子，壬子：萬曆四十年。築室於龍山之陽，先構一軒，以供客飲。問名於大父，大父題以「引勝」，為作《引勝軒說》，曰：

吾弟眾之，性嗜酒，一斗貯腹，即頹然臥，不知天為席而地為幕也。余嘗許眾之得步兵之趣。許：稱許。步兵之趣：阮籍為竹林七賢之一，本有濟世之志，然當魏晉易代之際，天下多故，名士少有全者，遂酣飲為常，以醉避禍。聞步兵廚營人善釀，有貯酒三百斛，乃求為步兵校尉。故世稱「阮步兵」。阮公鄰家婦，有美色，當壚酤酒。阮與王安豐常從婦飲酒。阮醉，便眠其婦側。夫始殊疑之，伺察，終無他意。卜居龍山之陽，居未成，先構一軒以供客，曰：「吾不可一日無酒。」因問名於余，余題以「引勝」。眾之瞪目視曰：「此何語？我不解義，毋作義語相向。」義語：深奧的文話。予徐舉王衛軍「酒正是引人著勝地」，《世說新語·任誕》：王衛軍云：「酒正引人著勝地。」王鎮之，劉宋時人，官衛軍參軍，故稱王衛軍。語未絕，眾之跳曰：「義即不解，但道酒即得。」夫世人為文義纏結，至咿唔作苦，咿唔：讀書聲。曾不得半字之用者，殆以義縛耳。且文義至細者也，粗至於富貴，大至於死生，糾綿結約，糾綿結約：糾結捆縛。膠不可解。甚或慕富貴將捐死生，尊死生又將脫富貴，而不知兩皆縛也。深於酒者，有之乎？衆之嘗云：「天子能驁人以富貴，驁：傲。吾無官更輕，何畏天子！閻羅老子能嚇人以生死，吾奉攝即行，何畏閻羅！」此所得於酒者全矣。全於酒者，其神不驚，虎不咋也，墜車不傷也。死生且芥之矣，而況於富貴？又況於文義？然則衆之即不解義，已解解矣。余因顏其軒，為之說，而簡來善又為之記。吾兩人方操觚舐墨，而衆之又跳曰：「曷來飲酒？」余笑謂來善曰：「酒是衆之勝場，安可與爭鋒？且彼但知酒，而吾與爾復冥搜沉想，墜於義中，是為義縛也。」來善聞余言，口有流涎，遂棄觚趣衆之飲焉。來善與衆之拍浮酒中，《世說新語・任誕》：畢茂世云：「一手持蟹螯，一手持酒杯，拍浮酒池中，便足了一生。」拍浮，游泳。曰：「吾欲以鯨飲也！」余量最下，效東坡老盡十五盞，蘇軾《與王慶源書》：「近稍能飲酒，終日可飲十五銀盞，他日粗可奉陪，於瑞草橋路上放歌倒載也。」為鼠飲而已矣。《莊子・逍遙遊》：「偃鼠飲河，不過滿腹。」

髯張笑傲於引勝軒中幾二十年。後以酒致病，年六十七而卒。

諸孫岱曰：不善飲酒者得其氣，善飲酒者得其趣。若真能得趣者，則自月夕花朝，青山綠水，同是一酒中之趣，但恨世人不能領略耳。昔人云：「痛飲讀《離騷》，可稱名士。」《世說新語・任誕》：王孝伯言：「名士不必須奇才，但使常得無事，痛飲酒，熟讀《離騷》，便可稱名士。」凡人果能痛飲，何必更讀《離騷》？髯張雖不解文義，吾謂其滿腹儘是《離騷》也。

十叔熤芳，號紫淵，為九山伯同母弟。九山伯：張焜芳，號九山。少孤，母陳太君鍾愛。性剛愎，難與語。及長，乖戾益甚。然好學，能文章，弱冠補博士弟子。博士弟子：即秀才。文宗慕蓼王公識拔之，食餼於黌序者三十餘年。即做了三十年享受國家補貼的廩生。叔目空一世，無一人可與往來，其所稱相知者，王耿西、劉迅侯、張全叔與王仲修兄弟四五人而已。此四五人者，一年之內以玉帛相見者亦不過數日，玉帛相見：即友好相處，禮尚往來。其餘又皆弓矢加遺、劍戟相向者矣。數年後，又皆成世仇，誓不相見。

戊辰，崇禎元年。兄九山成進士，送旗匾至其門，叔嫚罵曰：「區區鱉進士，怎入得我紫淵眼內！」乃裂其旗作廝養褌，鋸其幹作薪炊飯，碎其匾取束豬柵。九山筮仕閩之南平，筮仕：古人欲出仕，先占卜吉凶，後即用筮仕作初入仕的代稱。墨妙執猶子禮甚恭，墨妙：九山之子。百計將順，以媚其叔。紫淵大喜，乃曰：「吾為爾往南平省母，一見汝父。」墨妙遣捷足馳告九山，九山集車馬迎於仙霞嶺下，衙役胥吏，俱於百里外伏道左迎候。十叔見母夫人後，與九山一揖，不復開言。九山以好言餂之，餂之：誘其說話。只不應。一日走書室，見所收狀詞有武舉某告某者，大怒，掀播几案，持武舉狀匍匐譟譟而出。廝役奔告九山，九山大驚，急走問曰：「弟何故震怒？」紫淵氣哼呹不出聲，哼呹：出着粗氣，忿忿狀。第指武舉名曰：「此人可惡，亟使使縛來！」九山唯唯，亦不敢問，囑胥吏曰：「出票。」紫淵頓足曰：「何慢事若此！用籤拘猶緩，乃出票耶！」九山掣籤呼武舉至。走問曰：「武舉縛到矣，作何發落？」紫淵曰：「痛杖三十，發死囚牢牢之。」九山曰：「責時如何措詞？」紫淵曰：「第痛責之是已，何必措詞？」九山不得已，一如其意。紫淵在署內聽敲扑聲叫呼慘烈，撫其膺曰：「方吐吾氣。」九山進署覆之。紫淵曰：「杖否？」曰：「杖三十。」曰：「創否？」曰：「創甚。」曰：「牢否？」曰：「發重牢牢之矣。」紫淵曰：「好！好！」方與九山通話。越數日，九山乘其有喜色，乃低聲問曰：「武舉某誠死無赦，但不知渠於何地得罪吾弟，痛恨若此！」紫淵笑曰：「渠何曾得罪於我，我恨紹興武舉張全叔與我作難，阿兄為我痛杖此人，使全叔知武舉也是我張紫淵打得的。」九山亦不覺失笑，乃出武舉，縱之使去。武舉受此重創，終身不解其故。不數日，紫淵束裝遽去，九山唯唯從命，亦不敢留。

庚辰，崇禎十三年。以歲進士赴廷試。思宗皇帝恨廷臣不任事，欲破格用人，乃命吏部考選科道，六科給事中與都察院十三道監察御史，總稱科道。人稱為朝廷耳目，一般只從正途進士中擇取。兼取科貢，科貢：在國子監習業的貢生。以收人才之用。已而以吏部考選，仍不列科貢，遂命貢士與歲貢士六十三名，一榜盡賜進士；查京官現缺，悉為填補。紫淵名次第十九，得補刑部貴州司主事。紫淵淹蹇半生，遭此殊遇，意欲大展所學，以報答聖明。凡理部務，必力爭曲直；稍有犄角，輒以盛氣加人，為僚屬所畏。常與大司寇公堂議事，大司寇：即刑部尚書。語稍媕阿，媕阿：依違而不置可否。輒加叱辱，至破口詈之。大司寇怦怦不平。在部數月，例當提牢，提牢：提視獄中囚犯。獄中多有縉紳兩榜，紫淵至，必譙訶之不置。有冒犯者，命加鞭朴，獄吏力爭之始已。秘署常設門簿，有見訪者，書其名號，夜繳簿入，紫淵必署其名上某鬼薪、鬼薪：秦漢時刑，為宗廟采薪之罰而得名，此即指徒刑。某大辟、大辟：死刑。某凌遲，次日即以門簿發出。有見之者，皆咋舌去。或規之曰「不可」，紫淵曰：「某刑官也。法應定罪，恨目中人無有可赦者耳。」部中舊例，貴州司稽察各部書辦賢否。書辦：掌管文書的吏員。紫淵有所聞，輒語人曰：「某罪大惡極，必死我手！」書辦有權謀者曰：「盍先下手！」遂嗾言官劾之，解任去。

紫淵恚怒，得臌疾，腹大加斛。至淮安，病甚。時二西叔駐淮安理船政，寓紫淵於清江浦禪寺，延醫調治。見醫則詈醫，見藥則詈藥，送薪米則詈薪米，送肴核則詈肴核，撥祇應人役則詈祇應人役。胥史承值，見即唾罵，送二西叔懲創之，日必數次，猶不暢。二西叔乃送夏楚，請紫淵自懲，日撻之不足，又夜撻之。承值人皆逃去，又勒二叔更代之。如是者兩月，一日疾革，疾革：病危將死。口猶詈人，喃喃而死。

未死前半月，陽羨李仲芳在二叔署中製時大彬沙罐。時大彬沙罐：《陽羨茗壺繫》：「時大彬，號少山，或淘土，或雜硐砂土，諸款具足，諸土色亦具足，不務妍媚，而樸雅堅栗，妙不可思。初自仿供春得手，喜作大壺。後游婁東聞陳眉公與瑯琊太原諸公品茶施茶之論，乃作小壺，几案有一具，生人閑遠之思，前後諸名家，並不能及。」按：此處李仲芳是受雇於張爾葆，偽造時大彬壺。紫淵囑其燒宜興瓦棺一具，囑二西叔多買松脂，曰：「我死，則盛衣冠殮我，熔松脂灌滿瓦棺，俟千年後松脂結成琥珀，內見張紫淵如蒼蠅山蟻之留形琥珀，不亦晶映可愛乎？」其幻想荒誕，大都類此。

侄岱曰：紫淵叔剛戾執拗，至不可與接談，則叔一妄人也。乃好讀書，手不釋卷。其所為文，又細潤縝密，則叔又非妄人也。是猶荊軻身為刺客，而太史公獨表而出之曰「深沉好書」，則荊軻之使氣剛狠，實與叔無異，而後能受魯勾踐之叱而不與之校，事見卷一《雁字詩小序》注。則其陶鑄於詩書頗為得力，而遂使世人不得徒以刺客目之也矣。

弟蕚，初字介子，又字燕客。海內知為張葆生先生者，其父也。母王夫人，止生一子，溺愛之，養成一躁暴鰲拗之性。性之所之，師莫能諭，父莫能解，虎狼莫能阻，刀斧莫能刼，鬼神莫能驚，雷霆莫能撼。

年六歲，飲旨酒而甘，偷飲數升，醉死甕下，以水浸之，至次日始甦。七歲入小學，書過口即能成誦。長而穎敏異常人，涉覽書史，一目輒能記憶。故凡詩詞歌賦，書畫琴棋，笙簫弦管，蹴踘彈棋，博陸鬬牌，使槍弄棍，射箭走馬，撾鼓唱曲，傅粉登場，說書詼諧，撥阮投壺，一切遊戲撮弄之事，匠意為之，匠意：精心為之。無不工巧入神。以是門多狎客弄臣、幫閒蔑騙，蔑騙：即篾片，門客幫閒之流。少不當意，輒訶叱隨之。昔者所進，今日不知其亡也。至於妾媵侍御、傒奴臧獲，無不皆然。嘗以數百金買妾，過一夜，不愜意，即出之。只以眼前不復見為快，不擇人，不論價，雖贈與門客，賜與從人，亦不之惜也。

臧獲有觸其怒者，輒鞭之數百，血肉淋漓，未嘗心動。時人比之李匡遠之肉鼓吹焉。李匡遠，五代後蜀人。性卞急殘忍，一日不用刑則慘然不樂，聞捶楚之聲則曰：「此一部肉鼓吹也！」自弟婦商夫人死後，性益卞急。嘗以非刑毆其出婢，出婢：已經解雇的婢女。其夫服毒以死殢之，殢：糾纏。其族人舁屍排闥入，埋屍於廳事之方中，不之動。觀者數千人，見其婢皮開肉爛，喊聲雷動，幾毀其廬，亦不之動。使非婦翁商等軒先生、姻婭祁世培先生出與調帖，張燕客與祁世培俱娶商周祚（等軒）之女為妻，故稱姻婭。舉國洶洶，幾成民變矣。然猶躁暴如昨，卒不之改。有犯之者必訟，訟必求勝，雖延一二年不倦，費數千金不吝也。

先是辛未，崇禎四年。以住宅之西有奇石，鳩數百人開掘洗刷，搜出石壁數丈，巉峭可喜。人言石壁之下得有深潭映之尤妙，遂於其下掘方池數畝。石不受鍤，則使石工鑿之，深至丈餘，畜水澄靛。人又有言亭池固佳，恨花木不得即大耳。燕客則遍尋古梅、果子松、滇茶、梨花等樹，必選極高極大者，拆其牆垣，以數十人舁至，種之。種不得活，數日枯槁，則又尋大樹補之。始極蓊鬱可愛，數日之後，僅堪供爨。供爨：當柴燒飯用。古人伐桂為薪，則又過其值數倍矣。恨石壁新開，不得苔蘚，多買石青石綠，呼門客善畫者以筆皴之。雨過湮沒，則又皴之如前。偶見一物，適當其意，則百計購之，不惜濫錢。在武林，見有金魚數十頭，以三十金易之，畜之小盎，途中泛白，泛白：翻白，肚子朝天了。則撈棄之，過江不剩一尾，歡笑自若。極愛古玩，稍有破綻，必使修補。曾以五十金買一宣銅爐，顏色不甚佳，或云火熇之自妙，熇：烘烤。燕客用炭一簍，以猛火扇熇之，頃刻熔化，失聲曰「呀」。昭慶寺以三十金買一靈璧硯山，靈璧石天然形成的硯山。峰巒奇峭，白垩間之，名曰「青山白雲」，石黝潤如着油，真數百年物也。燕客左右審視，謂山脚塊磊，尚欠透瘦，以大釘搜剔之，砉然兩解。燕客恚怒，操鐵鍾連紫檀座搥碎若粉，棄於西湖，囑侍童勿向人說。故二西叔所畜古董甚多，其斷送於燕客之手者不知其凡幾也。

二西叔授燕客田產五百畝，白鏹數千金，緣手盡。叔父宦游，公田當八百畝，所儲租二十餘年。燕客縛紀綱，欲置之死地，抄其家，盡喀出之，公田斥賣緣手盡。並嬸娘所藏寶玩、綢緞、衣飾之類，不下二三萬金，亦緣手盡。二叔父卒於清江浦，岱與燕客奔喪，其積俸萬餘金，古玩、幣帛、貨物可二萬餘金，攜歸，未及半年，又緣手輒盡。時人比之「魚弘四盡」焉。《梁書》：魚弘，歷官南譙、盱眙、竟陵太守。常語人曰：「我為郡有四盡：水中魚鱉盡，山中獐鹿盡，田中米穀盡，村裏民庶盡。丈夫生世，如輕塵棲弱草，白駒之過隙。人生歡樂富貴幾何時！」於是恣意酣賞，侍妾百餘人，不勝金翠，服玩車馬，皆窮一時之絕。

乙酉，南明弘光元年。江干師起。此江指錢塘江。是年夏，南京弘光政權覆滅，清軍又連克蘇杭。魯王朱以海監國政權建立，派兵嚴守錢塘江。燕客以策干魯王，向魯王朱以海上書言事，以求官職。擬授官職。燕客釋屩，釋屩：脫去草鞋，即初入仕，與「釋褐」意同。即欲腰玉。腰玉：腰佩玉帶，這是朝廷貴官的服飾。主者難之，燕客怒不受職，尋附戚畹，戚畹：帝王外戚。破格得掛印總戎。丙戌，大清師入越，「大」字疑為抄者妄補。燕客遂以死殉。臨刑，語僕從曰：「我死，棄我於錢塘江，恨不能裹屍馬革，乃得裹鴟夷皮足矣。」《史記·伍子胥列傳》：吳王既逼子胥自殺，又取子胥屍盛以鴟夷革，浮之江中。應劭注：「取馬革為鴟夷。鴟夷，榼形。」但此處是指棄屍於江中。後果如其言。

兄岱曰：陶石梁先生曰：陶奭齡，字君奭，又字公望，號石梁。「秦檜千古奸人，亦有一言可取，謂『做官如讀書，速則易終而少味』。」吾弟自讀書做官，以至山水園亭，骨董伎藝，無不以欲速一念，乃受鹵莽滅裂之報，其間趣味削然，實實不堪咀嚼也。譬猶米石宣爐，米石：米芾之藏石。入手即壞，不期速成，只速朽耳。孰意吾弟之智，乃出秦檜下哉！

弟培，字伯凝，乳名曰獅。五歲，從大父芝亭公為南直休寧縣令。伯凝性嗜飴，休寧多糖食，晝夜啖之，以疳疾壞雙目。大母王夫人鍾愛，求天下名醫醫之，費數千金不得療。識者以獅者師也，或為先兆云。古代樂師多用盲人，稱為「師」，如師曠、師涓等。

伯凝雖瞽，性好讀書，倩人讀之，入耳輒能記憶。朱晦庵《綱目》百餘本，凡姓氏世系、地名年號，偶舉一人一事，未嘗不得其始末。昧爽以至丙夜，昧爽：天色初明時。丙夜：半夜三更。頻聽之不厭，讀者舌敝，易數人不給。所讀書，自經史子集，以至九流百家、稗官小說，無不淹博。尤喜談醫書，《黃帝素問》、《本草綱目》、《醫學準繩》、《丹溪心法》、《醫榮丹方》，無不畢集。架上醫書不下數百餘種，一一倩人讀之，過耳亦輒能記憶。遂究心脈理，盡取名醫張景岳所輯諸書，張景岳：明末名醫，又名張介賓，字會卿，別號通一子，會稽人。所著醫書彙編為《景岳全書》。日夕研究，遂得其精髓。凡診切諸病，沉靜靈敏，觸手即知。伯凝有力，有力：此指有財力。多儲藥材，復精於炮製。凡煎熬蒸煮，一遵雷公古法，雷公：黃帝大臣，與岐伯並稱，掌醫藥。《隋書·經籍志》有「《神農本草》雷公集注」，現存中醫典籍有《雷公賦》，即托其名。故藥無不精，服無不效。且伯凝誠敬詳慎，不盥手不開藥囊。凡有病者至其齋頭，未嘗齎一錢而取藥去者，積數十人不厭，舍數百劑不吝，費數十金不惜也。嗣是壽花堂丸散刀圭，傾動越中。吾家十世祖鑒湖府君，為越郡名醫，所開藥肆，甲於兩浙，後以陰功，子孫昌大。昔人云：「公侯之家，必復其祖。」明董其昌《畫旨》：「公侯之後，必復其始。」伯凝殆即其後身矣。

伯凝尊人六符叔去世早，不得於我嬸娘，不得：不能得其歡心。屢遭家難。伯凝號泣旻天，《書·大禹謨》言大舜不得其父及繼母之歡，乃「日號泣於旻天，於父母負罪引慝」。卒得賦隧。《左傳》：鄭莊公之母姜氏溺愛少子共叔段，為請大城為封邑。共叔段有野心，據城叛其兄。莊公克之，共叔段出逃。莊公以故置母而誓之曰：「不及黃泉，無相見也。」既而悔之，乃掘地成隧道而與母相見。公入而賦：「大隧之中，其樂也融融！」姜出而賦：「大隧之外，其樂也泄泄！」遂為母子如初。而大父高年，問安視膳，大得歡心。族中凡修葺宗祠，培植墳墓，解釋獄訟，評論是非，分析田產，拯救患難，一切不公不法、可駭可愕之事，皆於伯凝取直。取直：評理，定曲直。故伯凝之戶履常滿，伯凝皆一一分頭應之，無不滿志以去。而伯凝有一隙之暇，則喜玩古董，葺園亭，種花木，講論書畫。更喜養鵓鴿，養黃頭，養畫眉，養驢馬，鬬骨牌，着象棋，製服飾，畜傒僮，知無不為，興無不盡。其內弟督兵江干，伯凝為之措糧餉，校槍棒，立營伍，講陣法，真有三頭六臂、千手千眼所不能盡為者，而伯凝以一瞽目之人，掉臂為之，無不咄嗟立辦，則其雙眼真可矐，而五官真不必備矣。

癸卯八月，癸卯：清康熙二年。以暴下之疾，暴下：腹泄。遂至不起。舉國之人，無不搤腕嘆惜。惜之者曰：「使伯凝而具有雙目，其聰明才略，不知奚似？」有解之者曰：「使伯凝而具有雙目，其聰明才略，未必至此。何也？則以世人之具有雙目者，比比皆是也，而能似伯凝者，則有幾人也哉！」

兄岱曰：余至雲間，有唐士雅者，五歲失明，按《元明事類鈔》及《明詩小傳》皆云五歲而瞽当爲唐汝詢，字仲言。其兄名汝諤，字士雅。耳受詩書，不下萬卷。其所著有《唐詩解》、《人物考》諸書，援引箋注，雖至隱僻之書，無不搜到。其所作詩文，則出口如注，而繕寫者手不及追。嘗謂余曰：「某空有萬卷，實不識丁，使果有輪回，則某之下世仍為不識一字之人，不其枉此一世哉！」余觀其人，貌甚樸陋，閉戶枯坐，無異木偶，其欲如吾伯凝之多才多藝，機巧揮霍，博洽精敏，蓋萬不及一者矣。故吾謂伯凝學問似左丘明，左丘明，春秋末期魯國人。知識淵博，失明而著《國語》及《春秋左氏傳》。才識似晉師曠，晉師曠，春秋時晉國人，不僅精通音律，而且博學多聞，明察治亂。慷慨俠烈似高漸離。高漸離，見卷三《樂府•漸離筑》。咄咄伯凝，蓋以一身而兼有之矣。

余若水先生傳

余若水先生，諱增遠，有明崇禎癸未進士。（癸未：崇禎十六年。）兄余武貞先生，諱煌，天啓乙丑廷試第一人，（乙丑：天啓五年。）為翰林修撰。若水筮仕，得淮安寶應知縣。時東平伯劉澤清駐匝淮安，（劉澤清，崇禎朝為總兵，清兵入關後，為福王江北四鎮之一，封東平伯，駐廬州。揚州告急，按兵不動，終於降清，旋被殺。）強知縣行屬禮。若水不屈，蒞任甫一月，即掛冠歸。丙戌，我大清兵渡江，（渡江：渡錢塘江。「我大清兵」應非是張岱原文，如果為避禍，稱「大兵」足矣，疑為別人所竄改。）武貞先生渡東橋自沉死。（渡東橋，橋名，在會稽東郭門外，陶望齡有《渡東橋記》。）若水悼邦國之云亡，痛哲兄之先萎，望水長號，誓不再渡，自是遂絕跡城市。

若水雖成進士，而家甚貧，敝廬三楹，與風雨鳥鼠共之。其旁僦田二畝，率其家人躬耕自食，常至斷炊，妻孥晏如，亦無怨色。長吏多其義，（長吏：此指府縣長官。）因共就問之，亦罕見者，或拜門外以去。紹守道沈靜瀾，其故同年友也，自恃交誼，殷勤造請。稱疾以辭。因直前托視疾，入門，窺見若水臥繩牀上，牀上漏下穿，又有桯無脚，（桯：牀前几。）四角悉支敗瓦。聞客入，欲起踰垣。靜瀾先已豫慮之，則要其同年四五人與俱往。見若水走匿牀，諸君即共前遮之，曰：「若水，人生會有交親，子何避之深也！」若水曰：「我非避世鳴高者，顧自料福薄，不堪諧世，聊引分自安，長為農夫以沒世足矣。今諸公赫然見過，將共張之，（張：張揚。）是使我避名以求名，非所願也。」客皆班荆，主人牆隅烋烋然，（烋烋然：此言向火吹氣狀。）客從而睨之，有一破甑在瓦爐上，炊未熟。架上又蒙戎練裙，（蒙戎：雜亂不整齊。）如原憲衣，（原憲為孔子弟子，《論語》言其「貧而樂道」。《韓詩外傳》：原憲居魯，環堵之室，茨以蒿萊。蓬戶甕牖，上漏下濕。而其衣履，「正冠則纓絕，振襟則肘見，納履則踵決」。餘即無有。客有壺簞，取之以進，為勉行二觴，強之亦不再舉。客語及世事，俯若無聞。即間有問答，晴雨而已。日欲晡，辭客而退。明日具錢米往遺之，再三辭。以此諸長吏皆重違其意，重違其意：不願意違背他的意願。亦未敢數造焉。不入城市者三十六年，歲庚戌，庚戌：清康熙九年。無疾而終。身無長物，友人醵錢以殮。有遺命，葬於原隱之丁斗壟。

外史曰：人臣稱委質故主，回面而改向，非忠也。激憤而殉，以明節也。義衛志，智衛身，托農圃之棄跡，下可見故主，無辱先人，若余若水者足矣。然其節概為人所難及者，兄死止水，弟不渡河，一死於十五年之前，一死於十五年之後，俱不失為趙氏忠臣。此即《史記・趙世家》中趙氏孤兒事，公孫杵臼死於程嬰之前十五年。而安心農圃，扼腕終身，嗚呼，若水可以為難矣！

魯雲谷傳

會稽寶祐橋南，有小小藥肆，則吾友雲谷懸壺地也。懸壺：古時傳說仙人於葫蘆中貯靈丹妙藥，故行醫賣藥，店肆之外往往懸掛一葫蘆為招牌。又稱行醫為懸壺。肆後精舍半間，虛窗晶沁，綠樹濃蔭，時花稠雜。窗下短牆，列盆池小景，木石點綴，筆筆皆雲林、大癡，雲林、大癡：元代大畫家倪瓚、黃公望之號。牆外草木奇葩，繡錯如錦。雲谷深於茶理，禊水雪芽，禊水：紹興有禊泉，水質不輸惠山。張岱《陶庵夢憶》專有《禊泉》一則記此。雪芽：日鑄嶺的雪芽茶，與臥龍瑞草均為兩浙名茶。事事精辨。相知者日集試茶，紛至遝來，應接不暇。人病其煩，而雲谷樂此不為疲也。

術擅癰疽，更專痘疹，然皆以聰明用事。醫不經師，方不襲古，每以劫劑臆見起死回生。劫劑：為求速效而用的猛藥。臆見：發於自己的見解。人終疑其遊戲岐黄，遊戲岐黄：以看病當遊戲。岐伯，黄帝大臣。黄帝命岐伯論經脈旁通，問難八十，為《難經》、《内經》等，後世習醫者奉為經典，即以岐黄稱醫學。不尊不信。故凡患痘之家，非極險極逆，時醫之所謝絶者，決不顧吾雲谷也。然雲谷亦診視靈敏，可救則救，不可救則望之却走，未嘗依回盼睞，依回盼睞：欲去又回，顧盼不舍。受人一錢。

性極好潔，負米顛之癖。米顛之癖：米芾舉止多怪異，時人稱為米顛。性有潔癖。恨煙恨酒，恨人擷花，尤恨人唾洟穢地。聞喀痰聲，索之不得，幾學倪迂，欲將梧桐斫盡。倪雲林性好潔。庭前有梧桐樹，旦夕汲水揩洗，竟至槁死。嘗留友人宿齋中，慮有汙損，夜三四起，潛聽焉。微聞嗽聲，大惡之，凌晨令童索痰痕，不得，童懼笞，拾敗葉上有積垢似痰痕以塞責。倪掩鼻閉目，令持棄三里外。故非解人韻士，不得與之久交。自小多藝，凡羌笛、胡琴、鳳笙、斑管，無不精妙，而尤喜以洞簫和人度曲。向與李玉成竹肉相得，竹肉相得：一吹笛一吟唱，甚為相合。後惟王公端與之合調，餘皆非其敵手也。其密友惟陸癯庵、金爾和與余三人。非大風雨，非至不得已事，必日至其家，啜茗焚香，劇談謔笑，十三年於此。

今年庚戌三月之晦，庚戌：清康熙九年。時張岱七十四歲。與癯庵飲謝緯止家，及散，猶畚土移花。夜則與范成之剪燭談心，二鼓方寢。次日呼之，不起，排闥而入，則遺蜕在牀矣。余與爾和聞之驚詫，倉皇走視，癡痞植立，惝恍久之，謂生死大事，迅速若此，真如夢幻。痛悼不已，歸坐山齋，憶其生平，遂為作傳。夜靜燈昏，覺有雲谷在吾筆端，踽踽欲動。

張子曰：雲谷居心高曠，凡炎涼勢利，舉不足以入其胸次。故生平不曉文墨而有詩意，不解丹青而有畫意，不出市廛而有山林意。至其結交良友，直是性生，非由矯強。數月前有客在座，命蒼頭取其所藏雪水煮茶，而大為室人所謫。雲谷大怒，經旬不與交語。謂余弟道之曰：「某以朋友為性命，乃欲絕我朋友，不若去此蠢婦。」只此一語，具見俠腸，是豈不讀書不曉文墨之人而能道此也哉！

王謔庵先生傳

山陰王謔庵先生，名思任，字季重。年十三，即從漏衡嶽先生館於檇李黃葵陽宮庶家。漏衡嶽即漏坦之，字仲容。黃葵陽即黃洪憲，隆慶元年鄉試第一，五年會試第一。官右庶子。浙江秀水人，秀水即古檇李。先生落筆靈異，葵陽公喜而斧藻之，學業日進。萬曆甲午，萬曆二十二年。以弱冠舉於鄉，乙未成進士。房書出，房書：房稿，即中試文卷刻印成冊。一時紙貴洛陽。士林學究以至村塾頑童，無不口誦先生之文，《及幼》小題，直與錢鶴灘、湯海若爭坐位焉。錢鶴灘：錢福，字與謙，號鶴灘。弘治三年狀元。華亭人。湯海若：湯顯祖，號若士，亦號海若。萬曆二十九年進士。所著傳奇《牡丹亭還魂記》名揚海內。

先生初縣令，意輕五斗，兒視督郵，陶淵明為彭澤令。郡遣督郵至縣，吏白應束帶見之，陶淵嘆曰：「吾不能為五斗米折腰，拳拳事鄉里小人。」遂解印去。偃蹇宦途，三仕三黜。自二十一釋褐，七十二考終，通籍五十年，三為縣令，一為司李，司李：即司理，掌審訊的推官。一為教授，兩為梟幕，梟幕：省按察司的幕僚。三為主政，主政：各部主事的別稱。一為備兵使者，直至監國，監國：弘光之後，魯王朱以海建小朝廷，稱監國。始簡宮詹，宮詹：太子詹事。晉秩少宗伯，少宗伯：禮部侍郎。而國事又不可問矣。五十年內，強半林居，乃遂沉湎麯蘖，放浪山水，且以暇日閉戶讀書。自庚戌遊天台、雁宕，庚戌：萬曆三十八年。另出手眼，乃作《遊喚》。見者謂其筆悍而膽怒，眼俊而舌尖，恣意描摹，盡情刻畫，文譽鵲起。蓋先生聰明絕世，出言靈巧，與人諧謔，矢口放言，略無忌憚。

川黔總督蔡公敬夫，蔡敬夫：蔡復一，字敬夫，福建同安人。萬曆二十三年進士。好古博學，善屬文。先生同年友也。以先生閒住在家，思以帷幄屈先生，司馬遷稱張良「運籌帷幄之中，制勝於無形」。此處以「帷幄」代指幕僚。檄先生至。至之日，宴先生於滕王閣。滕王閣：在江西南昌，為江南三大名樓之一。時日落霞生，先生謂公曰：「王勃《滕王閣序》，不意今日乃復應之。」公問故，先生笑曰：「『落霞與孤鶩齊飛』，今日正當落霞，而年兄眇一目，『孤目齊飛』，殆為年兄道也。」公面赭及頸，先生知其意，襆被即行。襆被即行：收拾行李就上路（回家）了。

人有咎先生謔者，其客陸德先歎曰：「公毋咎先生謔。先生之蒞官行政，摘伏發奸，以及論文賦詩，無不以謔用事。昔在當塗，以一言而解兩郡之厄者，不可謂不得謔之力也。」中書程守訓奏請開礦，程守訓：以貲捐內閣中書，為宦官陳增私黨。後為李三才劾治，伏法。與大璫邢隆同出京，意欲開採從當塗起，難先生。守訓逗留瓜州，而賺璫先至，且勒地方官行屬吏禮，一邑騷動。先生曰：「無患。」馳至池黃，池黃：池、黃二州雖相接，但一在安徽，一在湖北。據文義，似指池州府治所在的貴池。以緋袍投刺稱眷生。眷生：兩家通婚後，尊長對姻親晚輩的自稱。璫怒訶，謂縣官不素服。先生曰：「非也。俗禮吊則服素，公此來慶也，故不服素而服緋。」璫意稍解，復詰曰：「令刺稱眷，何也？」先生曰：「我固安陽狀元婿也，與公有瓜葛。」璫大笑，亦起更緋，揖先生坐上座，設飲極歡。因言及橫山，先生曰：「橫山為高皇帝鼎湖龍首，鼎湖：黃帝升天于鼎湖，此借指朱元璋葬地鍾山。樵蘇且不敢，樵蘇：砍柴割草。敢問開採乎？必須題請下部議方可。」璫曰：「如此利害，我竟入徽矣。」先生耳語曰：「公無輕言入徽也。徽人大無狀，思甘心於公左右者甚眾。我為公多備勁卒，以護公行。」璫大驚曰：「吾原不肯來，皆守訓賺我。」先生曰：「徽人恨守訓切骨，思磔其肉而以骨飼狗。渠是以觀望瓜州，而賺公先入虎穴也。」璫曰：「公言是，我即回京，以公言復命矣。」當塗、徽州得以安堵如故，皆先生一謔之力也。

先生於癸丑、己未兩計兩黜，癸丑、己未：萬曆四十一年、四十七年。計：大計，對官吏的全面考核，以定升黜。一受創於李三才，再受創於彭端吾。彭端吾：河南夏邑人。萬曆進士，為御史有直聲，與李三才為一黨。人方眈眈虎視，將下石先生，而先生對之調笑狎侮，謔浪如常，不肯少自貶損也。晚乃改號謔庵，刻《悔謔》，以志己過，而逢人仍肆口詼諧，虐毒益甚。

甲申之變，李自成入北京，崇禎帝自縊，明亡。弘光蒙塵，清軍渡江，南明弘光帝逃往蕪湖黃得功營，黃抗清戰死，劉良佐降清，追俘弘光帝。馬士英稱皇太后制，逃奔至浙。先生以書詆之曰：「閣下文采風流，吾所景羨。當國破眾散之際，擁立新君，閣下輒驕氣滿腹。政本自由，大政決策全出於自己。兵權在握，從不講戰守之事，而但以酒色逢君，門戶固黨。以致人心解體，士氣不揚。叛兵至則束手無措，強敵來則縮頸先逃，致令乘輿遷播，乘輿遷播：指皇帝流亡在外。王思任寫此信時，弘光帝尚未被俘。社稷丘墟。觀此茫茫，誰任其咎！職為閣下計，職：下級官員對上司自稱「職」。無如明水一盂，明水一盂：古時以禮賜大臣自盡，則「盤水加劍」。自刎以謝天下，則忠憤之士，尚爾相原。若但求全首領，亦當立解樞柄，授之守正大臣，呼天搶地，以召豪傑。今乃逍遙湖上，潦倒煙霞，效賈似道之故轍。南宋末，賈似道當國，建府第於葛嶺，日與娼尼賭徒聚樂。朝政就館第決之，時人有「朝中無宰相，湖上有平章」之譏。又杭州南山有煙霞嶺。人笑褚淵，齒已冷矣，褚淵，字彥回。南朝宋明帝臨崩，遺詔以為中書令、護軍將軍，與尚書令袁粲受顧命，輔幼主。後與蕭道成相勾結，助道成篡宋。世人頗以名節譏之。至南齊郁林王時，西昌侯蕭鸞圖謀廢立。樂預謂丹陽尹徐孝嗣曰：「外傳藉藉，似有伊周之事，君蒙武帝殊常之恩，荷託付之重，恐不得同人此舉。人笑褚公，至今齒冷。」且欲求奔吾越。夫越乃報仇雪恥之國，勾踐臥薪嘗膽，卒滅強吳，雪會稽之恥。非藏垢納污之地也。職當先赴胥濤，伍子胥輔吳王夫差西破強楚，鞭楚平王之屍。又破吳之宿仇越國。因諫夫差而被迫自殺。夫差取子胥屍盛以鴟夷，浮於江中。子胥因隨流揚波，依潮來往，蕩激崩岸。或有見其乘素車白馬在潮頭者，因為立廟，祀為潮神。「赴胥濤」，即投江而死。乞素車白馬以拒閣下。此書出，觸怒閣下，禍且不測，職願引領以待鉏麑。」春秋時晉靈公暴虐，趙盾諫之。靈公怒，使鉏麑行刺趙盾。盾門戶大開，鉏麑歎曰：「殺忠臣，棄君命，罪一也。」遂觸樹而死。書傳，人大快之。

北使渡江，人具牛酒。有邀先生出者，先生閉其門，大書曰「不降」。監國至越，監國：指魯王朱以海。請備顧問，仍以一席笑談，遂致大位。江上兵散，江上兵：守錢塘江的方國安所部諸軍。國安後降清。屏跡山居。貝勒駐蹕城中，先生誓不朝見，不薙髮，不入城。偶感微疴，遂絕飲食僵臥。時常擲身起，弩目握拳，涕洟鯁咽，臨瞑，連呼「高皇帝」者三，聞者比之宗澤瀕死三呼「過河」焉。宗澤，字汝霖，元祐六年進士。北宋末知磁州，金兵破汴，二帝被俘，宗澤奮力抗金，扶立康王趙構，力主恢復舊京。而為奸臣黃潛善等所抑，憂憤成疾，連呼「過河」者三而亡。

論曰：謔庵先生既貴，其兄弟子侄，宗族姻婭，待以舉火者數十餘家，舉火：點火做飯。取給宦囊，大費供億。人目以貪，所由來也。故外方人言：「王先生賺錢用似不好，而其所用錢極好。」故世之月旦先生者，無不稱以「孝友文章」。蓋此四字，惟先生當之，則有道碑銘，庶無愧色；東漢末郭太，字林宗。曾以「有道」徵，故稱郭有道。卒時年四十二。四方來會葬者千餘人。同志者乃共刻石立碑，蔡邕為其文，既而曰：「吾為碑銘多矣，皆有慚德，唯郭有道無愧色耳。」若欲移署他人，尋遍越州，有乎無有也？

卷之五

墓誌銘

山民弟墓誌銘

季弟名岷，字山民，岱父之幼子。先宜人懷妊甫六月，以大母朱太恭人壽日，手治肴核過勞，誕弟，弟逆生，逆生：即倒產，分娩時脚先出。俗言「踏蓮花生」也，因呼之曰蓮生。生時長不滿尺，氣息甚微，先宜人憂其弗育，且以幼子，故鍾愛異諸兒。

先大夫老於場屋，無意教子，致弟失學。弟發憤曰：「人也而可弗學！」遂私自讀書，自經書子史以至稗官小說，無不涉獵。吾輩皮相余弟未必能文，皮相：只從外表上看。而弟隨山東，一試有司，遂補博士弟子，博士弟子：生員，即秀才。再試國學，竟以高等積分。不識其於何時留心舉業，其備豫若此。

又皮相吾弟未必能詩，而吾弟與曾鶴江、趙我法、婁孺子輩私相酬和。其平生最喜譚友夏《嶽歸堂集》，譚友夏：即譚元春，與鍾惺為竟陵派領袖。與陳木叔《寒山集》。陳函輝，字木叔，浙江臨海人。崇禎進士。北京既陷，誓眾倡義。福王時為職方主事，監軍江北。事敗從魯王，為禮部右侍郎，從王入海，已而相失，作絶命詞十章投水死。所著有《寒山集》十卷。所作古詩深厚古拙，出入晚唐。在國學時，為大司成姜公曰廣、大司成，即國子監祭酒的仿古稱。姜曰廣，江西新建人。萬曆進士，崇禎時官至吏部右侍郎。因事罷歸，十五年起任詹事，掌南京翰林院。福王時拜禮部尚書兼東閣大學士，為馬士英所忌，乞休歸。順治五年，與金聲桓起兵反清，兵敗，舉家投水死。博士趙公維寰所深器。趙維寰：浙江平湖人，萬曆順天鄉試第一。曾任南國子監丞。不識其何時摩仿古詩，其造詣若此。

且吾弟生也晚，越中好古收藏家，如朱石門舅祖、王瑞樓先生與余家葆生二叔，俱不及見。而吾弟尤精於古董書畫，鑒賞精覈，以青綠辨古銅，以包漿辨漢玉，以火色辨舊瓷，指點細微，真贋立見。不識其於何時講求博古，其當行若此。

吾弟恂恂示人以樸，而胸中大有經濟。淮陽史閣部道鄰知其能，遣官幣聘，題授軍前贊畫，命縣官敦促就道。吾弟見時大壞，不肯輕出，屏跡深山，致書却聘。亦不識其於何時揣摩時務，其確見若此。凡此數者，皆吾輩皮相山民未必能此，而吾弟當局臨機，咄嗟立辨，則不可測識之矣。

蓋吾弟資性空靈，識見老到，兼之用心沉著。凡讀書多識，不專而精，不騖而博，不鑽研而透徹。見古書善本，必以重價購之，錦軸牙籤，常滿鄴架。唐李泌，封鄴侯，起書樓，積書三萬餘卷。鑒別古玩，留意收藏，凡至貨郎市肆，偶有一物，見其注目視之，必古質精款，規制出人，見無不售，售無不確。一物入手，必旦晚撫摩，光怪畢露，襲以異錦，藏以檀匣，必求名手，為之作銘。夜必焚香煮茗，挑燈博覽。見詩文佳者，津津尋味，不忍釋手。而尤於岱之拙作，見必擊節賞之，評騭數語，必徹髓洞筋，搔着痛癢。家庭師友，當以吾弟為第一。而今亡矣，嗚呼痛哉！

子鎮擇於臘月七日葬於梅山之麓，梅山在山陰，傳說漢時梅福曾隱於此。下文所云「高士」即指梅福。梅福見《自為墓誌銘》注。老兄拉淚為之銘曰：

才而若拙，慧而若癡。在市廛而饒丘壑，以貧士而富鼎彝。嗚呼欷歔！是惟梅山高士，可與把臂而同嬉。

自為墓誌銘

《張子文秕》作《季弟徵君山民先生墓誌銘》。

蜀人張岱，張岱晚年著作常自署「蜀人」或「古劍張岱」，參見卷一《越絶詩小序》注。陶庵其號也。少為紈絝子弟，極愛繁華，好精舍，好美婢，好孌童，好鮮衣，好美食，好駿馬，好華燈，好煙火，好梨園，好鼓吹，好古董，好花鳥，兼以茶淫橘虐，書蠹詩魔，勞碌半生，皆成夢幻。年至五十，國破家亡，避跡山居，所存者破牀碎几，折鼎病琴，與殘書數帙、缺硯一方而已。布衣蔬食，常至斷炊，回首二十年前，真如隔世！

常自評之，有七不可解。向以韋布而上擬公侯，韋布：皮帶布衣，為古代平民之服。張岱一生無功名，在明亡之前也從無入仕，魯王監國時僅是一個流亡小政權的有名無實的「兵部職方主事」，從身份上說正是一介布衣。今以世家而下同乞丐，如此則貴賤紊矣，不可解一。產不及中人，而欲齊驅金谷，晉石崇有別館在河陽之金谷，稱金谷園。財產豐積，室宇宏麗，奢靡無度，揮金如土。世頗多捷徑，而獨株守於陵，《孟子·滕文公下》：陳仲子，齊之世家也，兄食祿萬鐘。而仲子以兄之祿為不義而不食，以兄之室為不義之室而不居，避兄離母，處於於陵。人稱於陵仲子。而《史記·魯仲連鄒陽列傳》則又有一位於陵子仲，云「於陵子仲辭三公為人灌園」。司馬貞《索隱》則綜合二說：「《孟子》云陳仲子，齊陳氏之族，兄為齊卿，仲子以為不義，乃適楚，居於於陵，自謂於陵子仲。楚王聘以為相，子仲遂夫妻相與逃，為人灌園。」如此則貧富舛矣，不可解二。以書生而踐戎馬之場，以將軍而翻文章之府，南明弘光朝亡後，奸相馬士英竄入浙江。時魯王朱以海監國，張岱以布衣上書，願提一旅之師，立斬奸佞，魯王許以先斬後奏，張岱率數百人追拿馬士英，不意士英躲入方國安營，事遂不濟。是張岱也曾有短時期的「將軍」經歷。如此則文武錯矣，不可解三。上陪玉皇大帝而不諂，下陪悲田院乞兒而不驕，《古今說海》：蘇子瞻泛愛天下士，無賢不肖歡如也。嘗自言：「上可以陪玉皇大帝，下可以陪悲田院乞兒。」按唐開元中，官為京城乞兒置病坊，給廩食，至宋時改為悲田院或曰養病院。如此則尊卑溷矣，不可解四。弱則唾面而肯自乾，唐婁師德深沉有度量，人有忤己，輒遜以自免，不見容色。教其弟任官須能忍耐。弟曰：「人有唾面，拭之乃已。」師德曰：「未也。拭之是違其怒，當使自乾耳。」強則單騎而能赴敵，如此則寬猛背矣，不可解五。奪利爭名，甘居人後，觀場遊戲，肯讓人先，如此則緩急謬矣，不可解六。博奕摴蒲，則不知勝負，啜茶嘗水，則能辨澠淄，辨澠淄：春秋時齊桓公寵臣易牙，善知味，能分辨出澠、淄二河之水滋味的不同。如此則智愚雜矣，不可解七。有此七不可解，自且不解，安望人解？故稱之以富貴人可，稱之以貧賤人亦可；稱之以智慧人可，稱之以愚蠢人亦可；稱之以強項人可，稱之以柔弱人亦可；稱之以卞急人可，稱之以懶散人亦可。學書不成，學劍不成，學節義不成，學文章不成，學仙學佛、學農學圃俱不成，任世人呼之為敗子，敗子：不成材的人，所說源於穀物之「稗子」。為廢物，為頑民，為鈍秀才，為瞌睡漢，為死老魅也已矣。死老魅：即老而不死的妖物。

初字宗子，人稱石公，即字石公。好著書，其所成者，有《石匱書》、《張氏家譜》、《義烈傳》、《瑯嬛文集》、《明易》、《大易用》、《史闕》、《四書遇》、《夢憶》、《說鈴》、《昌谷解》、《快園道古》、《傒囊十集》、《西湖夢尋》、《一卷冰雪文》行世。以上著作今日尚存的有《石匱書》及《後集》、《古今義烈傳》、《瑯嬛文集》、《大易用》、《史闕》、《四書遇》、《陶庵夢憶》、《西湖夢尋》，又《快園道古》有殘本，《一卷冰雪文》民國時周作人尚見於書肆。其餘就不知存否了。

生於萬曆丁酉八月二十五日卯時，魯國相大滌翁之樹子也。張岱之父曾官魯王長史，故稱魯國相。大滌翁是張父之號。樹子，本來是指諸侯的嫡子，這裏只能做一般豪門的嫡子來講了。母曰陶宜人。幼多痰疾，養於外大母馬太夫人者十年。外大母：外祖母。外太祖雲谷公宦兩廣，外太祖：母親的祖父。藏生牛黃丸盈數簏，自余囡地以至十有六歲，食盡之而厥疾始瘳。六歲時，張岱《快園道古》卷五「夙慧部」云：「陶庵年八歲，大父攜之至西湖。眉公客於錢塘，出入跨一角鹿。」《陶庵夢憶》卷五「麋公」一則亦言是萬曆乙巳（三十三年）即張岱九歲時事。故此處六歲應是八歲之誤。大父雨若翁攜余之武林，遇眉公先生跨一角鹿，為錢唐遊客，陳繼儒，字仲醇，號眉公、麋公。松江人。工詩文、書畫，與董其昌齊名。對大父曰：「聞文孫善屬對，吾面試之。」指屏上李白騎鯨圖曰：「太白騎鯨，采石江邊撈夜月。」余應曰：「眉公跨鹿，錢唐縣裏打秋風。」眉公大笑，起躍曰：「那得靈雋若此！吾小友也。」欲進余以千秋之業，豈料余之一事無成也哉！

甲申以後，悠悠忽忽，既不能覓死，又不能聊生，白髮婆娑，猶視息人世，恐一旦溘先朝露，溘先朝露：謂生命比朝露還短暫，即死得過早。與草木同腐。因思古人如王無功、陶靖節、徐文長皆自作墓銘，王績，字無功，自號東皐子。有《東皐子集》傳世，內有《自撰墓誌》一篇。陶淵明有《自祭文》一篇。徐文長有《自為墓誌銘》一篇。余亦效顰為之。甫構思，覺人與文俱不佳，輟筆者再。雖然，第言吾之癖錯，則亦可傳也已。曾營生壙於項王里之雞頭山，友人李研齋題其壙曰：「嗚呼，有明著述鴻儒陶庵張長公之壙。」伯鸞高士，冢近要離，後漢梁鴻，字伯鸞。與妻孟光避禍至吳，依皐伯通家。及卒，伯通等為求葬地於吳要離塚傍，咸曰：「要離烈士，而伯鸞清高，可令相近。」要離，春秋時吳人，為吳王闔閭刺殺公子慶忌，然後自殺。見《吳越春秋》。余故有取於項里也。項王里距紹興城十五里，相傳為項羽練兵反秦復楚之地，此即張岱之所取。明年，年躋七十，死與葬，其日月尚不知也，故不書。銘曰：

窮石崇，鬪金谷。盲卞和，獻荊玉。《韓非子·和氏》：楚人和氏得玉璞楚山中，奉而獻之厲王。厲王使玉人相之，玉人曰石。王以和為誑，而刖其左足。武王即位，和又奉其璞而獻之。武王使玉人相之，又曰石。王又以和為誑，而刖其右足。文王即位，和乃抱其璞而哭於楚山之下，三日三夜，泣盡而繼之以血。王聞之，使人問其故。和曰：「吾非悲刖也，悲夫寶玉而題之以『石』，貞士而名之以『誑』，此吾所以悲也。」王乃使玉人理其璞而得寶焉，遂命曰「和氏之璧」。老廉頗，廉頗，戰國時趙將，被讒而逃於魏之大梁。趙以數困於秦兵，趙王思復得廉頗，廉頗亦思復用於趙。趙王使使者視廉頗尚可用否。趙使者既見廉頗，廉頗為之一飯斗米，肉十斤，被甲上馬，以示尚可用。戰涿鹿。黄帝與蚩尤大戰於涿鹿。但頗疑此處涿鹿為鉅鹿之誤。項羽率兵救趙，破釜沉舟，以示必死，與秦將章邯戰於鉅鹿，卒大破之。贗龍門，司馬遷，龍門人。開史局。饞東坡，餓孤竹。伯夷、叔齊，孤竹君之二子。互讓君位，俱逃於周。武王東伐紂。二人叩馬而諫，武王不聽，扶而去之。武王已平殷，天下宗周，而伯夷、叔齊恥之，義不食周粟，隱於首陽山，采薇而食，遂餓死。參見卷一《夢憶序》一文。五羖大夫，焉肯自鬻。虞國既為晉所滅，大夫百里傒淪為奴虜，先媵於秦，後逃至宛，為楚所虜。秦穆公聞百里傒賢，欲重贖之，恐楚人不與，乃使人謂楚曰：「吾媵臣百里傒在焉，請以五羖羊皮贖之。」楚人遂許與之。當是時，百里傒年已七十餘。穆公釋其囚，與語國事。謝曰：「臣亡國之臣，何足問！」穆公曰：「虞君不用子，故亡，非子罪也。」固問，語三日，穆公大說，授之國政，號曰五羖大夫。空學陶潛，枉希梅福。梅福字子真，漢成帝時任大將軍王鳳，專勢擅朝，梅福上書譏切王氏，不見納。及王莽專政，福一朝棄妻子，去九江，至今傳以為仙。其後，人有見福於會稽者，變名姓為吳市門卒云。必也尋三外野人，方曉我之衷曲。鄭思肖，號所南。元兵南下，扣閽上疏，辭切直，忤當路，不報。初名某，宋亡乃改今名，思肖即思趙，憶翁與所南皆寓意也。南宋既亡，自稱「三外野人」。精墨蘭，宋亡後為蘭不畫土，根無所憑藉。或問其故，則云地為他人奪去。臨終時囑其友曰：「思肖死矣，煩為書一位牌，當云大宋不忠不孝鄭思肖。」語訖而絕，年七十八。據王鏊《姑蘇志》，思肖嘗著《大無工十空經》一卷，空字去工而加十，宋字也，寓為「大宋經」。造語奇澀，自題其後云：「臣思肖嘔三斗血方能書此，後當有巨眼識之。」此書實即著名的《心史》，思肖臨終之前，編一生詩文，藏於鐵櫃，外書「大宋孤臣鄭思肖百拜封」，墜於蘇州承天寺眢井中，沉埋三百餘年，至崇禎十一年方被發現。張岱晚年心跡行止正與思肖相同，而所著明史稱《石匱》，亦自擬於《心史》，故詳述如此，以便參照。

姚長子墓誌銘

姚長子者，山陰王氏傭也。嘉靖間，倭寇紹興，由諸暨掩至鑒湖鋪。長子方踞稻牀打稻，見倭至，持稻叉與鬬。被擒，以藤貫其肩，囑長子曰：「引至舟山放儂。」長子誤以為吳氏之州山也。道柯山，柯山在山陰縣西。逾柯嶺，至化人壇。自計曰：化人壇四面皆水，化人壇：火化死人的地方。斷前後兩橋，則死地矣，盍誘倭入？乃私語鄉人曰：「吾誘賊入化人壇矣，若輩亟往斷前橋，俟倭過，即斷後橋，則倭可擒矣。」及抵化人壇，前後橋斷，倭不得去，乃寸臠姚長子，築土城自衛。困之數日，飢甚。我兵穴舟窒衂以誘之。穴舟窒衂：把船底打洞，塞以破絮。倭夜竊舟為走計，至中流，掣所窒，舟沉。四合蹙之，百三十人盡殲焉。鄉人義姚長子，裹其所磔肉齏，葬於鍾堰之壽家岸。無主後者，墓主無後嗣者。縱為牛羊踐踏之墟，鄰農且日去一鍤，其不為田塍道路者幾希矣。余為立石清界，因作銘曰：

醢一人，醢百三十人，功不足以齒；醢一人，活幾千萬人，功那得不思！倉卒之際，救死不暇，乃欲全桑梓之鄉；旌義之後，公道大著，乃不欲存盈尺之土。悲夫！

周宛委墓誌銘

余生平不喜作諛墓文，間有作者，必期酷肖其人，故多不愜人意，不掩過，不溢美，描摹死者太真實，即為家屬不喜歡。屢思改過，愧未能也。余老友周宛委先生去世，其公郎嘉績謂余與先生為文學知己，公郎：公子。微余莫志其墓。余辭曰：「宛委先生時在余目前，第恐落筆，又以唐突開得罪也。」老朋友的音容笑貌猶在目前，一寫即落真實，一落真實便唐突故人。嘉績曰：「藉先生虎頭之筆，得為先人寫照，虎頭，顧虎頭。見卷一《石匱書自序》注。幸甚！」

先生姓周，諱懋明，濂溪先生之後；濂溪先生，宋代大儒周敦頤號。郡司寇涵宇公，則先生父也。甫離繈褓，即以先生為司寇仲兄後。過繼給官至司寇的二伯父為後。少即穎敏異群兒。十八為日鑄董公館甥。館甥即女婿。董懋策，字揆仲，號日鑄。紹興人。董公為越中名宿，弟子數百人，一時英俊，皆在其門。先生自負過高，目諸同門，少所許可。及試有司，以奇文見斥。遂罷棄舉業，下帷稽古，下帷：放下帷帳，以專心讀書。涉獵群書。以此浪蕩不羈，家業日落。

先生益蹇傲佯狂，見人矯駭愕窒，愕然而僵，不相通語。如野鹿山雞不可與接。家居無事，輒浩歎長吁，其一肚皮怨天尤人、磊砢不平之氣，時時陡發，不禁其性火上騰，妒河中決。凡有著作，詩則昌谷之《惱公》，李賀有《惱公》詩，是情詩，與惱怒牢騷之類無關，當是張岱誤記。文則韓非之《孤憤》，賦則屈原之《離騷》，如笑如嗔，如嘲如詈，如斷巖之猿咽，如絕壑之泉悲。

後作《史斷》一書，眼前之人不足以供其唾罵，乃進而評騭千古。雖謀如孫武，智如諸葛，忠如文山，文天祥號文山。義如豫讓，趙魏韓三家既滅智氏。智伯之臣豫讓欲為之報仇，行刺趙襄子。襄子既擒豫讓，左右欲殺之，襄子曰：「智伯死無後，而此人欲為報仇，真義士也！」乃舍之。豫讓又漆身為癩，吞炭為啞，行乞於市，其妻不識也。襄子出，豫讓伏於橋下。襄子至橋，馬驚，索之，得豫讓，遂殺之。廉如伯夷，功業如光弼、子儀，李光弼、郭子儀，掃平安史之亂，為唐中興元勳。先生洗垢吹毛，尋其瘢痣，熱唱冷嘲，乞一生活地不可得。昔有柳先生行九者，與徐文長先生評論古人，常恨孔明不善兵，歷指可破魏擒操處皆失着，至欲裂眥。及去，文長先生送之，扉半闔，睨而曰：「不道短柳九辨殺曹瞞。」聞者絕倒。先生之《史斷》，其抉隱摘伏，大率類此。

先生幼弟允恒，余女倩也。女倩：女婿。。余嘗造其廬，先生見余至，必倉忙扶杖而來，袖其所著書，出以示余。余捧讀之，皆殘編斷簡，惡楮毛書，竄改塗抹，煙煤敗黑，微有字形。余不能句。先生尋行覓字，為余誦之。讀至刻畫深沉，翻駁痛快，則握拳透爪，嚙齒穿齦，東坡在儋耳，書帖云：「張睢陽生猶罵賊，嚼齒穿齦。顏平原死不忘君，握拳透爪。」嚄唶咨嗟，嚄唶：大呼大叫。唾洟滿面。聽其奇論，真動地驚天。自午至酉，連讀數帙，雖舌敝耳聾，不以為疲也。庚戌夏季，庚戌：康熙九年，張岱時已七十四歲。病劇且革，呼其長子嘉績至前，手授數卷，曰：「此吾遺文也，近世無知之者，留之後日，以待桓譚。」留之後日，以待桓譚：謂待後世之知音。漢末揚雄著《太玄》，知者惟桓譚。嚴尤聞揚雄死，謂桓譚曰：「子常稱揚雄書，豈能傳於後世乎？」譚曰：「必傳。顧君與譚不及見也。凡人賤近而貴遠，親見揚子雲祿位容貌不能動人，故輕其書。」言畢遂瞑。其友張岱曰：先生著述盈笥。其所持論，皆出人意表。余獨畏其舌鋒犀利，飲其毒者，受其毒詈者。無不黧面折角。蓋其笑則輔嗣，王弼，字輔嗣。三國時魏人。早慧博通，精《老子》、《易》。好以所長笑人，故為士君子所疾。是王弼之笑為嘲笑之笑。罵則灌夫，漢武帝時，灌夫為人剛直使酒，不好面諛。貴戚諸有勢在己之右，不欲加禮，必陵之。飲於丞相田蚡府，使酒罵座，卒致殺身。撾鼓如禰衡，東漢末，孔融數薦禰衡於曹操，操欲與相見，而衡疾惡之，藉口狂疾不肯往，而數有譏刺。曹操聞而欲辱之，乃錄為鼓史。八月朝，大宴賓客。時鼓史擊鼓，皆當脫其故服，易着新衣。次衡，衡擊為《漁陽參撾》，容態不常，音節殊妙。坐上賓客聽之，莫不慷慨。擊唾則曹操。此處易致人誤解。擊唾壺者為王敦，非曹操，只是王敦擊唾之時歌曹操所作詩耳。事見《晉書》：王敦既懷異志，每酒後詠魏武帝樂府歌曰：「老驥伏櫪，志在千裏。烈士暮年，壯心不已。」以鐵如意擊唾壺為節，壺邊盡缺。在本書卷六《公祭張亦寓文》中，張岱又重復了這一錯誤，說「曹孟德之擊碎唾壺」。如此異人，如此異才，求之天下，真不可無一，不能有二也。余嘗謂先生位不償德，命不酬才。王弇州著《文人九命》，王世貞《藝苑卮言》：「曩與同人戲為《文章九命》，一曰貧困，二曰嫌忌，三曰玷缺，四曰偃蹇，五曰流竄，六曰刑辱，七曰夭折，八曰無終，九曰無後。」又云：「吾於丙寅歲，以瘡瘍在牀褥者逾半歲，幾殆。殷都秀才過而戲曰：『當加十命矣。』蓋謂『惡疾』也。」先生乃占其四：一貧困，二嫌忌，三偃蹇，四惡疾。特以先生壽登七十，視履考，於夭折、玷缺、刑辱、流竄、無終，皆所獲免。而先生一事勝人，獨曰「有後」。先生丈夫子三，皆負軼才，自能名世。老泉偃蹇，軾、轍補之，蘇洵，字明允，號老泉。眉州眉山人。年二十七始發憤為學，閉戶讀書，通《六經》、百家之說，下筆頃刻數千言。至和、嘉祐間，與其二子軾、轍至京師。上翰林學士歐陽修其所著書二十二篇，既出，士大夫爭傳之，一時學者競效蘇氏為文章。韓琦見其書，奏於朝，除秘書省校書郎。復以霸州文安縣主簿預修纂禮書，書成則卒。而其子蘇軾名滿天下，蘇轍官至門下侍郎，執政。則先生一生憤懣抑鬱之氣，亦可藉此以稍殺矣。余以此語下慰九泉，遂拂石銘之。銘曰：

軒冕也而視如奴隸，英雄也而輕若兒稚，將相也而賤如狗彘。人則囁嚅，爾惟訴詈。余之佩服先生，猶越王之式怒蛙也，惟取其氣。《吳越春秋》：越王勾踐圖謀報吳復仇，欲使國人好勇赴死，路逢一怒蛙，起而憑軾致敬。未數年，民無長幼，臨敵雖湯火不避。

跋

跋梅花道人畫竹卷

古人自不可盡其伎倆。盡其伎倆：不能把自己的才學全部顯露出來。元季高人皆隱於畫史，如黃公望莫知其所終，或以仙去。黃公望，字子久，號一峰、大癡道人等。經史百家無不通曉。五十歲後始畫山水，自成一家，為元四家之首。因曾為全真道士，故有死後成仙之説。梅道人吴仲圭自題其墓曰梅花和尚，吴鎮，字仲圭，號梅花道人，又自署梅道人。工詩文書法，山水師法董源、巨然，善畫梅花、竹石。與王蒙、黃公望、倪瓚同被稱為元四家。後值兵起，以和尚墓獨全。蓋仲圭雖以筆墨自見，復時時韜晦，不使人盡知。今見此卷，方知其畫竹之妙，又知其書法之精，如入龍宮海藏，寶母珠胎，無所不備。第少碧眼波斯，不能辨別之耳。

近人于安瀾輯董其昌《畫旨》，其下卷中有一條，與本文相近，錄出備考。

古人自不可盡其伎倆。元季高人皆隱於畫史，如黃公望莫知其所終，或以仙去。陶宗儀亦異人也。梅道人吴仲圭自題其墓曰梅花和尚，後值兵起，以和尚墓獨全，樗里子之智與？

題葆生叔畫

葆生叔於萬曆乙巳年作此畫，葆生叔：張聯芳，字爾葆，張岱仲叔。詳見卷四《家傳·附傳》。乙巳，萬曆三十三年。余甫九歲。今傳世已六十四矣，而墨氣淋漓，着紙猶濕。重嵐疊嶂，於雨後觀之，方盡其妙。

跋王文聚隸書蘭亭帖

黄山谷曰：「世人但學《蘭亭》面，欲換凡骨無金丹。」蓋譏世之臨摹《禊帖》，皆僅得面龐，而未得其精髓也。余友王文聚，為右軍四十二代孫。楷法既精，復長漢隸，乃以蔡中郎石經筆法，蔡中郎石經：即熹平石經，字體為隸書。漢靈帝熹平四年，議郎蔡邕等奏求正定六經文字，由蔡邕等書石，鐫刻四十六碑，立於洛陽城南的開陽門外太學講堂。為《蘭亭》開一生面，銀鈎鐵勒，古勁無比。若論其秀穎之氣，則仍是《黄庭經》、《筆陣圖》所奪舍投胎者也。《黄庭經》：王羲之有小楷《黄庭經》。《筆陣圖》為衛夫人（衛鑠，王羲之之師）所寫書論，王羲之有《題衛夫人筆陣圖後》。譬之祖父相貌，其子孫肥癡羸瘦或有不同，而至審其骨格規模，未有不相肖者也。昔人云：「公侯之家，必復其祖。」則文聚另具肉身，猶思剔骨還父。見《紀年詩序》「悉怛太子」注。

跋祁止祥畫

士人作畫，當以草隸奇字之法為之，樹如屈鐵，山如畫沙，絶去甜俗蹊徑，乃為士氣。止祥仿仲圭畫，仲圭，吳鎮字。見《跋梅花道人畫竹卷》。點畫間筆筆有行草書意，蓋取法仲圭，而又能解脱繩束，真是透網金鱗，令人從何處捉摸。

祁豸佳，字止祥，祁彪佳之從兄。天啓丁卯（七年）舉人。工詩，長於度曲。為張岱「曲學知己」。明亡不仕。《陶庵夢憶》卷四有「祁止祥癖」一篇，可參看。

跋藍田叔米家山

崇禎甲申，余在淮上，崇禎十七年，張岱二叔張聯芳病死淮安，遂與堂弟張燕客至淮安處理喪事。與王宗伯覺斯同至武林。王鐸，字覺斯。官至南京禮部尚書。明人仿古稱禮部尚書為大宗伯。為明清之際大書畫家，尤以書法影響後世極大。張岱離開淮安後即與王鐸同舟回南。舟中講究書畫，見余所攜簏為藍田老所作米家山，藍田老：藍瑛，字田叔。住家西湖，以畫為業。老而彌工，蒼古頗類沈周。米家山：米芾與其子米友仁創造了一種以各種墨點與渲染表現雲霧雨雪山景的畫法，人稱這種山景為米家山，或米點山水。重巒叠嶂。宗伯取快刀斷其上截，而以淡遠山易之，更覺奇妙。因道米敷文居京，米敷文：米友仁曾官便蓋謂得其煙雲滅沒，取其境為《瀟湘白雲卷》。北固山在江蘇鎮江。心見北固諸山與海門連亙，敷文閣學士。是米家神髓也。

題仲叔畫

余叔守孤城，距賊壘三十里。有故人縋城來訪。余叔多其高義，就燈下潑墨作山水贈之。此二事皆非今人所有。故此畫皴法如蝟毛倒豎，稜稜礪礪，筆墨間夾有劍戟之氣。張岱《家傳·附傳》記張聯芳此事為守陳州時事：「時賊逼宛水，刀戟如麻。仲叔登陴死守，日宿於戍樓，夜尚燒燭為友人畫，重巒疊障，筆墨安詳，意氣生動。識者服其膽略。」

張岱仲叔即張爾葆，見卷四《家傳·附傳》。

跋張子省試牘三則

刻張遺卷，遺卷：未被考官取中而落選之卷。非怪張子之不遇也，欲以明張子之不遇。張子自有以不遇之也。張子之不遇，自有其不遇的緣由。區區帖括家，為地甚窄，乃欲以太古篆作霹靂文，此指不合於時的奇文。非李賀通眉長爪，李賀為人纖瘦，通眉長指爪。能下榻便拜乎？刻成，張子持以示余。余讀畢，張口而不能翕，曰：

「此不是試官考童子文，乃童子考試官文也。」聞者大噱。

張子省，不知何人，或疑即張岱化名，則此三跋是以第三者位置評自己試卷。

其二

筆筆存孤異之性，出其精神，雖遇咸陽三月火，項羽屠咸陽，殺秦降王子嬰，燒秦宮室，火三月不滅。不能燒失。龍醢而漦變，《左傳》：劉累學擾龍於豢龍氏，以事夏王孔甲，一雌龍死，醢之以食孔甲。《國語・鄭語》：夏之衰也，褒人之神化為二龍，同於王庭。後龍亡而漦在，櫝而藏之。至周厲王之末，發而觀之，漦流於庭，化為玄黿，入於王府。有童妾遭之而孕，遂生褒姒，以亡宗周。醢，剁成肉醬。漦，龍的涎沫。此言龍雖被醢，而其靈不滅，即僅餘涎沫，猶能變化。黿鋸而甲靈，借兄淹蹇，以昌此文。

其三

讀張子文，胸中猿咽，指下泉悲，不作眼前衛玠，《世說新語・容止》：衛玠美風儀。衛玠從豫章至下都，人聞其名，觀者如堵牆。玠先有羸疾，體不堪勞，遂成病而死，時人謂「看殺衛玠」。此言雖為時人所讚美，却不能傳之永久。欲問後世子雲。揚雄字子雲。「後世子雲」，意謂其文章雖不顯於時，而必為後世所知。詳見下文注。「欲問」，即以「後世子雲」為人生目標。「扎茁辣刷」，辣，應是「剌」字之誤，乖剌也。《夢溪筆談》：有一舉人作論曰：「天地軋，萬物茁，聖人發。」歐陽修曰：「此必劉幾也。」戲續之曰：「秀才剌，試官刷。」乃以大朱筆橫抹之，自首至尾，謂之「紅勒帛」，判大紕繆字榜之，既而果幾也。按：劉幾作文好奇。理自因之，復何怪焉？余語子省：揚子作《太玄經》，只自問玄不玄已耳，安問桓君山不桓君山耶？揚雄好古而樂道，欲求文章成名於後世，以為經莫大於《易》，故作《太玄》；傳莫大於《論語》，作《法言》……。用心於內，不求於外，時人皆忽之，唯劉歆及范逡敬焉，而桓譚以為絶倫，必傳於後世。桓譚，字君山。

跋寓山注二則

寓山作記、作解、作述、作涉、作贊、作銘者多矣，然皆人而不我，客而不主，出而不入，予而不受，忙而不閑。主人作注，不事鋪張，不事雕繪，意隨景到，筆借目傳，如數家物，如寫家書，如殷殷詔語家之兒女僮婢。閒中花鳥，意外煙雲，真有一種人不及知而己獨知之之妙。不及收藏，不能持贈者，皆從筆底勾出。如蘇子瞻鳳翔寺觀王摩詰壁上畫僧，蘇軾官鳳翔時，有《鳳翔八觀》詩，其一為《王維吴道子畫》，中有「祇園弟子盡鶴骨，心如死灰不復溫」之句。殘燈耿然，踽踽欲動，非其筆墨之妙，特其聞見之真也。區區門外漢，何足以深語。

寓山在紹興城西南二十里，崇禎初，御史祁彪佳依山作園，並作《寓山注》記寓山園中諸景，文存《祁彪佳集》中。明亡後，彪佳自沉於寓山池殉國。

其二

古人記山水手，太上酈道元，酈道元，字善長，北魏時人。所著《水經注》不僅是重要的地理學名著，也是很有欣賞價值的文學作品。其次柳子厚，柳宗元，字子厚。古文與韓愈齊名。被貶期間所寫山水遊記如《永州八記》等最為著名。近時則袁中郎。袁宏道，字中郎，號石公，湖北公安人。與兄宗道、弟中道合稱「三袁」，而文名最盛，影響所及，形成文學上專主性靈的「公安派」。讀《注》中遒勁蒼老，以酈為骨，深遠冶淡，以柳為膚，靈巧俊快，以袁為修目燦眉，立起三人，奔走腕下。近來此事，不得不推重主人。

跋徐青藤小品畫

唐太宗曰：「人言魏徵崛強，朕視之更覺嫵媚耳。」《舊唐書・魏徵傳》原話為：「人言徵舉動疏慢，我但見其嫵媚耳！」崛強之與嫵媚，天壤不同，太宗合而言之，余蓄疑頗久。今見青藤諸畫，徐渭，字文長，號青藤道士、天池山人等。離奇超脫，蒼勁中姿媚躍出，與其書法奇崛略同，太宗之言，為不妄矣。故昔人謂「摩詰之詩，詩中有畫，摩詰之畫，畫中有詩」，據傳為蘇東坡語。余亦謂青藤之書，書中有畫，青藤之畫，畫中有書。

再跋藍田叔米山

畫米家山者，止取其煙雲滅沒，故筆意縱橫，幾同潑墨。然不知其先定輪廓，後用點染，費幾番解衣盤礴之力也。昔之善書者，謂「忙促不及作草書」，正須解會此意。「忙促不及作草書」，或作「匆匆不及草書」，或作「忙不及草書」，此類語一向有兩種理解，一為時間匆迫而來不及作草書，是為草書更費功力；一為時間匆迫而不得不作草書，是以草書可以匆遽為之。張岱的理解似為前者，雖然是以此比喻作畫，雖潑墨亦須有解衣盤礴之功，但對原話的理解未必合適。宋李之儀《跋山谷草書漁父詞十五章後》論及於此，可以參考：「『家貧不辦素食，事忙不及草書』，此特一時之語耳。正不暇則行，行不暇則草，蓋理之常也。間有蔽於『不及』之語，而特於草字行筆故為遲緩，從而加馳騁以遂其蔽，久之雖欲稍急不可復得。今法帖二王部中，多告哀問疾、家私往還之書，方其作時，亦可謂迫矣，胡不正而反草何耶？此其據也。」

跋可一雲林筆意

畫家有皴法染法，如塑工增塑佛像，塑像有增塑、減塑之法。如泥塑即為增塑，木雕則為減塑。點染補綴，增一筆有一筆之妙。若雲林筆意，倪瓚，字元鎮，號雲林。則蕭疏懶散，用筆如斧，用墨如金，佛家所謂減塑也。展卷觀摩，當想見其毫端珍惜。

跋藍田叔枯木竹石

黄大癡九十而貌如童顏，米友仁八十而神明不衰，謂其以畫中煙雲供養也。以上三句曾見於陳繼儒《太平清話》及《妮古錄》，早於張岱。又，為後人所輯之董其昌《畫禪室隨筆》亦有此語。藍田叔年至望八，其畫枯木竹石，筆力愈老愈健，蓋得力於服食煙雲者應亦不少。

跋可上人大米畫

天下堅實者空靈之祖，故木堅則焰透，鐵實則聲宏。可一師最喜宋畫，每以板實見長，而間作米家，又復空靈荒率。則是其以堅實為空靈也，與彼率意頑空者，頑空，缺少畫學基礎，一味追求空靈，是以空靈掩其無學。又隔一紙。

跋謔庵五帖

天下之有意為好者未必好，而古來之妙書妙畫，皆以無心落筆，驟然得之。如王右軍之《蘭亭記》，顏魯公之《爭坐帖》，顏真卿，字清臣，開元間進士，登甲科。為監察御史，遷殿中侍御史。為楊國忠排斥，貶為平原太守。人稱顏平原。肅宗時至鳳翔，授憲部尚書，遷御史大夫。代宗時官至吏部尚書、太子太師，封魯郡公，人稱「顏魯公」。《爭座位帖》又名《與郭僕射書》，行草。為廣德二年與郭英乂之書信稿。顏真卿行草書精品。後世以此帖與《蘭亭序》合稱「雙璧」。皆是其草稿，後雖摹仿再三，不能到其初本。今觀謔庵五帖，皆陸癯庵見其醉中屬草，就手攫得之者也。緯止珍愛，謝緯止，張岱與陸癯庵之好友。亦如蕭翼賺出《蘭亭》，掩藏疾走，試展卷開看，亦見山花能遍地發否。見卷一《水滸牌序》注。

王思任，晚年號謔庵。書法為晚明名家，學董其昌而自成面目。

銘

木猶龍銘

夜壑風雷，靜夜的深谷中陡起風雷。**神槎化石。**晉張華《博物志》：舊說天河與海通。近世有人居海濱，年年八月有浮槎去來不失期，此人即齎糧乘槎而去。芒芒忽忽，不覺晝夜。至一處，有城郭屋舍，遙望宮中多織婦，一丈夫牽牛飲於渚次，乃驚問此為何處。答曰：「君還至蜀郡訪嚴君平則知之。」因還。後至蜀問君平。君平曰：「某年月日有客星犯牽牛宿。」計年月正是此人到天河時也。**海立山奔，煙雲滅沒。謂有龍焉，呼之欲出。**

《陶庵夢憶》卷一有「木猶龍」一篇，言「木龍出遼海，為風濤漱擊，形如巨浪跳蹴，遍體多着波紋」。「丁丑詩社，懇名公人賜之名，並賦小言詠之。周墨農字以『木猶龍』，倪鴻寶字以『木寓龍』，祁世培字以『海槎』，王士美字以『槎浪』，張毅儒字以『陸槎』」。

又銘

擾龍張子，擾，馴服。夏時有劉累學擾龍於豢龍氏。**尺木書銘。**《酉陽雜俎》：龍頭上有一物如博山形，名尺木。**何以似之？秋濤夏雲。

小硯銘

入溪山，坐清樾。樾：樹蔭。攜爾來，誌日月。

修改宋硯銘

服則鄉而貌則古。譬諸孔子，少居魯，衣逢掖之衣，長居宋而冠章甫。《禮記・儒行》：魯哀公問於孔子曰：「夫子之服，其儒服與？」孔子對曰：「丘少居魯，衣逢掖之衣；長居宋，冠章甫之冠。丘聞之也：君子之學也博，其服也鄉。丘不知儒服。」按：逢掖之衣，魯國書生之衣。章甫之冠，是殷人之冠，宋為殷後，故也冠章甫。

修改宋硯，即把宋代的古硯略改形制而成。

紫袍玉帶硯銘

碱也藏玉之理，碱：似玉之石。石也發水之光，硯也乃具人之冠裳。譬猶范也，《禮記・檀弓下》「蠶則績而蟹有匡，范則冠而蟬有委。」鄭玄注：「范，蜂也。」腰有鞶帶，鞶帶：皮製的大帶，為古代官員的服飾。蜂王腰部有黃環如帶。是為蜂王。

小硯銘

薄如葉，赤如柹。鄭虔學書，用以為紙。《唐才子傳》：鄭虔，窮飢轗軻，淡如也。能書，苦無紙，於慈恩寺貯柹葉數屋，遂日就書殆遍。

松節硯銘

山川瑤，冰雪力。肘後風雷，肘下筆墨而成風雷。老松化石。

又銘

出山澤，成龍文。前黃石，後赤松。張良年少時遇黃石公，受太公兵法；功成後辟穀，欲從仙人赤松子游。此處喻指此硯亦松亦石。

瓷壺銘

山民於市兒手攫得一壺，款式高古。余把玩一載，始得銘之。

沐日浴月也其色澤，哥窰漢玉也其呼吸，青山白雲也其飲食。

椰子冠銘

蘇子椰杯，即以覆首。蘇東坡《椰子冠》詩，中有「自漉疏巾邀醉客，更將空殼付冠師」之句。學彼陶潛，葛巾漉酒。《南史・陶潛傳》：潛逢酒熟，取頭上葛巾漉酒，畢，還復着之。

竹皮冠銘

古者以冠，用夏變夷。不忘漢制，故用竹皮。《史記·高祖本紀》：高祖為亭長，以竹皮為冠，時時冠之。及貴常冠，所謂「劉氏冠」乃是也。

石皮硯銘

有石有石，存皮若何？筆攻墨守，《墨子·公輸》：公輸盤為楚造雲梯之械，將以攻宋。子墨子聞之，至郢，見公輸盤。子墨子解帶為城，以牒為械，公輸盤九設攻城之機變，子墨子九距之。公輸盤之攻械盡，子墨子之守御有餘。棄甲則那。「那」音「挪」，是「奈何」二字合音。

又銘

皮則不刊，骨則不斫。言念君子，尚寶其璞。留石皮不削去，是寶愛其璞。

小硯銘

左思作賦，門庭藩溷，皆着筆札。左思，字太冲，西晉時臨淄人。欲作《三都賦》，構思十年，門庭藩溷，皆着筆紙，遇得一句，即便疏之。硯薄如紙，以便於挾。

殘銅水中丞（大父所遺）

雖戕口，不起羞。《大戴禮記·武王踐阼》：几之銘曰：「皇皇惟敬，口生㖃，口戕口。」注：言口能害口也。又《書·說命中》：「惟口起羞，惟甲胄起戎。」起羞，招致羞辱。雖折足，不覆餗。《易·鼎·九四》：「鼎折足，覆公餗。」餗，鼎中之美食，鼎足折則食覆於地。點點滴滴，毋忘手澤。手澤，指先人撫摸玩賞過的東西。

謝緯止硯山銘

米顛石，具丘壑，有雲煙，無斧鑿。袍笏拜之，公曰「諾」。米芾好石，知無為軍，郡齋有怪石，芾具公服拜之，呼為「石丈」。

松櫪硯銘

老龍鱗，在松櫪。誰著書，多歲月。

劉雲硯銘

泰山雲，奔如馬。不崇朝，雨天下。《春秋公羊傳》僖三十一年，言泰山之雲：「觸石而出，膚寸而合，不崇朝而遍雨乎天下者，唯泰山爾。」

又銘

芒碭雲，歸劉氏。《史記·高祖本紀》：秦始皇常曰「東南有天子氣」，於是因東遊以厭之。高祖即自疑，亡匿，隱於芒、碭山澤巖石之間。呂后與人俱求，常得之。高祖怪問之。呂后曰：「季所居上常有雲氣，故從往常得季。」君子得之，昌其文字。

隻履硯銘

遇黄石，授素書。孺子可教，圯橋進履。圯上納履事見《史記·留侯世家》，最後老人出一編書，曰：「讀此則為王者師矣。後十年興。十三年孺子見我濟北，穀城山下黄石即我矣。」

又銘

匪革則石，匪舃則舃。用王喬事。見卷二《遊山小啓》注。仙吏朝天，幾幾斯翼。《詩·豳風·狼跋》：「公孫碩膚，赤舃幾幾。」幾幾，是形容鞋頭的絇飾。

端硯銘

潤如玉，能發墨。面無鸜斑，鸜鵒斑，硯石上類似鸜鵒的灰色斑紋。而眸無鸜鵒。硯石貯水處有赤白黄色點者謂之鸜鵒眼。此石瑶也，而近乃出端族。

鶯硯銘

鶯石硯，以米名。明高濂《遵生八箋》中有古瓦鶯硯一圖，注云：此古片瓦之半，就形琢為鶯硯。其制甚佳，質細而堅。半厚半薄，長七寸，闊四寸。尾上有「元章」二字，上扣「米氏珍藏」印章。畫朱竹，寫《黄庭》。王羲之曾寫《黄庭經》以贈山陰道士。後世書家亦多有書《黄庭經》而成名帖者。配松雪，管夫人。管夫人，名道升，字仲姬，趙孟頫（松雪）之妻。聰明過人，能詞章，善書畫，蘭竹最精，有「懸崖朱竹」傳世。信佛，常畫大士像，手書《金剛經》數十卷，以施名山名僧。鶯硯上琢鶯鳥之形，應是閨閣所用，故云可配管夫人。

又銘

出奩匣，付侍鬟。勿謂黛淺，中有遠山。《趙飛燕外傳》：飛燕女弟合德入宮，為薄眉，號遠山黛。又《玉京記》：卓文君眉不加黛，望如遠山。

宋硯銘

拙則厚，樸則壽。夢滌錦江，砂文篆籀。《舊五代史·周書·王仁裕傳》：夜夢剖其腸胃，引西江水以浣之，又覩水中砂石，皆有篆文。四川錦江又稱西江。

龍泉窑魚耳爐銘

楓冷吳江，唐崔信明有「楓落吳江冷」句，張炎《綺羅香》詞本之，云：「楓冷吳江，獨客又吟愁句。」秋水澄碧。其口淰淰，杜甫《放船》詩：「山雲淰淰寒。」注：「淰淰者，狀雲物散而不定。」其耳濕濕。《詩・小雅・無羊》：「爾牛來思，其耳濕濕。」形容其耳搖動貌。謂有魚焉，呼之欲出。

章侯竹臂閣銘（畫松化石鈎勒）

松化石，竹飛白。閣以作書，銀鈎鐵勒。誰為為之章侯筆。

又枯木竹石臂閣銘

枯木竹石，雪堂雲林。雪堂，蘇東坡被貶黃州，曾構雪堂，因以為號。東坡精於畫竹石，創文人畫，與文與可齊名。運筆如鐵，惜墨若金。用以作字，閣臂沉吟。

定窰蓮子杯銘

玉吾屬，蓮吾族。伶酒羽茶，劉伶酒，陸羽茶。惟爾所欲。

白定葵花水中丞銘

水得臣心，《漢書·鄭崇傳》：「臣門如市，臣心如水。」葵得臣貌。

宣窰茶碗銘

秋月初，翠梧下。出素瓷，傳靜夜。

寶瓶硯銘

口戕口，在管城。口戕口，見前《殘銅水中丞》一則注。管城子，指筆。韓愈《毛穎傳》：圍毛氏之族，拔其豪，載穎而歸，獻俘於章臺宮，聚其族而加束縛焉。秦皇帝使恬賜之湯沐，而封諸管城，號曰管城子。此句言文人言語之禍，多出筆下。古君子，守如瓶。

天石硯銘

但曰玉，爾不服。攻腧麋，則爾獨。天石硯即不加雕琢的天然石硯。腧麋，地名，以產墨著名，後遂為墨之代稱。蘇軾有《天石硯銘》，言年十二時鑿地為戲，得異石如魚，膚溫瑩作淺碧色，表裏皆細銀星，扣之鏗然。試以為硯，甚發墨，無貯水處。先君曰：「是天硯也，有硯之德而不足於形耳。」此言「攻腧麋，則爾獨」，即言其特能發墨。

竹臂閣囊銘

玉有璞，竹有籜。籜，竹筍的皮。君子師之，示人以樸。

為趙我法銘杖

度索度索，挾杖而嘯。度索應指踩繩索而行，横持杖則為保持平衡，而趙我法則以腋挾杖大笑而度。此言其健。人或笑之，則應曰：余武人也。凡遇賦詩，則横之如槊。蘇軾《赤壁賦》：「方其（曹操）破荆州，下江陵，順流而東也，舳艫千里，旌旗蔽空，釃酒臨江，横槊賦詩，固一世之雄也，而今安在哉。」

為陸臞庵銘杖

君所嗔，借人力。杖於家，過七十。《禮記・王制》：「五十杖於家，六十杖於鄉，七十杖於國，八十杖於朝。」

又為趙我法銘杖

坐勿肯坐，臥勿肯臥。步履如飛，有杖則荷。如言爾杖國之年也，杖國，指年過七十。見前條注。則唾。

夔龍硯銘

膚寸雲，興麋隃，麋隃，即「隃麋」，墨之代稱。不崇朝，遍區宇。見《劉雲硯銘》注。誠盛世之夔、龍也，帝曰：「俞，汝霖雨。」此模仿《舜典》成文。舜有二大臣，曰夔曰龍。《舜典》中帝問四嶽，誰能典三禮，咸曰伯夷。而伯夷讓於夔、龍。帝曰：「俞，往，欽哉！」但此硯之夔龍只是一物。

龔春壺銘

古來名畫，多不落款。此壺望而知為龔春也，龔春，明正德、嘉靖時人，最早使宜興泥壺成為藝術品的民間藝人。或作「供春」。據說所製「栗色暗暗，如古今鐵，敦龐周正。」或說現僅存一二件，或說已經絕傳。使大彬骨認，「骨認」難解，或為「冒認」之誤？大彬，時大彬，見《五異人傳》注。敢也不敢？

二十八友銘（並序）

陶庵曰：廬陵嗜奇，六一為號；歐陽修，廬陵人。好金石古物，著《集古錄》。自號六一居士，自敍命名之由：藏書一萬卷，集錄三代以來金石遺文一千卷，琴一張，棋一局，常置酒一壺，「以吾一翁，老於此五物之間，是豈不為六一乎？」老鐵好古，七客著名。老鐵，即元明之際的大詩人楊維禎。維楨字廉夫，號鐵崖，又號鐵笛道人，自呼老鐵。山陰人。好古物，以所藏笛、琴、管、胡琴、古甕與硯等各錫嘉名，如硯曾為文天祥所用，紫質玉紋，即稱為「玉帶生」云，即名所居為「七客寮」。所作樂府最為知名，時號「鐵崖體」，本書卷三中張岱所作樂府十首，明顯受其影響。余家舊物，失去強半，而余尚識其姓氏，如得故友，故曰友也。

雨花石銘

大父收藏雨花石，自余祖余叔及余，積三世而得十三枚，奇形怪狀，不可思議。

怪石供，將毋同？《世說新語·文學》：太尉王導問阮修曰：「老莊與聖教同異？」對曰：「將無同？」太尉善其言，辟之為掾。世謂「三語掾」。將無，商榷之辭，不直說「同」，而用與對方商討口吻。

硯山銘

二酉叔收藏。層巒疊嶂，方壇髻螺，罔不畢具。而靈壁之產，尤難於皺瘦。

來米嶽，無斧鑿，余見則攫。見卷二《海志》「西天門」條注。

蘭花小廠盒銘

大父收藏蒸餅盒，重枝疊葉，鐵畫銀鈎，永樂廠造。明代皇家作坊及勞作處多以「廠」名，如瓦廠、石廠、黑窰廠、神木廠、鑄鐘廠、琉璃廠、金殿廠之類。而廠盒是明永樂年間由「果園廠」製作的漆器盤盒。其制以金銀錫木為胎，有剔紅、胎膝兩類，精美無比。詳見高士奇《金鰲退食筆記》卷下。

匪木匪石，珊瑚琥珀。

白定爐銘

二酉叔收藏白定爐，松文慘澹。嘉禾項墨林以五百金售之，二叔辭以殉葬。五百緡，豈余詎？固辭之，以殉葬。

小美人觚銘

二酉叔收藏漢銅小美人觚，長尺有三寸，半截花紋，渾身翡翠。觚不觚，《論語・雍也》：子曰：「觚不觚，觚哉！觚哉！」觚不觚，是觚而不似觚。翡翠之都。翡翠，形容青銅的顏色。都，美麗。

哥窰卮銘

二酉叔收藏哥窰卮，傍着一把，如竹籜初解，大塊冰裂。於籜於籜，其光在弱。弱，疑是篛（箬）字之誤，篛，開始蛻殼的嫩竹，方與「竹籜初解」相合。

哥窰丱髻瓶銘

二酉叔收藏丱髻瓶，高六寸許，下截如紙堆，而色澤瀏漓，入手欲墮。持之弗易，一跌百碎。

碧玉簪銘

爾蘊叔收藏四碧水料簪，長三寸許，遍體文螭，上有「言念君子，溫其如玉，陸子岡製」陽篆文十二字。陸子岡為當時蘇州治玉名匠。

不我醜，不以我醜。伴白首，是我結髮之友。

宣銅象格爐銘

爾蘊叔收藏象格爐，妙在不高而淺，渾身韻色，熟落無比。

盤根錯節，正而不譎。

哥窰印池銘

爾蘊叔收藏印池，縱二寸，横寸半，處州色，而紋片疏爽。

觀其紋片，自不能賤。

晉唐小楷銘

爾蘊叔收藏晉唐小楷十八本，王麟洲先生所集。麟洲，王世懋别號。王世貞之弟，嘉靖進士，累官至太常少卿。文名次於其兄。摹拓之精，的係貞觀。貞觀，唐太宗年號。太宗好二王法帖，得《蘭亭序》之後，命歐陽詢、虞世南、褚遂良等分別臨摹，現傳世的以馮承素所臨最為逼真。

紙與墨與拓之精，嗚呼古人！

茶條杖銘

陶庵收藏茶條杖，渾身輪囷，而足下稍蹩。自蹩躠，蹩躠：跛行貌。扶人蹶，爾拙。

斷紋古琴銘

陶庵收藏。斷紋之妙，棱棱如劍鋒，毫髮不毨。不毨：此處是說紋路齊截，毫無毛刺。吾與爾言，爾亦予諾。

宣德填漆盒銘

陶庵收藏宣德盒，脫盡漆木之氣，上有曇花，赤如珊瑚，綠如祖母。層復層，既鮮且明。

羊脂玉鯤鵬圖書匣銘

燕客收藏紫檀匣，胞漿甚古，玉刻鯤化為鵬，蹴浪如雪。

贊爾曰雪，爾猶不屑。

呂文安糕拙硯銘

燕客收藏糕拙硯，甚渾樸，池開一錠墨，着墨處稍湧起一痕。

磨棱倒角，爾只一樸。

呂吉士漢玉昭文帶戒尺銘

燕客收藏昭文帶，如一塊臘豬肉，皮中多血皴，光潤異常。

非敢為佞，漢玉之聖。

楊谿之三弦子銘

燕客收藏弦子，出范崑白手，范崑白，明末蘇州治三弦名家。見張岱《陶庵夢憶》卷一「吳中絶技」。檀幹蛇蜕精絶。燕客以文犀作軫，漢玉作把，遂享重名。

華其飾，是范崑白乃直。

錢子方古鏡銘

道子收藏素秦駝，厚半寸，渾身水銗，銗：古銅器的鏽痕，銗似即「沁」。古署曰「寒潭秋月」。有紫檀架，以漢玉嵌之。婆娑婆娑，稍有弇阿，弇阿，即媕阿、媕娿，本指依違阿曲，此處作傾斜解。照膽則那。

李錦城龔春臺銘

道子收藏。泥細如麵，出款卓犖，氣樓一聳，大非今人所及。諸妙畢備，慚愧慚愧。

定窰水中丞銘

道子收藏水中丞，是石門舅祖家藏，的是定窰，而火色未去，人多疑之。出世數百年也而火色未去，譬如老年人尚性氣。

宣銅反復蓮花水盂銘

道子收藏，烏斯藏物，元明時稱前後藏地區為烏斯藏。其質其色之妙，認宣銅者，此是對牌。水火可入，不失其色。

白瑛石銘

山民收藏，石棱如刀環相比，遍體雪癡，不靈不動。

決不似玉，我白落落。

大繩耳分襠宣銅爐銘

山民收藏，爐口甚宕，肚囊一束，無限筋節，非甘文臺、施銀匠輩所能夢見。《陶庵夢憶·甘文臺爐》：蘇州甘回子文臺，其撥蠟範沙，深心有法，而燒銅色等分兩，與宣銅款致分毫無二，俱可亂真。寬而不拓，囊而不落，此宣爐之忖度。忖度：此處作標準解。

白定硯頭瓶銘

山民收藏，瓶甚波俏，意在減省，惜料如金。何以立定窰之品？惟其省。

石皮硯銘

山民收藏天然糕拙硯，旁帶松皮，內地細潤，而發墨如砥。內馬肝，外犀革。此謂硯皮不裹癡骨。晉時俗語有「妍皮不裹癡骨」，即人生得漂亮，也一定內秀。

官窰分襠銅爐銘

山民收藏，粉白地，海棠花口，下分襠，如三桃鼎立。

其色萼萼，其光濯濯，呼桃則諾。

王二公徐氏家藏壺銘

山民收藏，肉眼視之，未免澆薄，而氣厚質堅，蓋如鐵響。磽磽殼殼，（磽磽，土地瘠薄。殼殼，中空而薄脆狀。）其氣不薄。

贊

準提菩薩頌

佛現神通，一十八臂。準提菩薩法相多為十八臂，兩手合掌，兩手作法印，其餘十二手各持寶幢、蓮花諸法物。既得器用，還為器滯。還為器具所拖累。閒着雙手，反得如意。結印在空，如月印地。大地山河，兩手握住。

準提菩薩，又譯準胝觀音、準提佛母、七俱胝佛母，禪宗稱為天人丈夫觀音。

漢前將軍關侯贊

由大將軍而得度，《天台智者禪師傳》：隋開皇十二年，智者至當陽（今湖北當陽）上金龍池，欲立道場。入定，見關某，言：「某住此山，欲為智者去一舍立寺。」智者七日出定，而棟宇煥麗。神乃受師五戒。師致書晉王（楊廣），王奏，賜名玉泉寺，以關某為寺伽藍神。現帝王身而說法。關羽自宋代以來，歷封義勇武安王、崇寧至道真君、伏魔大帝等號。其義在髯，其忠在頰，其憂在眉，其怒在髮。雖以武夫，克配聖賢。且以殺人，得證菩薩。

梓潼帝君贊

孝友文章，《詩・小雅・六月》有「張仲孝友」句。後世造《文昌化書》，說梓潼文昌帝君歷世為士大夫，而第一世即此「孝友」之「張仲」，云：周宣王世，文昌化生，名張忠嗣，字仲。主持風雅。席帽白騾，梓潼帝君畫像就是騎白騾，戴草帽。遊行華夏。彩筆簪纓，盡歸陶冶。兵氣縱橫，文星退舍。太史龍門，走問牛馬。司馬遷《報任少卿書》：「太史公牛馬走」。為向對方表示自謙之辭。學彼頑童，裝聾作啞。文昌帝君二侍童，一為天聾，一為地啞。據說，是因為真君為文章之司命，貴賤所繫，故用聾啞於側，使其知者不能言，言者不能知，天機弗泄也。

又贊

七十化身，《文昌化書》云梓潼神本清河張戶老之子，名亞，自周代之後，轉世七十三代，世世為士大夫。璿璣再造。去簪而纓，改冠而帽。大人君子，變虎變豹。《易・革》：大人虎變。君子豹變。此言文昌變相為魁星。五星聚斗，光乃四照。文錦既成，雖醜登廟。後四句似說魁星。魁星即北斗七星之第一星，或謂第一至第四星。「五星聚斗」即是文運興旺。魁星塑像取之字形，為醜鬼舉足而起其斗。故此云「雖醜登廟」。

白衣觀音贊（並序）

岱離母胎八十一年矣，常常於耳根清淨時，恍聞我母念經之聲。蓋以我母年少祈嗣，許念《白衣觀音經》三萬六千卷也。故岱生時遂有重胞之異，重胞：雙層胎衣。此經聲是胎裏帶來，雖遭劫火燒之不失也。於是焚香頂禮，作《白衣大士贊》曰：

鷹以胎教，自抛其卵。據說老鷹在小鷹還沒有孵出之前，就把卵自空抛下，讓卵內鷹雛受到「胎教」。螟以聲教，蠃遂肖我。《詩・小雅・小宛》：「螟蛉有子，蜾蠃負之。」本來是蜾蠃捕螟蛉喂它的幼蟲，古人却誤認為蜾蠃養螟蛉為己子。以至《揚子法言》云：螟蛉之子，殖而逢，蜾蠃祝之曰：「類我，類我。」久則肖之。顯然，這裏施以「聲教」的是蜾蠃，而螟蛉則因「聲教」變得像了蜾蠃。張岱在此處弄顛倒了。胞裏聞經，八十一祀。一聞母聲，一見我母。振海潮音，如雷灌耳。

題我法方朔於今再見圖

于思方朔，古畫中的東方朔鬍鬚很多。顏丹睛綠。所索者長安之米，所飽者侏儒之粟，《漢書・東方朔傳》：朔上言武帝：「侏儒長三尺餘，奉一囊粟，錢二百四十。臣朔長九尺餘，亦奉一囊粟，錢二百四十。侏儒飽欲死，臣朔飢欲死。不如罷之，無令但索長安米。」所攫者王母之桃，《漢武故事》載：有短人曰巨靈，指東方朔謂武帝曰：「王母種桃，三千年一結子。此兒不良，已三過偷之。失王母意，故被謫來此。」上大驚，始知朔非世中人。所遺者細君之肉。《漢武故事》又載：伏日，詔賜從官肉。大官丞未至，東方朔獨拔劍割肉，即懷肉去。大官奏之。朔入，上曰：「昨賜肉，不待詔，以劍割肉而去之，何也？先生起，自責也！」朔再拜曰：「朔來！朔來！受賜不待詔，何無禮也！拔劍割肉，一何壯也！割之不多，又何廉也！歸遺細君，又何仁也！」細君，東方朔之妻。**人謂將軍，不負此腹。**蘇東坡《聞子由瘦》詩，有「從來此腹負將軍」句，東坡自注云：俗諺云：大將軍食飽，捫腹而歎曰：「我不負汝！」左右曰：「將軍固不負此腹，此腹負將軍，未嘗出少智慮也。」張岱此贊中說到東方朔相關的俱為米粟桃肉等食品，故云「不負此腹」。

我法，趙我法。張岱詩友。由此篇看來，又善丹青。

自題小像

功名耶落空，富貴耶如夢，忠臣耶怕痛，鋤頭耶怕重，著書二十年耶而僅堪覆甕，揚雄著《太玄》、《法言》。劉歆嘗觀之，謂雄曰：「空自苦！今學者有祿利，然向不能明《易》，又如《玄》何？吾恐後人用覆醬瓿也。」雄笑而不應。之人耶有用沒用？

周戬伯像贊

有東坡之文章，而世不之忌；有步兵之放達，阮籍好酒，步兵校尉缺，廚中有貯酒數百斛，阮籍乃求為步兵校尉。故稱為阮步兵。其「放達」事，載於《世說新語·任誕》中甚多，如：阮籍喪母，裴楷往吊。阮方醉，散發坐牀，箕踞不哭。阮籍鄰家婦，有美色，當壚酤酒。阮常從婦飲酒，醉便眠其婦側。夫始疑之，伺察，終無他意。等等。而眾不之異；有文山之聲伎，文天祥，字宋瑞，號文山。《宋史》本傳言其性好豪華，平生自奉甚厚，聲伎滿前。至國有難，痛自貶損，盡以家貲為軍費。而人不之議。蓋人皆着其跡也，而先生只嗅其氣。故余謂先生，下可以陪悲田院乞兒，上可以陪玉皇大帝。《古今說海》：蘇子瞻泛愛天下士，無賢不肖歡如也。嘗自言：「上可以陪玉皇大帝，下可以陪悲田院乞兒。」按唐開元中，官為京城乞兒置病坊，給廩食，至宋時改為悲田院或曰養病院。

張子㝢像贊

書五車，《莊子·天下》：「惠施多方，其書五車。」才八斗，謝靈運嘗曰：「天下才有一石，曹子建獨佔八斗，我得一斗，天下共分一斗。」雲夢在胸，司馬相如《子虛賦》：「秋田乎青丘，仿偟乎海外，吞若雲夢者八九，其於胸中曾不蒂芥。」雲夢，楚中大澤名。若邪在手。若耶溪，在紹興城南，相傳西施浣紗於此。愉色婉容，醇然如酒。貌子㝢者，其見子㝢於菽水承歡，《禮記·檀弓下》：孔子曰：「啜菽飲水盡其歡，斯之謂孝。」而上事其八旬之母。

王季重先生像贊

拾芥功名，生花采筆。以文為飯，王思任有《文飯小品》五卷傳世。以弈為律。律，此指音樂。謔不避虐，錢不諱癖。傳世小題，幼不可及。王思任早年自編文集《及幼草》，多為短文小題。宦橐遊囊，分之弟侄。孝友文章，當今第一。

陸德先像贊

謔庵任誕，德先牢騷。水乳自合，遂號定交。兩人名起，磔磔雲霄。磔磔，鳥鳴聲。蘇軾《石鐘山記》：「山上棲鶻，聞人聲亦驚起，磔磔雲霄間。」則德先真英雄也，而能為魏武捉刀。《世說新語·容止》：曹操將見匈奴使，自以形陋，不足雄遠國，使崔季珪代，帝自捉刀立牀頭。既畢，令間諜問曰：「魏王何如？」匈奴使答曰：「魏王雅望非常；然牀頭捉刀人，此乃英雄也。」曹操聞之，追殺此使。按：崔琰字季珪，本在袁紹幕下，紹敗亡後，為曹操所辟，官至尚書。為人剛直不阿。

伯凝弟撫琴圖贊

金玉爾音，珪璋爾相。兩耳耽耽，氣宇遒上。腹笥便便，笥，書箱。腹笥即指胸中所有的學問。便便，此指腹中所畜豐滿。詩書跌宕。胸中惟古聖賢之與俱也，而目前之人不足以當其一盼。昔以其學富五車也，則以為作《左傳》之丘明。今以其精警六律也，則以為聽濮音之師曠。師曠，春秋時晉國樂師，博學有識，能辨音律。《史記·樂書》：衛靈公將之晉，至於濮水之上舍。夜半時聞鼓琴聲，乃召師涓曰：「吾聞鼓琴音，其狀似鬼神，為我聽而寫之。」師涓因端坐援琴，聽而寫之。即至晉，見晉平公。平公置酒於施惠之臺。靈公曰：「今者來，聞新聲，請奏之。」平公即令師涓坐師曠旁，援琴鼓之。未終，師曠撫而止之曰：「此亡國之聲也，不可遂。」平公曰：「何道出？」師曠曰：「師延所作也。與紂為靡靡之樂，武王伐紂，師延東走，自投濮水之中，故聞此聲必於濮水之上，先聞此聲者國削。」

張培，字伯凝，張岱堂弟。詳見《五異人傳》。

季弟山民像贊

身在朱門邪，而神游嶽瀆。跡混市廛邪，而胸存松菊。松菊：指隱士生活。貌若仙人邪，而心持金粟。金粟如來。此指張山民信仰佛教。其所嗜好邪，米顛石，米芾好石，舉止多怪異，時人稱為米顛。子猷竹，晉王徽之字子猷，好竹。常借居空宅中，便令種竹。徽之嘯詠指竹曰：「不可一日無此君。」桑苧茶，唐茶聖陸羽自號桑苧翁。東坡肉。其所住家邪，舟居非水而陸處非屋。《南齊書・張融傳》：世祖問融住在何處？融答曰：「臣陸處無屋，舟居非水。」後日上以問融從兄緒，緒曰：「融近東出，未有居止，權牽小船於岸上住。」之人邪不俗。

張岷，字山民，張岱同胞幼弟。詳見卷五《山民弟墓誌銘》。

燕客三弟像贊

介甫執拗，王安石，字介甫。燕客字介子。郅都暴虐。《史記・酷吏列傳》：郅都，漢景帝時人，執法嚴酷，不避貴戚，列侯宗室見之側目而視，號曰「蒼鷹」。始慕橫財之燕公，唐張說封燕國公。唐李亢《獨異志》云：盧懷慎無疾暴卒。夫人崔氏，止其兒女號哭。曰：「公命未盡，我得知之。公清儉而潔廉，四方賂遺，毫髮不留。與張說同時為相。今張說納賄山積，其人尚在。而奢儉之報，豈虛也哉！」及宵分，公復生。左右以夫人之言啓陳。懷慎曰：「理固不同，冥司有三十爐，日夕為張說鼓鑄橫財。我無一焉，惡可並哉！」言訖復絶。後羨驟貴之桂萼。桂萼，字子實。正德六年進士。武宗死後無嗣，世宗以藩王子入繼大統。即位後，欲尊崇所生，廷臣力持異議，惟桂萼與張璁上疏，力主追尊世宗生父為皇帝。遂被召為翰林學士，驟升大位。按張燕客名萼。《陶庵夢憶》有《瑞草溪亭》一則，言張萼讀小說至此，喜其事，遂自號「燕客」。人稱為丘壑中之秦皇也，剩水殘山，任其開鑿。《陶庵夢憶》卷八《瑞草溪亭》一則，言張燕客：溪亭住宅，一頭造，一頭改，一頭賣，翻山倒水無虛日。人稱燕客為「窮極秦始皇」，可發一粲。又稱為古董中之桀、紂也，漢玉秦銅，受其炮烙。詳見本書卷四《五異人傳》。其任性乖張，恃才放縱，而終及於禍也。不為博物之茂先，晉張華，字茂先。朗贍多通，圖緯方伎之書莫不詳覽。著有《博物志》傳世。則為伐山之康樂。參見本書《越山五佚記・黃琢山》注。

張萼，初字介子，又字燕客。張岱二叔之子。詳見《五異人傳》。

錢充符像贊

山水有情，金石有味。松柏有心，蘭桂有氣。孝友文章，欒只豈弟。兄弟之間相處和美。與公瑾交者，如飲醇醪，不覺自醉。《三國志・吳書・周瑜傳》注引《江表傳》：程普頗以年長，數陵侮瑜。瑜折節容下，終不與校。普後自敬服而親重之，乃告人曰：「與周公瑾交，若飲醇醪，不覺自醉。」時人以其謙讓服人如此。

冰雪大師像贊

香之妙，妙在無煙；泉之妙，妙在無味。龍入石而不知，魚狎水而不去。《埤雅》引《陰陽自然變化論》：「龍不見石，人不見風，魚不見水，鬼不見地。」故吾師之得悟道於雙松也，而雙松無樹。

言冲之像贊

醫則鵲，地則璞。醫術則如扁鵲，堪輿術則如郭璞。郭璞，東晉大文學家、學者，又精於卜筮與相地。世傳《葬經》即為其所著。公皆自許，而人不之諾。曾誇得地，而余言凡地皆發子孫，而公獨發祖宗也，言冲之祖宗為言偃。偃字子游，春秋時吳人。孔門七十二賢人中唯一南方人。人稱言子。乃得襲守祠於孔門之文學。《論語・先進》：「德行：顏淵、閔子騫、冉伯牛、仲弓。言語：宰我、子貢。政事：冉有、季路。文學：子游、子夏。」

蝶庵題像

嗟此一老，背鮐髮鶴。氣備四時，胸藏五嶽。禪既懶參，仙亦不學。八十一年，窮愁卓犖。水到渠成，瓜熟蒂落。沉醉方醒，惡夢始覺。忠孝兩虧，仰愧俯怍。聚鐵如山，鑄一大錯。孫光憲《北夢瑣言》卷十四：唐末，魏博節度使羅紹威，因本府牙軍驕橫不可制，乃與朱溫相結，設計誅滅牙軍，而紹威旋又受制於朱溫，至竭其帑藏以奉之。於是紹威大悔，謂親吏曰：「聚六州四十三縣鐵，打一個錯不成也！」

張岱晚年自命書室為蝶庵，亦自稱蝶庵老人。

水滸牌四十八人贊

托塔天王晁蓋

盜賊草劫，帝王氣象。

呼保義宋江

忠義滿胸，機械滿胸。

行者武松

人頂骨，一百八，天罡地煞。武松襲用頭陀行裝改扮為行者，其中有一串一百單八顆人頂骨數珠。而三十六天罡星、七十二地煞星，合在一起也是一百單八人。

短命二郎阮小五

仇首既得，玩之不釋。

活閻羅阮小七

蓼兒窪，碣石岸，惟魚鱉是見。

美髯翁朱仝

美髯翁，釋曹操，走華容。

病尉遲孫立

百戰百勝謚曰鄂，唐尉遲敬德封鄂國公，謚忠武。爾其後身當不錯。

雙鞭呼延灼

公侯之家，必復其祖。呼延灼之祖呼延贊，北宋初大將。有膽勇，鷙悍輕率，常言願死於敵。遍文其體為「赤心殺賊」字。

花和尚魯智深

和尚鬬氣，皆其高弟。

青面獸楊志

花石綱，生辰綱，予及汝偕亡。《書·湯誓》記夏民詛咒帝桀：「曰：『時日曷喪？予及汝偕亡。』」

黑旋風李逵

面如鐵，性如火。打東京，只兩斧。

一丈青扈三娘

娘子軍，隋末李淵起兵太原，其第三女（後封平陽公主）與婿柴紹時在長安，急至鄠縣莊上聚眾回應。唐兵南下，公主引精兵萬餘，與太宗軍會於渭北。與紹各置幕府，營中號曰娘子軍。錦傘套，能幹的主婦好比套在舊雨傘外面的漂亮錦套。着者莫笑。

兩頭蛇解珍

斷竹續竹，飛土逐肉。《吳越春秋》：孝子不忍見父母為禽獸所食，故作彈以守之，絶鳥獸之害。故歌曰：「斷竹，續竹，飛土，逐肉。」

霹靂火秦明

于思于思，棄甲復來。此春秋时宋人嘲敗將華元之語。見《左傳》宣公二年：城者謳曰：「睅其目，皤其腹，棄甲而復。于思于思，棄甲復來。」于思于思，多鬚之貌。此言秦明為梁山所敗，夜走瓦礫場一節。

智多星吳用

網虎者，步步鬆，步步急。諸葛、曹瞞，合而為一。

入雲龍公孫勝

松文劍，出雷電。

插翅虎雷横

救吾母，殺一狐，指插翅虎枷打白秀英一事。勝殺四虎。

急先鋒索超

周公斧，召公鉞，《史記·魯世家》：武王伐紂，破殷，入商宮。已殺紂，周公把大鉞，召公把小鉞，以夾武王，釁社，告紂之罪於天及殷民。按：索超兵器用大斧。誰敢褻越。

九紋龍史進

有高手，願為牛馬走。司馬遷《報任少卿書》「太史公牛馬走」，為自謙之辭，此處則是「甘為驅使」的意思。

小旋風柴進

孟嘗好客，齊孟嘗君田文，戰國四公子之一，好客，招致諸侯賓客及亡人有罪者，舍業厚遇之，以故傾天下之士。食客數千人，無貴賤一與己等。其族幾赤。赤族，即滅族。

混江龍李俊

有民人，有土地。指《水滸後傳》中李俊立國於海外事。大夥並，不若小結義。夥並，即火併。人眾而火併，不如人少而結義。

大刀關勝

作者奇異，刻畫關帝。

浪子燕青

有其膽智，無其精細。

小李廣花榮

廣射虎，榮射鳥，其至爾力中乃巧。射得高遠是要憑力氣，但射中則要憑其巧。

雙槍將董平

兩股明槍，不使暗箭。

神機軍師朱武

棋下於局，殺氣滿腹。

沒羽箭張清

唐琦石，忠於宋。唐琦，見本書卷三「樂府」《唐琦》一則。滿地皆是，人不能用。

赤髮鬼劉唐

爾則赤髮，見藍面則殺。唐奸臣盧杞，鬼貌藍色。

神醫安道全

能殺人，能活人。

母大蟲顧大嫂

既為虎，復為母，毒如蟲。

金槍手徐寧

一勾一搭，徐寧槍法。借此諷刺勾搭串通而為奸惡者。

鼓上蚤時遷

其亡其亡，入我室，登我堂，顛倒我衣裳。王充《論衡》：孔子將死，遺秘書曰：「不知何一男子，自稱秦始皇。上我堂，踞我牀，顛倒我衣裳，至沙丘而亡。」後始皇至魯觀孔子宅，至沙丘而亡。此處是說時遷偷盜，入人之室，翻箱倒櫃。

浪裏白跳張順

苕溪水漲，逆流而上。

雙尾蠍解寶

爾有母遺，是狄梁公姨。唐狄仁傑，封梁公。其姨盧氏，有一子。狄白曰：「某今為相，表弟樂何從，願悉力。」盧曰：「姨止一子，不欲令事女主。」女主即武則天。此處言母大蟲顧大嫂是解珍、解寶姑姑的女兒，為姑表姐弟。而解珍、解寶的母親又是孫新、孫立的姑姑，之間又是姑舅兄弟。

金眼彪施恩

快活林，復霸業，能交人於縲絏。

玉麒麟盧俊義

不敢輕諾，平分水泊。

豹子頭林冲

小奪泊，唐之李、郭。安祿山反後，唐將李光弼、郭子儀本不相能，至此捐前嫌，戮力王室。此處是說林冲火拼奪泊，為大局讓位於晁蓋事。

矮脚虎王英

王矮虎，性粗鹵。借爾婁豬，定吾艾豭。《左傳》定十四年：衛侯為夫人南子召宋朝……過宋野，野人歌之曰：「既定爾婁豬，盍歸吾艾豭。」婁豬，母豬，指衛侯夫人南子。艾豭，公豬，指南子的情夫宋朝。原文是說借公豬以安定母豬，張岱此處反用之，說宋江借扈三娘來安定王矮虎。

震天雷凌振

霹靂手，沙飛石走。

混世魔王樊瑞

五雷玄妙，此子可教。

撲天雕李應

一刺客，二遊俠，三貨殖，至爾身則一。司馬遷在《史記》中分別為刺客、遊俠及貨殖家立列傳。此言李應一人兼此三者。

神行太保戴宗

朝蒼梧，暮碧落。朝發於蒼梧，暮至於碧落。蒼梧，大舜南巡至蒼梧之野。一般認為在今湖南。碧落，則指天穹。此處僅取蒼、碧為對，並不在乎地名的落實。

拚命三郎石秀

戰戰兢兢，誰肯拚命？這是對明末官兵的譏刺。

母夜叉孫二娘

擊晉鄙，魏公子信陵君竊虎符救趙國，而魏將軍晉鄙不肯交兵，信陵君門客屠者朱亥以椎殺晉鄙。如豚羖，豚羖：豬羊。惟是屠者，孫二娘夫婦也是屠者。其養可取。

病關索楊雄

天生楊雄，以友為命。婦人之言，慎不可聽。《世說新語·任誕》：劉伶病酒，其婦涕泣諫其戒酒。劉伶請供酒肉於神前，以便祝誓。伶跪而祝曰：「天生劉伶，以酒為名，一飲一斛，五斗解醒。婦人之言，慎不可聽！」便引酒進肉，隗然已醉。

沒遮攔穆弘

出吾跨，揭陽一霸。跨，疑應是「胯」字之誤，用淮陰市井少年令韓信出己胯下故事。揭陽，揭陽鎮。詳見《水滸傳》第三十七回「沒遮攔追趕及時雨　船火兒大鬧潯陽江」。

沒面目焦挺

投身水國，倒有面目。似言潤州（今鎮江）之戰，焦挺戰死事。見《水滸傳》一百十一回「張順夜伏金山寺　宋江智取潤州城」。

聖手書生蕭讓

筆豪茂茂，陷水可活，陷文不可脫。陷於刀筆和文字獄，則很難逃命。

按：這套水滸牌四十八人贊，顯然是為陳老蓮創作的《水滸叶子》而寫的。正規的葉子牌本來應該是四十八帖，如陳老蓮所繪《博古叶子》、早於此的《酣酣齋酒牌》，以及到晚清的《列仙酒牌》都是。所以張岱一面催促老蓮給周孔嘉畫，一面自己動手寫了全牌四十八帖的贊，也是合乎情理的。但不知何故，陳老蓮只畫了《水滸叶子》四十幅，又沒有用張岱的贊。老蓮所繪四十人，不出張岱四十八贊之外，可以推測，在選擇入畫的人物時，兩個人是商議過的。只是老蓮少畫了八人，即晁蓋、阮小五（易與阮小七雷同）、病尉遲孫立（形象容易與雙鞭呼延灼相類同）、解寶（與解珍相類）、王英、凌振、楊雄、焦挺八人。

卷之六

祭文

祭少師朱恒嶽公文

殷際中興，鬼方猾夏。《易·既濟》：「高宗伐鬼方，三年克之。」高宗即商王武丁，即位後用傅說為相，並啓用甘盤等大臣，「修政行德，商道復興」。史稱武丁中興。武丁在位期間，對諸方國頻繁用兵，其中與鬼方的戰爭達到三年。《書·虞書·舜典》「蠻夷猾夏」，意謂蠻夷寇亂中華。周當共和，淮夷𩵋化。西周厲王為政暴虐，周人起義，攻王宮，厲王出奔。王位既虛，周、召二公共同行政，稱共和；一說為共伯和受諸侯擁戴，代行王政。共和七年，厲王死，太子靜即位，是為宣王。淮夷，指淮水流域的諸夷。𩵋化，拒絶接受周朝統治。鈇鉞弓矢，天討勿赦。召虎、甘盤，召虎，召穆公名虎，周大臣。《詩·大雅·江漢》：「江漢浮浮，武夫滔滔。匪安匪遊，淮夷來求。……江漢之滸，王命召虎：式辟四方，徹我疆土。」據説此詩就是讚美周宣王能興衰撥亂，命召公平淮夷的。甘盤為殷高宗大臣。崛起其下。此節以商周為喻，言天啓元年，四川永寧（今瀘州市南之敘永）奢崇明反明，僭偽號，設丞相五府等官，統所部及徼外雜蠻數萬，分道趨成都。時朱燮元為四川左布政使，受命守城平亂。

公蚤釋褐，久為循吏。處處思之，峴山墮淚。晉羊祜守襄陽，有德政，既歿，百姓於峴山祜平生遊憩之所，建碑立廟，歲時饗祭。望其碑者，莫不流涕，杜預因名為「墮淚碑」。此言朱燮元歷任各地方官吏，均有遺愛。藩宣蜀岷，方安其位。變起倉卒，乃禦魑魅。

公之勳業，自在鼎彝。肱股既竭，身死邊陲。古名將相，堪與齊驅。公之福德，則遠過之。

成都一郡，死守睢陽。時奢崇明兵已陷新都、內江，盡據木椑、龍泉諸隘口，直逼成都。此處張岱以唐張巡守睢陽比喻朱燮元之守成都。羅雀掘鼠，增垣濬隍，孤城失守，中丞被創。公也獨異，不失封疆。以上言張巡困守孤城，糧盡援絕，捕掘雀鼠為食，終於城失身殉。而朱燮元則能解成都之圍，不失疆土。

藺因負固，滇池孟獲。明軍進克永寧，奢崇明父子敗入藺州，負固自守，其勢如同三國時的蠻酋孟獲。七縱七禽，視如几肉，武侯天威，南人懾服。公也獨異，一戰即服。以上言諸葛亮平南中，七擒七縱，才使得孟獲心服，而朱燮元則一戰即獲成功。

充國屯田，甌窶蠻穰。此以趙充國屯田與朱燮元的設置屯將相比。西漢宣帝時，老將趙充國七十餘歲，將四萬騎屯緣邊九郡以防先零、罕、開諸羌。充國上屯田策，因田致穀，以困諸羌。甌窶蠻穰：甌，東甌；蠻，南蠻。此處則代指西南少數民族地區。窶，窮困；穰，豐足。甌窶蠻穰意謂邊裔地區或豐或歉的糧食生產。用佐軍輸，蔉穮鞅掌，蔉穮：《左傳》昭西元年：「譬如農夫，是穮是蔉。」以土壅苗根為蔉；耘田除草為穮。泛指農事。鞅掌：公事繁忙。老將遠謀，零罕稽顙。零罕：先零、罕、開諸羌。稽顙：屈膝跪拜，以額觸地。公也獨異，不動公帑。《明史·朱燮元傳》：永寧既拔，拓地千里。燮元割膏腴地歸永寧衛，以其餘地為四十八屯，給諸降賊有功者，令歲輸賦於官，曰「屯將」，隸於敘州府。

水西傾巢，伏波交趾。此以馬援平定交趾來與朱燮元的平定西南相比。水西傾巢：天啓二年，永寧未平，貴州水西土官安邦彥又反，稱羅甸大王，陷畢節，圍貴陽，以應崇明。此時朱燮元以守城功，加兵部侍郎，總督四川及湖廣荆、岳、鄖、襄、陝西漢中五府軍務，兼巡撫四川。伏波交趾：後漢馬援征交趾，拜伏波將軍。馬革裹屍，男兒願止，馬援曰：「男兒要當死於邊野，以馬革裹屍還葬耳，何能臥牀上在兒女子手中邪？」馬援喪歸，後車招眥。馬援在交趾，常餌薏苡實以勝瘴氣。南方薏苡實大，援欲以為種，軍還，載之一車。時人私下眥議，以為珍寶。及卒，有上書譖之者，以為前所載還，皆明珠文犀。按，載薏苡一車，是征交趾還時事。而馬援之死於南方，是在此後征五溪蠻時。是馬援歸喪與載薏苡非一時事，此處稍誤。公也獨異，不載薏苡。

坐鎮天南，安危所繫。垂二十年，功存帶礪。「黃河如帶，泰山若礪」，此古時皇帝冊封諸侯、功臣常用的誓詞。意謂朱燮元功可封侯。汾陽居之，不勝綺麗。唐中興名將郭子儀封汾陽王，名宅田園不可勝計，後房姬妾甚眾。公也獨異，不蓄聲伎。

伏波、諸葛，功在劍南。峨嵋嵲屼，瞿塘深湛。蜀之二傑，得公而三。諸葛亮平定南中，馬援征五溪蠻，為定蜀之二傑。而朱燮元之功可與他們相並而三。

浙有留侯，青田誠意，浙江人中也有一個張子房，那就是青田的劉伯溫。忠肅再造，于謙（謚忠肅）扶立景泰帝，保衛北京城，有再造社稷之功。萬曆中改謚忠肅，其為浙江錢塘人。新建禽偽。「新建」原作「新肅」，誤。王守仁封新建伯。禽偽，即王守仁擒寧王朱宸濠事。其為浙江餘姚人。以上是明代浙江人中的「三大功臣」。半壁龍川，誰立漢幟。龍川，指趙陀。秦時趙陀為南海龍川令。及中國亂，趙陀擊并桂林、象郡，自立為南越武王。漢興，高帝遣陸賈立佗為南越王。至高后時，禁南越關市鐵器。趙陀遂與漢絶，賂閩越、西甌皆臣屬之，東西萬餘里，稱南越武帝。此謂半壁天下，不立漢幟。這裏是說朱燮元的平定南方，防止了南越趙陀式的割據半壁，所以堪稱明代浙江人中的第四大功臣。三大功臣，得公而四。王世貞《弇州四部續稿》以劉基、于谦、王守仁為明代浙江「三大功臣」。

方藉匡襄，奠安社稷。揚我國威，施及蠻貊。胡天不造，奪我忠貞。大星一隕，櫪馬皆驚。宋名臣韓琦卒前一夕，大星隕州治所，櫪馬皆驚。祁山不出，誰救蒼生？諸葛亮兵出祁山擬取中原，最後一次未出即逝世於五丈原。此處套用東晉謝安「東山不起，奈蒼生何」語。減膳撤樂，古代大臣死，皇帝為了表示哀悼，減膳撤樂。哀動殿廷。吾輩悲思，匪為私威。梁木其萎，為天下惜。才非吉甫，難書公績。歌頌召虎平淮夷的《江漢》詩，《詩大序》以為是大臣尹吉甫所作。張岱自陳無尹吉甫之才，難把朱燮元的功績寫好。譬若蚊虻，以撼霹靂。如果說朱燮元的功業是震天的霹靂，那麼自己寫的祭文只像蚊虻之聲，不足以寫其萬一。

公之功烈，如嶽如崧。嶽指泰山，崧即嵩山。《詩・大雅》有《崧高》，云：「崧高維嶽，駿極於天。維嶽降神，生甫及申。」也是歌頌宣王君臣中興功業的名篇。甫即尹吉甫，申即申伯，均為宣王大臣。公之遇合，非羆非熊。此言君臣遇合如文王與太公。《史記・齊太公世家》：周西伯將出獵，卜之，曰：「所獲非龍非彨，非虎非羆；所獲霸王之輔。」於是西伯獵，果遇太公於渭之陽。「非虎非羆」，《竹書紀年》作「非熊非羆」。有志之士，願拜下風。良金寫像，世世祀公。

朱燮元，字懋和，號恒嶽。山陰人。萬曆二十年進士。官至一品，以功進少師，加左柱國。《陶庵夢憶・白洋潮》：「戊寅（崇禎十一年），吊朱恒嶽少師，至白洋，陳章侯、祁世培同席。」本文即作於此時。張岱後來寫《石匱書後集》，朱燮元置於列傳之首。

祭外母劉太君文

歲崇禎戊寅夏四月，戊寅：崇禎十一年。余外母劉太君病劇。其子倩張岱為之求醫藥，俱不療，為之禱於社，禱於東嶽之神。俱不見格，格，神靈降臨保佑。不幸於二十日訣而瞑，彌留五晝夜，而溘焉氣盡。岱躬視含殮，哀號痛裂，嗚咽不能出一語。逮至十四日，是五月之九日矣。於是先一日，延僧至靈寢，禮水懺十二部，禮水懺：即誦念經文。水懺即慈悲水懺，佛教經文，多在做水陸道場、超度亡魂時誦念。以資冥福。會薄治牲醪，率女及外孫、外孫女，為文以哭之，曰：

岱自痛別我母十有九年，而恃有我外母在，鞠育之猶母也，教訓之猶母也。鞠育之而恐任余性，教訓之而恐傷余意，其委曲而詳慎之猶母也。至今日吾外母死，而岱之母道絕矣。則岱之母不幸死於十九年之前，而死於余外母之死日，是余母與外母交喪矣。故岱之痛外母，一如痛岱之母，而岱思苦筋骨以報外母至死，一如報岱之母。而今茲不能，則有五內痛裂，抱恨終天，一如思岱之母、哭岱之母而已。

吾外母雖生華屋，其生平丁骨肉之戚，抱零丁之苦，自為女、為婦、為媳、為母、為姑，未嘗履一日之順境，享一日之安閒。六十年來，計其開笑口者，指不能三四屈，而餘皆其悲思擥涕之日矣。擥涕：即揮淚。擥，同攬。十六字余外父，二十七而遂稱未亡人。事十一年積屙尪羸之夫，奉三十七年嚴厲瑣屑之舅，舅：此指公爹。即劉毅。撫三十三年髫齓遺腹之孤，其間苦情百出，如吞炭吮痔，吞炭飲毒而口不能語。無可告語。而耳又重聽，見人眉目氣色，輒自揣摩忖度，至廢寢食，其苦又百倍常人。外父歿後，所倚以為命者，上則生父王鏡石先生及母王太君，下則一兒二女及二女倩而已。乃天不憖一老，憖，憖遺，願意留下。此句意思是說：老天爺也不給我們留下這個老人。《左傳》哀公十六年：孔丘卒，公誄之曰：「旻天不吊，不憖遺一老，俾屏余一人以在位。」鏡石先生痛罹水厄，罹水厄：死於水。而王太君性極褊急，家人至難與言。余外母迎養十五年，百計將順，而詬誶甘之。尋亦以病奪。而長女及女倩又相繼夭折，骨肉零星，在十去五，其痛心何如！

而不肖岱頭顱如許，無尺寸豎立，豎立：即樹立事業。食指百人，頗蒙母慮。更有一事，其所朝夕凝眄者，願得一孫，以下報宣武，宣武，即東晉桓溫。《世說新語·排調》：桓沖之子桓嗣，小名豹奴，是丹陽尹王混的外甥，長得很像他舅舅。他很忌諱這事，不願承認。桓溫對他開玩笑說：「不恒相似，時似耳。恒似是形，時似是神。」弄得桓嗣很惱火。此處的「以報宣武」，也就是外甥似舅之意。乃麟定尚艱，麟定尚艱：古代把生來卓異的男孩稱為麟子，麟定即生男子。愁眉勿展。則是終母之身，其憂勤辛苦，求似一監門老嫗，骨肉團聚、子孫盈前者尚不可得，矧望其他耶？今且終母之身，百苦備嘗，而卒遘蠱疾，竟以苦死，其可傷孰甚耶！

外母性堅忍，待家人子侄一以慈惠。昔為方伯公理家政，方伯公：張岱岳母的公爹劉毅，官至廣西右布政使，故稱方伯。凡方伯公之諸弟若侄有匱乏，輒周其急，而縉紳先生之以孝友著者，必首推方伯公。自外母致家政，而庭除自無間言，庭除：庭階，此指家庭之內。則其所以曲體尊人，加惠子侄，有所以助成之者，一婦人力也。

素性篤孝。方伯公留心於竹頭木屑，有陶晉公之風，晉陶侃，性儉心細，時造船，木屑及竹頭悉令官專掌，人咸不解。後積雪始晴，廳事前餘雪猶濕，於是以屑布地。及桓溫伐蜀，又以所貯竹頭作丁裝船。其綜理微密，皆此類也。按陶侃生前封長沙郡公，未有封晉公之說，疑「晉公」為「郡公」之筆誤。凡其一楮一箑，決不敢輕以予人。曾憶余少時，偶見所藏黃慎軒墨蹟甚富，余乞一幀，而母不之許，他可知已。《陶庵夢憶》卷六有《齊景公墓花罇》一篇，所記與此相類，可以參看。見親戚故舊，一以和煦迎之，使人皆飽德而去。故死之日，奔走哭者無不盡哀，而至有言「自太孺人死，而此路從此可絕矣」。吾外母得此一言，其亦可以瞑矣。

嗟嗟！旁人有哭之哀者，不必其子與媳也；道路有稱其賢者，不必其親與戚也；空言有佩其德者，不必其施與積也。若岱則何以頌吾母哉？岱今則謂：終母之身，其為女孝，為婦貞，為媳慎，為母辛，為姑惠，有數者，雖百苦備嘗，亦可以含笑入地矣。然則生平丁骨肉之戚，抱零丁之苦，未始非天之所以玉成吾外母也。嗚呼尚享！

張岱岳母王氏，嫁劉世谷，即張岱岳父。嫁十一年而世谷去世。世谷之父劉毅，字健甫，號乾陽。萬曆進士。官至廣西按察使、右布政使。即此文中的「方伯公」。

祭秦一生文

崇禎戊寅八月二十日，崇禎戊寅：崇禎十一年。秦子一生以病暴死。越五日，其友人某等謀所以薦之，而屬岱告其靈。蓋一生無日不與岱遊，一生一死，岱忽忽若有所失，舉筆輒歎而起，以是不果。至九月三日，岱以事至西湖，既乏伴侶，獨步堤上，見湖中山水，意色慘澹，殆為一生也，因為文以招之曰：

世間有絕無益於世界，絕無益於人身，而卒為世界人身所斷不可少者，在天為月，在人為眉，在飛植則為草木花卉，為燕鸝蜂蝶之屬。若月之無關於天之生殺之數，眉之無關於人之視聽之官，草花燕蝶無關於人之衣食之類，其無益於世界人身也明甚。而試思有花朝而無月夕，有美目而無燦眉，有蠶桑而無花鳥，猶之乎不成其為世界，不成其為面龐也。

余友秦一生，家素封，素封：無官爵封邑而富比封君。鷗租橘俸，可比千戶侯。而自奉極淡薄，家常無大故，則不殺雁鳧。踽踽涼涼，落落寡合貌。一介不以與人，而又不鳴不躍，以閒散終其身，於世界實毫無損益，盡人而知之也。乃一生性好山水聲伎、絲竹管弦、樗蒱博弈、盤鈴劇戲，盤鈴：唐代從西域傳來的一種樂器。此處似指用盤鈴伴奏的傀儡戲。種種無益之事；顧好之，實未嘗自具肴核，為一日溪山之遊，亦未嘗為一日聲樂，以供知己縱飲。乃其所以自娛者，往往借他人歌舞之場插身入之。故凡越中守土、有司及豪貴，守土：地方長官。肆筵設席，或於勝地名園，或於僻居深巷，一生無日不以微服往觀。至夜靜燈殘，酒闌客散，其於楹礎之間，兩目爛爛如巖下電者，非他人，必一生也。大率無事，日以為常，非大故，非外出，非甚疾病，雖水火勿之避，風雨勿之阻也。死之數日前，猶在某氏觀劇，喃喃向余道之。瀕死前一日，余期一生遊寓山。寓山：指祁彪佳的寓山園。至易簀之際，易簀：人病重將死。典出《礼记·檀弓上》。猶擲身數四，口中呼「寓山，寓山」而死。一生從中道夭折，田宅子女多未了事，凡所以縈其憂慮者不可勝計，而獨以寓山不到抱恨而歿，此亦可以想其癡痞一往之致矣。

雖然，世人日尋於名利之中，如蛆唼糞、蠅逐羶，幢幢無已時，不知山水聲伎為何物，一生既唾而賤之。而世更有粗豪鹵莽，山水園亭，酒肉腥穢，聲伎滿前，頑鈍不解。而一生以局外之人，閒情冷眼，領略其趣味，必酣足而歸。則是他人之園亭，一生之別業也；他人之聲伎，一生之家樂也；他人之供應奔走，一生之臧獲奴隸也。

一生生五十五年，十五年以前，以幼稚不解，四十年之風花雪月，無日無之。昔人所謂三萬六千場，一生所得，已一萬四千有奇矣，真目厭綺麗而耳厭笙歌，一生之奉其耳目者，亦不減王侯矣。

古者有山村人從閩海歸，說其所見海錯，奇形異味，里人爭來共舐其眼。今一生在夜臺，冥界有望鄉臺，此即代指冥界。其中亦有富貴而死，如所謂山水聲伎不知為何物者，一生繹言之，爭來舐其眼者應亦不少。吾以此言解一生之憂憤，一生必囅然而笑、暢飲此觴矣。嗚呼尚饗！

祭義伶文

崇禎辛未，崇禎四年。義伶夏汝開死，葬於越之敬亭山。敬亭山，即亭山，在紹興城南。明年寒食，其舊主張長公屬其同儕王畹生、李岕生持酒一甌，割羽牲一，羽牲：家禽。至其隴，隴：墳壟。招其魂而祭之，並招其同葬之父鳳川同食，諭之曰：

夏汝開，汝尚能辨余說話否耶？汝在越四年，汝以余為可倚，故攜其父母、幼弟、幼妹共五人來。

半年而父死，汝來泣，余典衣一襲以葬汝父。又一年，余從山東歸，汝病劇，臥外廂，不得見，閱七日而汝又死。汝蘇人，父若子不一年而皆死於茲土，皆我殮之，我葬之，亦奇矣，亦慘矣。

汝為人跛扈而戇直。今死後，忘其為跛扈，而僅存其戇直，余安得不思之，不惜之？汝未死前，以弱妹質余四十金，以四十兩銀子典於張岱為婢。汝死後，余念汝舊，所適俱不問，願意嫁給誰為妻，由其妹自己做主，張岱不干預。仍備糧糈，買舟航，送汝母與汝弟若妹歸故鄉，使汝妹適良人，汝知耶不知耶？汝母臨別，言汝妹得所，當來收汝父子骸骨，今竟杳然，何耶？

余憶天下有無心之言，遂為奇讖。余四年前，糾集眾優，選其尤者十人，各製小詞。《夏汝開》曰：「羈人寒起，羈人：旅人。秋墳鬼語。李賀《秋來》詩：「秋墳鬼唱鮑家詩，恨血千年土中碧。」陰壑鳴泉，孤舟泣嫠。嫠：寡婦。重重土鏽聲難發，鐘出峽驚雷觸石。石初裂，聲崩決。狂風送怒濤，千層萬疊，直至檣顛柁折方才歇。」見者可謂酷肖。今試讀之，語語皆成讖矣，異哉！今汝同儕十人，逃者逃，叛者叛，強半不在。汝不幸而蚤死，亦幸而蚤死，反使汝為始終如一之人，豈天玉成汝為好人耶？

汝生前傅粉登場，努眼張舌，喜笑鬼諢，觀者絕倒，聽者噴飯，無不交口讚夏汝開妙者，綺席華筵，至不得不以為樂。死之日，市人行道，兒童婦女，無不嘆惜，可謂榮矣。吾想越中多有名公鉅卿，不死則人祈其速死，既死則人慶其已死，更有奄奄如泉下，未死常若其已死，既死反若其不死者，比比矣。夏汝開未死，越之人喜之讚之，既死，越之人歎之惜之，又有舊主且思之祭之，汝亦可以瞑目於地下矣。汝其收淚開懷，招若父同飲酒食肉，頹然醉焉。余有短歌一闋，汝其按拍而歌之。歌曰：

彼山之阿兮汝可以嬉，白骨粼粼兮青塚纍纍。淒風苦雨兮群鬼聚語，疑汝父子兮不辨汝鄉語，見汝煢煢兮或來欺汝。今見有人來祭兮，當不嗤汝為他鄉之餒鬼。

祭伯凝八弟文

康熙二年，歲在癸卯，九月一日乙丑，老兄岱以香燭楮鏹、楮鏹：紙錢。雞黍清酧之奠，致祭亡弟御醫大夫伯凝先生之靈曰：

痛余八弟，乃遂遐升。遐升：升天，即去世。余雖昆季，義猶友朋。蘭摧玉折，實難為情。

嗟余平昔，見兩異人。唐氏士雅，唐士雅，詳見《五異人傳》。繫出華亭。在吾於越，乃有伯凝。

兩人同病，五歲失明。性皆嗜學，掃淨耳根。倩人誦讀，傾耳以聽。遂成博洽，心史腹經。胸有萬卷，目無一丁。居常談笑，博古通今。

愧余兩目，不如其盲。詎意師友，近在家庭。余更有幸，居於比鄰。安樂患難，甘苦與分。

始因母氏，變起雷霆。終得賦隧，先為遺羹。弟為鄭伯，余也封人。《左傳》隱西元年：鄭伯（鄭莊公）母姜氏，惡鄭伯而愛其弟共叔段。鄭伯即位，姜氏屢為段求重城封之。段既勢大，遂聚甲兵襲鄭，鄭伯有防，克而殺之。遂置母姜氏於城潁，誓之曰：「不及黃泉，無相見也。」既而悔之。潁考叔為潁谷封人，聞之，有獻於公，公賜之食，食舍肉。公問之，對曰：「小人有母，皆嘗小人之食矣，未嘗君之羹，請以遺之。」公曰：「爾有母遺，繄我獨無！」潁考叔曰：「敢問何謂也？」公語之故，且告之悔。對曰：

「君何患焉？若掘地及泉，隧而相見，其誰曰不然？」公從之。公入而賦：「大隧之中，其樂也融融！」姜出而賦：「大隧之外，其樂也泄泄！」遂為母子如初。

常遭橫逆，心負不平。握拳透爪，嚼齒穿齦。弟也漸離，余也荆卿。荆軻至燕，與燕之狗屠及善擊筑者高漸離相善，日飲於燕市，酒酣，高漸離擊筑，荆軻和而歌於市中，已而相泣，旁若無人者。荆軻赴秦，高漸離擊筑相送於易水之上，荆軻歌「壯士一去兮不復還」，聞者皆瞋目，發盡上指冠。

談論典籍，學海書城。錯分帝虎，書籍輾轉傳抄，「帝」訛為「虎」，「魯」訛為「魚」。此處是說能校定書籍中的錯訛。訛辨淄澠。余也公穀，弟也丘明。《春秋》三傳，左丘明為《左氏傳》，公羊高為《公羊傳》，穀梁赤為《穀梁傳》。左丘明目盲，故許以伯凝。

生平好潔，人稱水淫。輞川縛帚，王維好潔，居輞川，宅宇既廣，山林亦遠，不容浮塵，日用十數帚打掃，兩童縛之，時有不給。臨邛滌巾。《史記・司馬相如傳》：相如與文君回臨邛，買一酒舍酤酒，而令文君當壚。相如身自着犢鼻褌，與保庸雜作，滌器於市中。此處只是借用相如事來說明好潔而不停地洗滌，並不是認定相如也有潔癖。余也海嶽，弟也雲林。米芾（海嶽）、倪瓚（雲林），俱有潔癖。

刀圭服食，濟世好生。病者得藥，為之體輕。余也坡老，弟也越人。蘇東坡通醫學，傳世有《蘇沈良方》（沈為沈括）。扁鵲名秦越人。

少喜茗戰，日鑄馳名。雪芽空翠，瑞草蘭馨。日鑄、雪芽、瑞草皆為越中名茶。余也桑苧，弟也端明。茶聖陸羽號桑苧翁。宋蔡襄，官端明殿學士，著有《茶錄》傳世。

量能豪飲，不較斗升。弦庵兄弟，為之却兵。余也王導，弟也劉伶。東晉王導不能飲，《世說新語》載石崇常令美人行酒；客飲酒不盡者，輒斬美人。王丞相素不善飲，輒自勉強，至於沉醉。而劉伶善飲，自言「一飲一斛，五斗解酲」。無所不備，德行才能。後來領袖，先輩典型。且也道貌，碩大豐盈。輪廓堅厚，兩耳棱層，法應上壽，竊比老彭。《論語・述而》：子曰：「述而不作，信而好古，竊比於我老彭。」老彭一說即彭祖，壽八百歲。此處借用孔子的話，說的却是長壽。

如何奄忽，遂失人琴。《世說新語・傷逝》：王子猷、子敬俱病篤，而子敬先亡。子猷索輿奔喪，都不哭。子敬素好琴，便徑入坐靈牀上，取子敬琴彈，弦既不調，擲地云：「子敬！子敬！人琴俱亡。」因慟絶良久。月餘亦卒。河魚作祟，即腹疾。《左傳》宣公十二年：「河魚腹疾，奈何？」魚爛先自腹內始，故有腹疾者，以河魚為喻。誤食參苓。溘焉朝露，溘然，忽然。朝露，喻人死如朝露易晞，壽命太短。速若風輪。

余長吾弟，十有一齡。中散身後，擬托子孫。漢末橋玄於曹操有「以子孫相托」語。中散即嵇康，事不詳。奈何先我，夢奠兩楹。《禮記・檀弓上》：夫子謂子貢曰：「夏后氏殯於東階之上，殷人殯於兩楹之間，周人殯於西階之上。丘也殷人也，予疇昔之夜，夢坐奠於兩楹之間。予殆將死也。」寢疾七日而沒。

眩然反袂，眩然，疑當作「泫然」，流淚狀。反袂，用衣袖拭淚。淚若河傾。生芻孺子，《高士傳》：郭太，字林宗。少事父母以孝聞。以母喪歸，徐穉來吊，以生芻一束頓郭太廬前而去。太曰：「此必南州高士徐孺子也。《詩》不云乎：『生芻一束，其人如玉。』吾不堪此喻耳。」後即以生芻稱祭的禮物。徐穉，字孺子。豫章南昌人。家貧，常自耕稼，非其力不食。恭儉義讓，所居服其德。屢辟公府，不起。陳蕃為太守，在郡不接賓客，惟徐穉來特設一榻，去則懸之。雞黍巨卿。雞黍，《論語・微子》：「止子路宿，殺雞為黍而食之。」後以雞黍交比喻深厚而樸實的朋友之交。《後漢書·獨行列傳》：范式字巨卿，山陽人。少游太學，與汝南張劭為友。劭字元伯。後元伯疾篤，臨終歎曰：「恨不見吾死友！」巨卿忽夢見元伯呼曰：「巨卿，吾以某日死，當以爾時葬，永歸黃泉，子未我忘！」巨卿即服朋友之服，投其葬日，馳往赴之。式未及到，而喪已發引，既至壙，而柩不肯進。停柩移時，乃見有素車白馬，號哭而來。其母望之曰：「是必范巨卿也。」巨卿既至，叩喪言曰：「行矣元伯！死生路異，永從此辭。」會葬者千人，咸為揮涕。神其來享，進此兕觥。嗚呼尚饗！

張培，字伯凝，張岱堂弟。詳見《五異人傳》。

祭祁文載文

癸丑八月十五日，癸丑：康熙十二年。祁文載先生解蛻而去。其友人陳箴言等，以月之二十六日，割羽牲一，從以果羞黃流，黃流：指酒。《詩·大雅·旱麓》：「瑟彼玉瓚，黃流在中。」至其幃前而哭之。乃命張岱作贊饗之，詞曰：

昔人謂「香在未煙，茶在無味」，蓋以名香佳茗，一落氣味，則其氣味反覺無餘矣。人如知此，則可以悟道，可以參禪。祁文載少年博學宏文，以五經拔貢，取兩榜如拾芥；而文載固一代之才子也，而無才子氣。庚辰釋褐，庚辰：崇禎十三年。令延平五年，而北變之後，北變：指李自成攻入北京，及多爾袞入關一系列事變。遂解紱遄歸；解下印綬急忙歸鄉。文載固三十餘年之紗帽也，而無紗帽氣。其居鄉，一循禮法，里中人有不公不法之事，刑罰甘受，而但求不使王彥方知之者；《後漢書·獨行列傳》：王烈字彥方，以義行稱鄉里。有盜牛者，主得之，盜請罪曰：「刑戮是甘，乞不使王彥方知也。」則文載又鄉里中之道學人也，而無道學氣。甲申三月，龍蛻鼎湖，鼎湖，見卷三《徵修明史檄》注。此指崇禎帝自縊殉國。文載削髮披緇，坐破蒲團，十有餘載，而參叩精猛，叢林釋子皆奉佛門龍象；水行中龍力大，陸行中象力大，故佛氏以龍象喻諸阿羅漢中修行勇猛有最大能力者。則文載一付法之和尚也，而無和尚氣。即諸小事言之，棋為國手，獨步江南，而留心字藝，遊戲詞壇，教習梨園，有老優教師所不曾經見者；則文載真絶世之聰明智能人也，而無聰明智能氣。淘洗湔滌，一切氣味不着分毫。竊謂世間慧業文人，成佛在前、生天在後者，屈指吾黨，更無有第二人矣。

舊歲與岱偶談禪理，闡揚佛法，真能使頑石點頭。生公講道於蘇州虎丘千人石，無信之者，乃聚石為徒衆，談至理，石為點頭。而為岱評閱《金剛如是解》，澈髓洞筋，更無疑義。弁首一序，機鋒棒喝，横說豎說，亂墮天花。正與相訂禁足寓山，在寓山園中閉門不出。深究佛理，而今乃電光石火，一現即滅，何其閃我之奇，棄我之速也！

文載心同止水，眥決層雲，杜甫《望嶽》：「蕩胸生層雲，決眥入歸鳥。」舉世間之功名富貴，死別生離，恩愛冤仇，子女玉帛，皆不足以入其胸次。而吾輩尚以世俗靡文，生芻絮酒，絮酒：祭奠用的酒。《薤露》哀詞，崔豹《古今注》：《薤露》，喪歌也。言人命如薤上之露，易晞滅也。以志悲痛。文載以道眼觀之，不足以當其一哂。而吾輩所深惜者，第以文載之猛力深心，入道如箭，使彼蒼肯再加數年，其精進不知幾許，而今竟止此，可勝惋歎哉！以此二三老友，薄設羹芼，羹芼：或作芼羹，用肉和菜做的羹。雖不成享，然猶是范張之雞黍也。范張之雞黍：見前篇《祭伯凝八弟文》注。伏望鑒臨，一加匕鬯。嗚呼尚饗！

公祭張亦寓文

祁熊佳，字文載。豸佳胞弟。張岱稱為「禪學知己」。

吾輩之獲交於張亦寓也，有交之總角者，總角：古時兒童梳兩抓鬏，形如兩角，稱總角。克見亦寓之豪放；克見：能夠見到。交之少壯者，克見亦寓之繁華；交之暮年者，克見亦寓之高曠。至其百折不回之性，一往不撓之氣，則自少至壯而老，實未嘗纖毫少變也。

亦寓當日，五陵年少，五陵指西漢長陵、安陵、陽陵、茂陵、平陵五縣，元帝之前，每立皇帝陵墓，輒遷徙四方富豪及外戚於此居住，令供奉園陵。故五陵一帶多豪族，而五陵年少即為富豪子弟的代稱。裘馬翩翩，名噪文壇，聲施芹沼，芹沼：《詩・魯頌・泮水》：「思樂泮水，薄采其芹。」後世即以芹宮、泮水作為學宮、學校的代稱。沼，即指泮水，後代學宮中仍舊保留着泮池。雕龍繡虎，不受樊籠。王季重先生欲致之門下，王季重：詳見卷四《王謔庵先生傳》。百計誘之，冠雄雞，佩猳豚，冠雄雞，佩猳豚：《史記・仲尼弟子列傳》：仲由字子路，少孔子九歲。子路性鄙，好勇力，志伉直，冠雄雞，佩猳豚，陵暴孔子。孔子設禮稍誘子路，子路後儒服委質，因門人請為弟子。《集解》：冠以雄雞，佩以猳豚。二物皆勇，子路好勇，故冠帶之。抗拒多年，方請委贄。時人以詎庵之得亦寓，比之孔門之得仲由。此時締盟者，止吾輩數人，未能廣及。

殆亦寓壯盛，賈生入洛，賈生即西漢文帝時的賈誼，本為洛陽人，此云「入洛」，是襲用西晉時陸機兄弟「入洛」成語，其實是指入京城（長安）。原河南守吳公因治績為天下第一，徵為廷尉。乃言賈生年少，頗通諸子百家之書。文帝召以為博士。此處是指張亦寓入京城太學。望重辟雍，辟雍，此指太學。聲伎滿前，賓朋滿坐，傾酒如泉，揮金似土，撥阮彈箏，以晝卜夜。被放歸里，時時凝碧，凝碧，唐時都城禁苑中有凝碧池，明皇時梨園子弟居此。此處即指歌樓舞館，與下文「梨園」同義。日日梨園，演劇徵歌，纏頭撒縵。古代歌舞藝人演畢，客人以羅錦為贈，稱「纏頭」。此處則泛指賞給妓女和演員的金錢。撒縵，即撒漫，胡亂花錢。此時結交頗盛，珠履三千，《史記・春申君傳》：春申君門下客三千餘，上客皆躡珠履。李白詩：「不同珠履三千客，別欲論交一片心。」今存無幾。

亦寓晚年，淡然入道，蒯履布袍，蒯履：草鞋。閉門却掃。關上大門，連院子也不打掃，意謂不接待客人。橘虐茶淫，詩魔書蠹，宿習未除，則教數童子按拍清謳，選聲叶律，韻辨中州，元明以來，中國很多戲曲的念白採用中州韻。咬釘嚼鐵。一時興至，握管沉吟，雨竹風蘭，淋漓潑墨。以上幾句指繪畫。然過自矜貴，不妄與人。造門請見者，稍不當意，即舉手楗戶，楗戶，插上門閂。匿不見人。以是庭無雜客，門可張羅。

由今追昔，凡豪放、繁華、高曠之事，石火電光，過眼即滅，獨其性氣，則始終如一，不肯模棱。凡遇儕輩，或其性之所喜，即遢伎衰童，蠢僧村老，煮茗焚香，劇談終日，不以為厭。或其性所不喜，即王公大人，軒冕冠蓋，亦寓科頭箕踞，白眼相向，王維《與盧員外象過崔處士興宗林亭》詩：「科頭箕踞長松下，白眼看他世上人。」科頭箕踞，光着頭，伸開兩腿如箕而坐。晉阮籍好作青白眼，見禮俗之士，以白眼對之。旁若無人。蓋亦寓具用世大才，生不逢辰，貧病相尋，齎志以老。其胸中真有一段不可磨滅之氣，巨魚失水、老驥伏櫪之悲，不能如禰衡之撾鼓，灌夫之罵座，范亞父之撞破玉斗，曹孟德之擊碎唾壺，范亞父，項羽的謀士范增，羽尊稱亞父。《史記·項羽本紀》：范增設鴻門宴，以圖劉邦。劉邦用張良計脫身，留下張良奉贈項羽玉璧、亞父玉斗。項王受璧，置坐上。亞父受玉斗，置之地，拔劍撞而破之，曰：「豎子不足與謀。奪項王天下者，必沛公也，吾屬今為之虜矣。」禰衡、灌夫、曹操事，見卷五《周宛委墓誌銘》注。徒厄塞終身，胸懷莫吐，以致磊塊鬱結，安得不昏昏悶悶，鯁咽以死也！嗚呼痛哉！

茲以二七，吾輩知交，以雞黍一提，撫棺痛哭。李白夜臺，恐未必有故人之酒也。李白《哭宣城善釀紀叟》：「紀叟黃泉裏，還應釀老春。夜臺無曉日，沽酒與何人。」唯神有知，舉杯酹此。

祭周戩伯文

昔虞翻放棄海南，恨無交際，思以青蠅為吊客，謂天下有一知己，亦足無恨。三國吳人虞翻，好犯顏諫爭，吳大帝孫權惡之，流放於交州。翻自云：「自恨疏節，骨體不媚，犯上獲罪，當長沒海隅。生無可與語，死以青蠅為吊客，使天下一人知己者，足以不恨。」放棄：流放，棄之不用。青蠅為吊客，即人死屍敗，僅青蠅來顧而無人來吊也。余獨邀天之幸，凡生平所遇，常多知己。余好舉業，則有黃貞父、陸景鄴二先生、馬巽青、趙馴虎為時藝知己。黃汝亨，字貞父。萬曆二十六年進士，官至江西布政司，後隱居西湖小蓬萊，著書為樂。為張岱祖父至交。陸夢龍，號景鄴。會稽人。萬曆二十六年進士。崇禎七年，以右參政守固原，與農民軍戰死。為越中古文名家，名與王思任、倪元璐齊。為張岱前輩。巽青，應是「巽倩」之誤，馬權奇字。崇禎四年進士，官工部主事，為宦官所陷罷歸。明亡後死於田間。倪元璐評其制藝「大正」。趙馴虎，不詳。余好古作，則有王譓庵年祖、倪鴻寶、陳木叔為古文知己。王譓庵見卷四《王譓庵先生傳》。倪元璐字玉汝，號鴻寶。浙江上虞人。明末官戶部尚書、翰林院侍讀。李自成陷北京，自縊死。陳函輝，字木叔。崇禎進士。福王時為職方主事，監軍江北。事敗從魯王入海，作絶命詞十章投水死。余好遊覽，則有劉同人、祁世培為山水知己。劉侗，字同人。崇禎七年進士，授吳縣令，著《帝京景物略》。祁彪佳，字弘吉，號世培。詳見卷三書牘《與祁世培》注。余好詩詞，則有王予庵、王白嶽、張毅儒為詩學知己。王亹，字予庵。山陰人，為劉宗周弟子。明亡為遺民。王雨謙，號白嶽。紹興人。張岱至交。明亡後守節不仕，閉戶著書。參見本書卷一《白嶽山人虎史序》、《廉書小序》，卷三書牘《與王白嶽》諸篇。張弘，字毅儒，張岱族弟。參見本書卷一《紀年詩序》，卷三書牘《與毅儒八弟》二通。余好書畫，則有陳章侯、姚簡叔為字畫知己。陳洪綬，字章侯。明末大畫家。參見卷一《水滸牌序》。姚允在，字簡叔。會稽人。家世畫學，山水學荊浩、關仝，筆墨遒勁，思致不凡，尤善雪景。有學問，無匠氣。參見《陶庵夢憶》卷五《姚簡叔畫》。余好填詞，則有袁籜庵、祁止祥為曲學知己。袁于令，字令昭，一字晜公，號籜庵。參見本書卷三書牘《答袁籜庵》。祁豸佳，字止祥，祁彪佳從兄。工詩，長於度曲。參見本書卷五《跋祁止祥畫》及《陶庵夢憶》卷四《祁止祥癖》。余好作史，則有黃石齋、李研齋為史學知己。黃道周，號石齋。明末大學者。明亡，抗清被俘，不屈死。李長祥，號研齋，詳見卷三書牘《與李硯翁》。余好參禪，則有祁文載、具和尚為禪學知己。祁文載，見本卷《祭祁文載文》。具和尚，即具德和尚，張岱族弟。天啓間出家，居杭州靈隱寺。至如周戩伯先生，則無藝不精，無事不妙：與之為制藝，則才同馮、許；馮、許：不詳何人。與之為古文，則筆過歐、蘇；與之匿跡商山，則衣冠用里；商山四皓，為西漢初年隱士，其名為東園公、綺里季、夏黃公、角里先生。其中用里先生是吳人。事見《史記·留侯世家》。與之怡情劇戲，則顧曲周郎；《三國志·吳書·周瑜傳》：周瑜少精意於音樂，雖三爵之後，其有闕誤，瑜必知之，知之必顧。故時人謠曰：「曲有誤，周郎顧。」與之編纂史記，則一出一入，字挾風霜；《西京雜記》：淮南王劉安著《淮南子》，自云字中皆挾風霜。與之唱和詩詞，則一吟一詠，聲出金石；與之摹仿書法，則細楷《麻姑》，唐人顏真卿《麻姑仙壇記》有大楷、小楷兩種。抄書盈篋；與之參研禪理，則提撕謔笑，各出機鋒。得吾戩伯一人，則數十人之精華，皆備於一人之身。而虞翻交籍，不求多人，思得天下一人以為知己，亦足無恨，殆吾戩伯一人之謂也。

余與戩伯結髮為知己，相與共筆硯者六十三載，婆娑二老，婆娑：衰老貌。形影相憐。正欲偷生以娛遲歲，今乃一旦灑然舍我遽去。兄既玉碎，弟尚瓦全，回首思之，有何趣味！乃不自遄死，猶然視息人世，亦孫子荊所謂「乃使若輩存，而令此人死」也。《世說新語·傷逝》：孫子荊（楚）以有才，少所推服，唯雅敬王武子（濟）。武子喪時，名士無不至者。子荊後來，臨屍慟哭，賓客莫不垂涕。哭畢，向牀曰：「卿常好我作驢鳴，今我為卿作。」體似真聲，賓客皆笑。孫舉頭曰：「使君輩存，令此人死！」兄去彌月，弟貧無可將意，止攜絮酒生芻，走向靈輀，靈輀：喪車。亦如王茂弘之哭衛洗馬，曰「叔寶風流名士，海內所瞻，可修薄祭，以敦舊好」云耳。《世說新語·傷逝》：衛洗馬（玠）以永嘉六年喪，謝鯤哭之，感動路人。咸和中，丞相王公（王導，字茂弘）教曰：「衛洗馬當改葬。此君風流名士，海內所瞻，可修薄祭，以敦舊好。」弟有哀些，覼縷不盡，撫棺號痛，以當驢鳴。《世說新語·傷逝》：王仲宣（王粲）好驢鳴，既葬，文帝（曹丕）臨其喪，顧語同遊曰：「王好驢鳴，可各作一聲以送之。」赴客皆一作驢鳴。兄其鑒之。

按：張則桐《張岱探稿》第二章「周懋穀」一節引《乾隆紹興府志》卷五四：「周懋穀，字戩伯，山陰人。

天啓辛酉舉人。常集越中名流為舊雨堂文會，互相砥切。其後松陵創復社，亦推懋穀為越士冠。壯年氣雄盛，志期用事，每綜輯政事得失，辨人物之賢奸以及朝廷典故、邊徼機宜，一一討論而記隸之，若指諸掌。數上公車，誠不售，遂一意棲隱，蓬蒿滿徑，田廬蕪廢，處之晏如也。友愛二弟，遇貧交請周恤者，輒倒篋為贈。晚年耳目神明不衰，腕能細書，足猶強步，率年八十有八。」

公祭張噩仍文

嗚呼！吾張噩仍先生之仙逝也！凡在知交者，或惜鄉黨中失一善士，或惜世法中少一通人，或惜文壇中折一名宿，或惜風雅中缺一韻友，或惜朋儕中殂一任俠，凡所以悼惜噩仍者，譬如畫竹，皆得其一節矣。吾輩忝在久要，竊謂其知之尚未盡也。

噩仍為思溪先生之文孫，其積德累仁不止一世，而思翁之功行在因果，噩仍之功行在名教，——如于公之有陰德，而子孫濟美，自當高大其門。《漢書·于定國傳》：定國父于公，其閭門壞，父老方共治之。于公謂曰：「稍高大閭門，令容駟馬高蓋車。我治獄多陰德，未嘗有所冤，子孫必有興者。」至定國遂為丞相，其子永為御史大夫，封侯傳世。噩仍謙和柔婉，未嘗以一語忤人，而胸中月旦，洞若觀火，即其會稽修志，一出一入，字若風霜，不肯稍為曲筆，——如褚裒之外無臧否，而皮裏自有陽秋。《晉書·褚裒傳》：裒字季野。少有簡貴之風。譙國桓彝見而目之曰：「季野有皮裏春秋。」言其外無臧否，而內有所褒貶也。噩仍蜚聲黌序，黌序，府州縣所設學校。食於二十人中者四十餘年，二十人：明制，生員之數，府學四十人，州學三十人，縣學二十人。人稱其舉子業，而不知其下帷稽古，博覽群書，所作詩文，真足頡頏古人，——如李謐之擁書萬卷，而不肯以枵腹欺人。北魏李謐，每言「丈夫擁書萬卷，何假南面百城」。遂絶跡下帷，杜門却掃，棄産營書，手自刪削。枵腹：腹中空空，胸無點墨。噩仍精於音律，其所著三劇，皆寫其胸中鬱勃，而見有梨園子弟歌喉清雋，必鑒賞精詳，盤旋不去，——如公瑾之按拍審音，而半字差訛，必得周郎之一顧。見前篇《祭周戬伯文》注。噩仍少年豪放，狎客滿門，揮金如土，而後乃澹然入道，閉戶自精，厭棄繁華，一歸約嗇，鷗租橘税，不失素封，——如武攸緒之清淨寡欲，武攸緒，則天之侄，恬淡寡欲。唐高宗時，累遷揚州大都督府長史、鴻臚少卿。及則天革命，封安平郡王，從封中嶽，乃固辭官，願隱居。廬於巖下，屢召不起，退身遠禍。韋氏既滅，牽連諸武，惟攸緒不及，至開元十一年方卒。仙傳中言其學道尸解。耕桑謀野，而嘗自逍遙於巖壑。

是以吾輩之得交噩仍者，欽其道義，如松柏之有心；挹其丰采，如竹箭之有筠；讀其詩文，如雲霞之有色；聆其詞曲，如金玉之有音；羨其風韻，如芝蘭之有氣；念其交情，如醇醪之有味。蓋噩仍生平百美具備，足以繫人之思者，不知凡幾。乃更多材多藝，診脈則倉公、扁鵲，刀圭所及，能以良藥起生；相地則郭璞、青田，晉郭璞、明劉伯溫，都精通風水，為堪輿一行奉為祖師。杖履所至，能以粒粟擇葬。且復怡情絲竹，適意花鳥，放懷風月，寄傲煙霞。文章聲氣之士，既加結納；博徒賣漿之輩，亦所包容。哲人云亡，人皆痛惜。先生去後，求一真誠君子、博雅通儒，以為越中翹楚者，其誰為之繼乎！

茲以二七，凡我同人，車過腹痛，見本書卷三《普同塔碑》注。薄具羹芼，用伸哀悃。惟神鑒之，為展匕鬯。

張文成，字噩仍。詳見卷三書牘《與張噩仍》注。

公祭祁夫人文

眉公曰：眉公：陳繼儒，字仲醇，號眉公、麋公。「丈夫有德便是才，女子無才便是德。」此語殊為未確。愚謂丈夫有德而小見其德，方為大才；女子有才而不露其才，方為大德。先輩祁止祥先生，經濟文章，琴棋書畫，皆臻神妙。與人接見，言語簡澀，粥粥若一無所能。而臨事當場，才堪八面，實備諸德，而不屑以一德見長，非其海涵地負，才大使然乎？復聞其夫人馮太君者，清靜寡欲，長齋繡佛，閫外之事，毫不與聞，人皆稱其盛德，而吾獨稱其大才。

夫人生丈夫子二，生道蘊女五。道蘊女：如謝道蘊一樣的才女。謝道蘊，晉安西將軍謝奕之女，王羲之之子、江州刺史王凝之之妻。史稱識知精明，聰慧能辯。一子才如長吉，召賦玉樓；李賀，字長吉。生二十七歲而死，死前自言天上白玉樓成，天帝召之作記。此言祁夫人一子有才但早夭。一子英邁出群，亭亭玉立。非夫人之畫荻丸熊，畫荻、丸熊，皆賢母教子故事。宋歐陽修四歲而孤，母韓國夫人親教公讀書，貧甚，以荻畫地學書。荻，蘆荻。丸熊，一般作「熊丸」，此顛倒言之，以合對仗。唐柳仲郢，母韓氏，善訓子。仲郢幼嗜學，母和熊膽丸，使夜咀咽以助勤。焉能有此令嗣乎？五女穎敏知書，才高柳絮，《世說新語・言語》：謝安寒雪日內集，與兒女講論文義。俄而雪驟，公欣然曰：「白雪紛紛何所似？」兄子胡兒曰：「撒鹽空中差可擬。」兄女曰：「未若柳絮因風起。」公大笑樂。即公大兄謝奕之女道蘊也。施鞶結縭，鞶，古人佩於身上的小囊，以盛手巾細物。古代婚禮有施鞶之儀，《儀禮・士昏禮》：「庶母及門內施鞶，申之以父母之命。」結縭，或作結褵，女子臨嫁，母為之繫結佩巾，以示至男家後奉事舅姑，操持家務。是施鞶結縭，皆嫁女之義。皆適閥閱大家，非夫人之胎教身儀，焉克有此淑女乎？勸夫力學，篆刻雕蟲，文成龍虎，掇取高魁，非夫人之警雞斷織，警雞是勗夫，《詩・齊風・雞鳴》：「雞既鳴矣，朝既盈矣。」詩傳以為「思賢妃也」，聞雞鳴即速夫早起升朝也。斷機是教子，孟軻廢學而歸，母方績，以刀斷織。軻懼問其故，母曰：「子之廢學，若吾斷斯織矣。」焉克有此佳耦乎？蓋夫人之才大如許，決不肯稍露其才，而使人止欽其德，淵渟嶽峙，蘊蓄高深。

且古之大露其才者，莫如謝太傅劉夫人，常幃諸婢在前作伎，太傅見，輒下幃曰：「恐傷盛德。」見《世說新語・賢媛》。劉夫人之才大矣，而多此嫉妒。先生有周郎之癖，周郎之癖：即喜好音樂。聲伎滿前，夫人未嘗顧而一問。且有如夫人者數院，家政一委賢能，與先生相敬加賓，無一言交謫。則先生之風流曠達，皆夫人有以玉成之也。太傅在東山，兄弟已有富貴者，翕集家門，傾動人物。劉夫人常曰：「大丈夫不當如此乎？」太傅捉鼻曰：「正恐不免。」見《世說新語・排調》。謝安高臥東山，為布衣，朝命屢徵，不就。兄弟中已有就官者，謝安自知終究還是要做官的，故云「正恐不免」。劉夫人之才大矣，而多此豔羡。先生兄弟皆顯要，而夫人視之淡如，雖服瑜珈，服瑜珈：此處似指信佛的女居士之服。無異荊布。近且先生黃冠道服，散誕逍遙，齊眉相守，齊眉：舉案齊眉，夫婦相敬。同至耄耋，並不以簪纓軒冕一動其心。則先生之持重高尚，又皆夫人有以輔相之也。夫人具此才德，不特為一家之母範，實且為通國之女師；不特為行地之神仙，兼且為度世之古佛。蓋以慧業文人之婦，成佛生天，皆其分內之事。如夫人者，真可以灑然解蛻，一無所憾者矣。

凡我戚屬，一聆訃音，痛失儀型，共挽《薤露》。敬陳沼芷，用薦靈輀。

琴操

張子作《琴操》，非以解嘲也，志恥也。曷恥之？恥為長者也，恥為赤子也。使虞、芮之人見之曰：「吾所爭，周人所恥也。」周文王時，虞、芮二國爭田，而訟於周。入周境，耕者讓畔，行者讓路；入朝，士讓於大夫，大夫讓於卿。虞、芮曰：「吾儕小人，不可入君子之朝。」以所爭為閒田。

天下士操

魯仲連解邯鄲圍作。魯仲連，齊人而游於趙。秦將白起既坑趙卒四十餘萬，進圍邯鄲。魏王使客將軍新垣衍間入邯鄲，因平原君謂趙王：欲尊秦為帝。魯仲連遂見新垣衍，具陳不可帝秦之義。新垣衍謝曰：「吾乃今日知先生為天下之士也。吾請出，不敢復言帝秦。」秦將聞之，為却軍五十里。適會魏公子無忌奪晉鄙軍以救趙，擊秦軍，秦軍遂引而去。

魯連一言，邯鄲圍解。旁觀者曰：「何藉魯連，邯鄲自解。」邯鄲人則曰：「罪惟魯連，欲解則解。」

從井救人操

井有人焉，其從之也，癡莫癡於宰予。作《從井救人操》。宰予，字子我，孔子弟子。《論語・雍也》：宰我問曰：「仁者，雖告之曰：『井有仁焉』。其從之也？」意思是，如果有人告訴仁者，說有人掉到井裏了，仁者會跟着跳下去麽？

誰則擠之，乃墮於窟？我則援之，乃捽其髮。既登於筏，問：「誰捽髮？」「余實捽髮，余罪當殺。」「爾既捽余之髮，爾則償余之簪與襪。」

中山狼操

東郭先生匿中山狼，給獵者去。狼磨牙欲食之，悔而有作。

「吁嗟狼兮，爾乃食予！予不爾救，爾將食誰？」狼曰：「余饑，所見惟食，不問恩仇，不擇肥瘠。」「狼兮，終忍食余兮！終忍食余兮，狼兮！」

脊令操

秦府僚屬勸秦王世民行周公之事，周成王時，管、蔡二叔散佈流言，說周公將不利於天子，且挾商紂王之子武庚謀叛。於是周公東征，誅武庚與管叔鮮，流放蔡叔度，其亂遂平。伏兵玄武門，射殺建成、元吉。魏徵傷之，作。此琴操是擬魏徵作。魏徵本為太子建成官屬，見秦王功高，陰勸太子早為計。太子敗，秦王責徵曰：「爾溷吾兄弟，奈何！」答曰：「太子早從徵言，不死今日之禍。」

脊令在原，見於《詩・小雅・常棣》：「脊令在原，兄弟急難。」脊令，水鳥名。鄭玄箋：本為水鳥，而今在原，失其常處，則飛則鳴，求其類，天性也，猶兄弟之於急難。」後因以喻兄弟友愛，急難相顧。繒弋在地。繒弋，即繒繳，獵取飛鳥的射具，箭上繫有絲繩。兄為弟來，弟給兄去。弟則自去，以兄予鷙。兄為營救弟弟而來，弟弟却矇騙兄長，自己跑掉，把兄長送給鷙鳥當點心了。吁嗟乎鷙，吁嗟乎弟！

讓肥操

後漢趙孝，天下亂，人相食，弟禮為賊所得。孝聞之，詣賊曰：「弟久饑，羸瘦，不如孝肥，請啖之。」事見袁宏《後漢紀》卷九，下面一段是：賊大驚，不忍食，兩放之，謂曰：「歸持米糧來。」孝不能得，即復往，願就烹。賊義之，不害。兄認肥：「賊啖余，余心則娛。」兄認肥，弟朵頤，朵頤：鼓腮有欲食之狀。不知其所為。弟曰：「兄既認肥，可以弟啖。」而變其言曰「癯」。癯：瘦。

就烹操

韓信使酈食其說齊，下之。蒯徹曰：「酈生伏軾掉三寸舌，下齊七十餘城。將軍為將數歲，反不如一豎儒之功乎？」信襲破齊，齊王烹食其而走。三寸舌，下齊城，豎儒之功洵可驚，何不殺之奪其名？後被雲夢之縛，而信自悔，曰：「狡兔盡，走狗烹。」漢高帝六年，有人上書告楚王韓信反。高帝用陳平計，偽遊雲夢，實欲襲信。信既就縛，曰：「果若人言，『狡兔死，良狗烹；高鳥盡，良弓藏；敵國破，謀臣亡。』天下已定，我固當烹！」

完卵操

孔北海被收，顧謂使者曰：「冀罪止於身，二兒可得全否？」兒曰：「大人豈見覆巢之下，復有完卵乎？」含沙下石者，非其父執，則其祖執也。漢末孔融為北海太守，人稱孔北海。因與曹操政見不和，曹借故沒其家。父執，父親的朋友。祖執義同。不相識，難入室，覆我巢而破我卵者，皆我之父執。嗚呼！我曰「父執」，彼語人曰：「我與若父，本不相識。」

投杼操

曾子處費，有人與曾子同名族者而殺人。人告曾子母曰：「曾參殺人。」曾子之母曰：「吾子不殺人。」織自若。有頃焉，人又曰：「曾參殺人。」其母尚織自若也。頃之，一人又告之曰：「曾參殺人。」其母懼，投杼逾牆而走。見《戰國策·秦策》，本為甘茂的縱橫說辭，非真事也。投杼，扔下織布的梭子。

昔曾子，作《孝經》，而玄雲聚於北極。蒼蒼者天，惟孝能格，奈何曾參殺人，而母猶信之不及？以上是說：曾子作《孝經》，其誠可感動上天，以至玄雲聚於北極，為什麼曾母竟那麼快地就相信了謠傳？吾終母之信之不及也，而尚謂是曾參之涼德。「吾終」二字疑有誤闕，但從文義上大致可看出原意，似是：既然曾母那麼快地就相信了謠傳，那就說明曾子的品德一定有問題。涼德：無德於人，不仁不義。

吾舌尚存操

張儀從楚相飲，楚相亡璧，疑張儀，笞掠之。其妻曰：「子毋讀書遊說，安得此辱乎？」儀指其口曰：「視吾舌尚在否？」其妻笑曰：「舌自在也。」儀曰：「足矣。」事見《史記·張儀列傳》。張儀以舌尚在即可繼續遊說於諸侯間。

縱橫舌，不敢吼。楚相笞，不敢走。負劍忍辱，斤斤自守。韓信負劍，能忍淮陰少年胯下之辱，是為了自守其身，以待將來。珍重張儀，無非自愛其舌也，故以一丸泥封其口。以泥封其口，不是惡意，是讓他保護自己的舌頭，以備大用。

莝豆操

范睢受魏齊辱，為須賈所賣也。睢相秦，賈入見，膝行謝罪。睢乃大供具，請諸侯賓客，置莝豆其前，而馬食之。事見《史記·范睢列傳》。馬食之：讓須賈如馬一樣食莝豆。故交也，而先下之石。綈袍也，而先裹之簣。范睢初事魏大夫須賈。須賈為魏昭王使於齊，范睢從。齊襄王聞睢辯口，使人賜睢金十斤及牛酒，睢辭謝不敢受。須賈知之，大怒，以為睢持魏國陰事告齊，故得此饋，歸以告魏相魏齊。魏齊大怒，使舍人笞擊睢，折脅摺齒。睢佯死，即捲以簣，置廁中。睢從簣中謂守者曰：「公能出我，我必厚謝公。」守者乃請出棄簣中死人，范睢得出，亡入秦。范睢化名張祿，既為秦相，諸侯不知即范睢。魏使須賈於秦。范睢聞之，為微行，敝衣至客邸，見須賈。須賈見之而驚曰：「范叔固無恙乎！今叔何事？」范睢曰：「臣為人庸賃。」須賈意哀之，留與坐飲食，曰：「范叔一寒如此哉！」乃取其一綈袍贈之。這是須賈尚念故人之義，但在此之前，就是他的讒言讓范睢險些死掉。賓客也，而置莝豆其側。嗚呼噫嘻！此即賣友之須賈也。馬若知之，不與同食。

張子好義，受人反噬。對於這次事件，其細節已經無法查考，但從《琴操》及張燕客的《和操》來看，似乎是張岱家族之間的一場大糾紛。此事本來與張岱無關，但他好心為人排難解紛，最後却成了《天下士操》中的「魯仲連」。張岱在《家傳·附傳》之末說道：「父叔輩尚不失為平交，自此以下，而路人矣，而寇仇矣。」當即與此事件有關，可見糾紛是發生在張岱一代之間，但父叔一輩中顯然有人從中挑撥並插手干涉了。時陰雨，坐梅花書屋，憤懣不平，腹脹幾裂。因作《琴操》十首，援琴歌之，覺鯁悶之氣，拂拂從十指出去也。《東坡志林》：「吾酒後乘興作數十字，覺酒氣拂拂從十指上出去也。」庚辰閏三月，庚辰：崇禎十三年。琴張記事。

附：燕客和操

伯子有不平之鳴，棲志徽弦，乃作琴操。恐世無知其心者，因目其昆弟，弟亦援琴而和之。

天下士操

排難兮解紛，薄卿相兮重鴻名。談微中兮全危城，連兮連兮揮其金。揮其金兮，世多負心。多負心兮，是以有戒心。

從井救人操

井中處矣，生則蛙兮，死則泥矣。誰則出之？出反噬之。以怨報德，慮有德色。

中山狼操

吁嗟先生兮！狼兮爾何救之？既全其軀，當果其腹。大恩不報，不如殺之。狼兮而何救之？吁嗟先生兮！

脊令操

武公殺兄，睿聖稱之。周公殺弟，元聖頌之。六月四日，語多隱微。成王敗賊，史能飾詞。

讓肥操

昆季讓肥，義能感賊。賊尚能感，彼何人斯。彼何人斯，無所感之。

就烹操

酈生既烹，走狗亦死。賣彼酈生，歸功於己。信無死道，死於此。

完卵操

面諂背訢，誰則不負？樂其傾巢，尚焉翼覆？不恤其友，遑恤友後。

投杼操

緊誰信目，咸以耳訛。言三至兮惑其母，曾參殺人市有虎。

吾舌尚存操

秦相印，楚相璧，孰者重，乃遭掠。不捉鼻，且折舌，富貴逼人，尚有齒頰。

巠豆操

折脅拉齒兮，何有於故交？裹簀加溺兮，何有於綈袍？馬食而終貰汝兮，毋汙吾之佩刀。

伯氏變北鄙殺伐之音，為揮弦送鴻之概。伯氏綠綺，其干羽歟？弟亦轉紾，紾，疑為「軫」字之誤。當整槊矣。勿謂虛無人，隱然敵國在也。寒香子記。

雜著

張燈致語

崇禎庚辰歲閏正月，崇禎庚辰：崇禎十三年。越士民公約重張五夜燈者。

伏以兩逢元正，元正：正月。歲成閏於攝提之辰；攝提：即攝提格，古代太歲紀年，太歲在寅稱攝提格。但此處不是用攝提指寅年，而是指正月。因為時用夏曆，夏曆以寅月為正月。所以這裏的「攝提之辰」只是「正月」的代稱。再值孟陬，孟陬：每年第一個月稱孟陬，故正月或稱陬月。屈原《離騷》：「攝提貞于孟陬兮，惟庚寅吾以降。」天假人以閒暇之月。正月農閒。開封府更放十七、十八兩夜燈，乾德五年，宋祖猶煩欽賜。《燕翼貽謀錄》：太祖乾德五年正月甲辰詔曰：上元張燈，舊止三夜。今朝廷無事，區宇乂安，方當年穀之豐登，宜縱士民之行樂。其令開封府更放十七、十八兩夜燈。後遂為例。《春秋傳》詳紀二百四十二年事，春王正月，孔子未得重書；意即春秋二百餘年也沒有一個閏正月。今茲閏正月者，三生奇遘，何幸今日而當場；百歲難逢，須效古人而秉燭。李白《春夜宴從弟桃花園序》：「浮生若夢，為歡幾何。古人秉燭夜遊，良有以也。」

況吾大越，蓬萊福地，紹興有蓬萊山，在城北三十五里，有雲海風洞之奇。宛委洞天。指宛委山，在會稽東南。傳說禹登宛委山，發金簡之書，得治水之理。大江以東，民皆安堵；安堵：安居。遵海而北，遵海：沿海。水不揚波。含哺嘻兮，口含食物而嬉戲。《莊子・馬蹄》：「夫赫胥氏之時，民居不知所為，行不知所之，含哺而熙，鼓腹而遊。」共樂太平之世界；

重譯至者，皆言中國有聖人。《尚書大傳》：周成王時，越裳氏重譯而朝，獻白雉於周公，曰：「吾受命於吾國之黃耇（老人）：久矣，天之無烈風淫雨，意中國有聖人耶？有則盍朝之？」千百國來朝，白雉之陳無算；十三年於此，（《夢憶》作茲）黃耇之說有徵。樂聖銜杯，樂聖：為中國有聖人而樂。唐李適之《罷相作》詩：「避賢初罷相，樂聖且銜杯。」宜縱飲屠蘇之酒；古代風俗，於農曆正月初一飲屠蘇酒，辟除百病。較書分火，應暫撤（《夢憶》作輟）太乙之藜。王嘉《拾遺記》：劉向校書天祿閣，夜有太乙之精化為老人，扶青藜杖，登閣而進。見向在暗中獨坐誦書，乃吹杖端，爛然出火。此處是說：當此盛會之夜，讀書人也要暫停一下夜讀了。

前此元宵，竟因雪妒，上一個元宵因為下雪而未能放燈。天但知點綴豐年；後來燈夕，欲與月期，這一個元宵將遇到晴月之夕而放燈。人不可蹉跎勝事。蹉跎：空過，虛度。六鼇山立，鼇山：堆成巨鼇形狀的燈山。祇說飛來東武，紹興怪山，因傳說自東武飛來，又名飛來山。又此山其形似龜，故又有龜山之稱。此處則指鼇山。使雞犬不驚；百獸宮（《夢憶》作室）懸，諸種獸狀燈懸於室內。毋曰下守海澨，唯魚鱉是見。不要說我們這海邊上只有魚鱉。笙簫括地，竹椽出自柯亭；蔡邕避難于會稽柯亭，仰見椽竹，知有奇音，取之作笛。花豔（《夢憶》作草）盈街，禊帖攜來蘭渚。蕭翼奉唐太宗命，至蘭渚寺偷出禊帖，歸途中按捺不住好奇，打開偷看，頓時遍野花開。士女潮湧，撼動蠡城；會稽古稱蠡城，因范蠡所造也。車馬雷殷，喚醒龍嶼。紹興有龍山，即以龍嶼代指紹興。況時逢豐穰，呼庚呼癸，庚代指糧，癸代指水。呼庚癸，語本《左傳》哀公十三年：吳申叔儀乞糧于公孫有山氏。答曰：「精糧雖然沒有，但粗糧還是有的。如果你們登首山以呼曰：『庚癸乎！』我們就會答應的。」杜預注：「軍中不得出糧，故為私隱。庚，西方，主穀；癸，北方，主水。」一歲自兆重登；因為今年是庚辰年，有一庚字，庚字又代指糧食，故預期為豐年。且科際辰年，龍年為科舉大比之年。為龍為光，《詩・小雅・蓼蕭》：「既見君子，為龍為光。」

毛傳：「龍，寵也。」鄭玄箋：「言天子恩澤光耀被及己也。」兩榜必徵雙首。莫輕此五夜之樂，眼望何時；試問那百年之人，躬逢幾次？敢期（《夢憶》作祈）同志，勿負良宵，敬藉赫蹏，赫蹏：本是寫字用的小幅絹帛，後即以借指紙。喧傳口號。

致語，演出或節慶前的頌辭式的宣傳廣告，例屬歌頌太平的陳詞濫調。《陶庵夢憶》卷八有《閏元宵》一篇，即此文，而文字稍有異同，用括弧附於文內。

疏通市河呈子（崇禎七年十二月）

為城市命河，命河：城市命脈之河。急宜開導，懇乞天臺，天臺：對知府、縣令的尊稱。此處應指紹興知府。立賜疏通，以復水利、以弭火災事。竊見府城南利植門至北昌安門市河一帶，中分兩縣，紹興府城分會稽、山陰二縣。市河南北中分之。直達三江。三江：地在紹興城北約四十里。紹興、蕭山境內錢清江、浦陽江、若耶溪諸水由此入海，嘉靖時紹興知府湯紹恩於此建三江閘。口吸萬壑千谿，由腸胃腹心而脈歸尾閭；尾閭：傳說大海之水排泄之處。足履九宮八卦，合丙丁壬癸而位濟坎離。丙丁為南方火，壬癸為北方水；坎為北方，離為南方。此言市河自南而北的走向。是以舟楫一通，則城野交利；生克既合，則火患永除。奈河當市廛之衝，戶列編民之雜，芻芥積若投鞭，苻堅將南侵晉，言晉雖有長江，「以吾之眾旅，投鞭於江，足斷其流。」此處是說雜草垃圾亂投於河，造成淤塞。塵垢多如囊土。囊土：裝土入囊，為防洪堵水之用。通城隧道，忽作泥封；分壤界河，幾同茅塞。以致鄉村不便趨市，頗多負載之勞；遂使闤市常罹火災，竟無灌溉之利。某等居皆近市，利害切膚，急則呼天，哀號同口。幸遇天臺加意民災，留心水利。浹旬卒役，方瞻經始，頓還舊觀。況今閘工既竣，理緯方能合經；河道為經，其上之閘橋即是緯。且邇回祿屢災，回祿：火神名，故火災又稱遭回祿。克火先須儲水。鑿斯池也，教民七年而戎事備；《論語·子路》：子曰：「善人教民七年，亦可以即戎矣。」冬則役之，歲十二月而輿梁成。《孟子·離婁下》：歲十一月，徒杠成；十二月，輿梁成，民未病涉也。弭災興利，福國奠民，兩邑齊心，千門翹首。為此激切上呈。

課兒讀謔

一戰不勝，當思裹甲復來；再則弗售，何惜抱荊三獻。抱荊三獻：見卷五《自為墓誌銘》注。淮陰胯豈可屈而不伸，韓信少時，淮陰屠中少年有侮信者，曰：「信能死，刺我；不能死，出我胯下。」於是信俯出袴下。一市人皆笑信，以為怯。張儀舌喜得端然還在。見本卷《琴操》中《吾舌尚存操》。要投俗眼，必多買胭脂；宋大畫家李唐有詩：「雪裏煙村雨裏灘，看之如易作之難。早知不入時人眼，多買胭脂畫牡丹。」若愛細腰，須先忍饑餓。《韓非子·二柄》：「楚靈王好細腰，而國中多餓人。」今落魄甫經半載，遂荒廢已越三冬。只欲攀安，《世說新語·品藻》：或問林公：「司州何如二謝？」林公曰：「故當攀安提萬。」即上攀謝安，下擕謝萬。原意謂上雖比謝安不足，下比謝萬尚有餘。此處是指攀附貴人。僅同走卒；但知御李，後漢荀爽嘗就謁李膺，因為其御車。既還，喜曰：「今日乃得御李君矣。」便屬輿人。輿人：此處指車夫。挾刺通名，半是題門凡鳥；《世說新語・簡傲》：嵇康與呂安善，每一相思，千里命駕。一日呂安來，值嵇康不在，康弟嵇喜出戶延之，不入，題門上作「鳳」字而去。「鳳」，「凡鳥」也。隨行逐隊，跟隨眾人，無特立獨行。全為學步駑駘。駑駘：駑馬。君子為朋，談劍論文，素心人可與共晨夕；小人有母，剉薦截髮，王隱《晉書》：陶侃為縣吏。范逵宿侃家，時大雪，侃母湛氏撤所臥薦，剉以飼馬，密截髮易酒，以應賓客。無米婦難以作居停。居停：主人。慎勿濫交，止求益友。《論語・季氏》：孔子曰：「益者三友，損者三友。友直，友諒，友多聞，益矣。友便辟，友善柔，有便佞，損矣。」喚回憍鴿，叱退懶龍。焚倦目於秦坑，倦目：疑指那些無聊的閒書，讀之無益，徒使眼倦。出薪須猛；囚酒星於天獄，酒星：盧肇《逸史》：成都有一酒家，常有紗帽藜杖者四人來飲，一飲數斗，話談間常說孫思邈。一日飲酒畢，忽不見。孫思邈曰：「此太白酒星耳，仙格絕高，每遊人間飲酒，處處皆至，尤樂蜀中。」下鑰加嚴。吞刀既用刮腸，飲炭復思滌胃。須記取那張黃榜，原不是絕世稀奇；嘗想着這領藍皮，藍皮：明清秀才穿藍衫。怎好作終身結果？少壯不努力，老大徒傷悲；平日弗用功，自到臨期悔。針能定向，必要指南；射可中鉤，無妨敗北。春秋時，管仲為公子糾射公子小白（即後來的齊桓公），未中，僅中衣鉤，小白佯死而脫。故抑奇才，塗抹不取，歐文忠還中劉幾；《夢溪筆談》：有一舉人作論曰：「天地軋，萬物茁，聖人發。」歐陽修曰：「此必劉幾也。」戲續之曰：「秀才剌，試官刷。」乃以大朱筆橫抹之，自首至尾，謂之「紅勒帛」，判大紕繆字榜之，既而果幾也。數年後，劉幾改名劉煇，竟為歐陽修取為第一。仍將落卷，謄錄無差，陸宣公終售韓愈。張岱《夜航船》：韓昌黎應試《不遷怒、不貳過》題，見黜於陸宣公。翌歲，公復主試，仍命此題；韓復書舊作，一字不易，公大加稱賞，擢為第一。按此事僅見於《夜航船》及張岱《史闕》，未必實有其事也。秦祖龍之屢搖鐵鐸，決要移山；參見卷一《張子說鈴序》注。精衛鳥之急吐泥沙，猛思填海。《山海經》：有鳥名精衛。是炎帝少女女娃所化。女娃溺於東海，化為精衛。常銜西山之木石，以填東海。階前立雪，北宋楊時、游酢往見其師程頤，值頤瞑目久坐，二人侍立不去，頤既覺，門外雪已盈尺。尚是虛文；座右書銘，方為實意。

頌

孝友頌

世有偉人，必敦倫理。愛物仁民，施由親始。講仁愛要從對自己的親人開始。所讀何書？《孝經》《曲禮》。《曲禮》二篇，收入《禮記》中。所習何儀？操杖捧几。替老人持杖及捧持坐几。何以為養？魚鮓鹿乳。魚鮓：醃或糟製的魚。《神仙傳》中記蘇仙公之母思食魚鮓，仙公至縣買回，往返百餘里，頃刻即歸。鹿乳：《格致鏡原》：伯夷、叔齊采薇首陽，有婦人難之，云薇亦是周土所生，夷齊遂不食薇，而有白鹿來乳之。何以為歡？舞斑設醴。舞斑：老萊子親老，遂服斑衣作小兒戲狀以娛其親。設醴：西漢時楚元王敬禮申公、穆生等儒士，穆生不飲酒，元王則為穆生設醴（淡的甜酒）。茅容烹雌，惟供甘旨。後漢茅容親耕隴畝，郭林宗往訪，寄宿其家。容明旦殺雞作食，林宗謂其為己也，容分半食母，餘半庋置，自與林宗素餐。黃香扇枕，為親銷暑。黃香，東漢時著名孝子。盡心養親，暑則扇枕席，冬則以身溫被。宗族稱孝，書之敦史。赫赫具瞻，高山仰止。道德之廬，麟軿會此。麟軿：麒麟駕的車子。自古神仙，無不孝弟。敬進兕觥，祝公高齒。

按，孝友、義方、令德、洪才，四頌為一組，不知為何人而作。

義方頌

瞻彼古人，必獲麟趾。此言瞻仰古人所為而效之，必然會讓麒麟降臨，也就是教子成材的。安石有言，吾自教子。謝安，字安石。《世説新語・德行》：謝安夫人教兒，問：「那得初不見君教兒？」答曰：「我常自教兒。」重傳尊師，佳餚甘醴。甘醴：用楚元王敬禮申公、穆生事。夜聚心燈，晨飛筆蕊。梁簡文帝《與廣信侯書》：「豈止心燈夜炳，亦乃意蕊晨飛。」參見卷二《龍山文帝祠募疏》注。貨與王家，學成文武。明代時民間俗語：「學成文武藝，貨與帝王家。」鶚薦連登，鵬程怒起。鶚薦：孔融《薦禰衡表》：「鷙鳥累百，不如一鶚，使衡立朝，必有可觀。」後用「鶚薦」謂舉薦賢才。《莊子・逍遥遊》言大鵬「怒而飛，其翼若垂天之雲」，「徙於南冥也，水擊三千里，摶扶摇而上者九萬里」。推恩所生，龍章誥紫。古時朝廷誥封官員的父母，即推恩於所生。小宋雲興，莒公山峙。北宋時宋庠、宋祁兄弟，人稱大小宋。宋祁尤能文，善議論，然清約莊重不及庠，論者以祁不至公輔。宋庠封莒國公。黌序蜚聲，豸冠可俟。豸冠：即獬豸冠，唐時御史所戴，此即泛指為朝官。奕奕文孫，鳴珂佩玘。奕奕：繁盛貌。玉樹芝蘭，森森階阯。《世説新語・言語》：謝安問諸子侄：「子弟亦何預人事，而正欲使其佳？」諸人莫有言者，謝玄答曰：「譬如芝蘭玉樹，欲使其生於階庭耳。」後便以玉樹譬人家佳子弟。藝苑所欽，文中龍虎。克繼書香，皆公福祉。方識頑仙，不宿巒雉。巒雉：傳説中的海上三神山，蓬萊、方丈、瀛州，方丈一名巒雉。

令德頌

翳我福人，必有令德。凡在鄉邦，受其世澤。昆季姻親，解衣推食。解衣衣人，推食讓人。貧戶監門，療飢拯溺。救拔顛危，袵席金革。金革為戰爭，袵席為安居。意謂讓那些罹於兵難的人如同睡在家中牀上一樣安穩。篤好緇衣，授餐授室。緇衣即僧侶。為遊僧提供餐宿。放雀放麑，放雀：《齊諧記》：東漢楊寶年九歲，見一黃雀為鴟梟所搏，墜樹下，為螻蟻所困，寶取之歸置巾箱中，以黃花養之，毛成飛去。夜夢黃衣人，以白環四枚與寶，曰：「令君子孫潔白，位登三事，當如此數。」放麑：《說苑》：孟孫獵得麑，使秦西巴持歸，母麑隨而鳴，西巴不忍，縱而與之。孟孫怒而逐秦西巴。居一年召以為太子傅。左右曰：「秦西巴有罪於君，今以為太子傅，何也？」孟孫曰：「夫以一麑而不忍，又將能忍吾子乎？」不網不弋。錯節盤根，芟除荆棘。樂善好施，國人矜式。乃產鳳毛，《世說新語・容止》：王敬倫風姿似父。桓溫望之曰：「大奴固自有鳳毛。」金玉其質。允文允武，簪纓采筆。簪纓為古代大官冠飾。采筆，疑即簪筆之意，即把筆插到冠上，以便隨時書寫。古時皇帝近侍之臣，簪筆備問，而又有御史簪筆以奏不法之說。奪錦虎闈，武后游龍門，命群臣賦詩，先成者賞錦袍。左史東方虯先成，已拜賜，宋之問詩晚成，而文理兼美，乃奪錦袍賜之。虎闈，指太學。傳臚北極。殿試揭曉名次，皇帝至殿宣佈，由閣門承接，傳於階下，衛士齊聲傳名高呼，謂之傳臚。北極，天上的紫微宮在北極，此處指皇宮。鯤化眉山，先轍後軾。鯤化為鵬，蘇洵雖然不顯於世，但生下了名揚天下的蘇軾、蘇轍兄弟。甲第綿綿，遐齡千億。

洪才頌

於維鉅公，才華雄傑。典劇理繁，力能振刷。振刷：整肅。陶侃勤儉，竹頭木屑。見本卷《祭外母劉太君文》注。劉晏精詳，租庸鹽鐵。劉晏，唐著名理財家，官至吏部尚書同平章事、領度支、鑄錢、鹽鐵等使。公佐鹺臺，綱引透徹。鹺臺，鹽運使。綱、引都是行鹽用語。鹽綱是大批運鹽的運輸組織。鹽引是鹽商用以支領和運銷食鹽的憑證。有弊亟除，有冤必雪。排難解紛，竈商胥悅。竈指煉鹽的竈戶，商是運鹽的鹽商。于公高門，公侯奕葉。見本卷《公祭張噩仍文》注。速營菟裘，《左傳》隱公十一年：魯隱公準備讓位於弟，說：「使營菟裘，吾將老焉。」菟裘本為魯國地名，後即以稱告老退隱的居處。歸老於越。種秫柴桑，唯事曲糵。陶淵明為彭澤令，在縣公田，悉令種秫穀，曰：「令吾常醉於酒足矣。」妻子固請種秔，乃使一頃五十畝種秫，五十畝種秔。但柴桑是陶淵明的故鄉，為彭澤令以前和辭官以後所居，此處有些不妥。漉酒接䍦，漉酒：《南史》：陶淵明逢酒熟，取頭上葛巾漉酒，畢，還復着之。接䍦：《晉書》：荆州有好園池，山簡每出嬉遊，多往池上，置酒輒醉，名之曰高陽池。時有童兒歌曰：「山公出何許，往至高陽池。日夕倒載歸，酩酊無所知。時時能騎馬，倒着白接䍦。舉鞭問葛彊：何如并州兒？」接䍦，一種頭巾。陶陶飲歡。滿腹精神，自臻耄耋。兒正黑頭，應建節鉞。百歲稱觴，巍巍閥閱。

箕疇五福

粵稽《洪範》，禹錫自天。《洪範》中箕子陳述九疇來歷，說大禹代其父治水，「天乃錫禹『洪範』九疇，彝倫攸敘」。嚮用五福，惟壽為先。康寧駢集，好德是綿。九疇中第九為五福，五福順序為「一曰壽，二曰富，三曰康寧，四曰攸好德，五曰考終命。」老人矍鑠，南極星躔。南極星又稱「老人星」，或稱南極老人星，為星神之「壽星」。星躔，指星辰的運行位置。色同赤芍，丹合青蓮。年登八百，桃熟三千。彭祖壽八百年。王母種桃，三千年一結果。青衣鳥使，召赴仙筵。《山海經·海內北經》：「西王母之南有三青鳥，為西王母取食。」後世常以三青鳥為王母使者。甜如崖蜜，蜜蜂釀於崖石間者，性最甘且可入藥。有棗如拳。《史記·封禪書》言神仙安期生食巨棗，大如瓜。涼同冰雪，有藕如船。韓愈《古意》詩：太華峯頭玉井蓮，開花十丈藕如船。冷比雪霜甘比蜜，一片入口沉痾痊。言念君子，崧嶽齊年。崧嶽，見《祭少師朱恒嶽公文》注。

《書·周書》中有《洪範》一篇，小序云：「武王勝殷，殺受，立武庚，以箕子歸。作《洪範》。」《洪範》中有「九疇」，故云「箕疇」。九疇中第九曰「五福」。故此題稱「箕疇五福」。按此篇至《天保九如》四頌為一組壽詞，不詳贈與何人。

南山萬壽

菊水有杞，菊水，在今河南内鄉。傳説飲其水可長壽。《水經注・湍水》：「湍水之南，菊水注之。源旁悉生菊草，潭澗滋液，極成甘美。云此谷之水土，餐挹長年。」杞，即枸杞。南山有枸。《詩・小雅・南山有臺》：「南山有枸。」根似龍蛇，幹同錯繡。枸杞，據説生千年，其根化為犬形，食之成仙。《列仙全傳》又云：朱孺子、王玄真二人得枸杞，煮之三晝夜。玄真飲其汁，遂上升。孺子食其餘，亦得不死。飲泉而甘，莫不眉壽。眉壽：長壽。《詩・豳風・七月》：「爲此春酒，以介眉壽。」服食飛升，無容仙授。黄精天姥，天姥，天姥山，在今浙江新昌，為道家七十二福地之第十六。黄精，取其根為藥。道家云常服黄精，壽可至幾百歲，或成地仙，或飛升。丹砂勾漏。晉葛洪年老，欲煉丹以求長壽，聞聽交阯出丹砂，乃求為勾漏令。故丹砂以勾漏所出最好。振振麟趾，振振，形容子孫眾多。麟趾，麒麟之足。此句言麒麟之子接踵而至。蘭芭芝茂。此言子孫如芝如蘭，生長繁盛。腹飽珠璣，胸藏篆籀。爾有福田，福田：可收獲福報的田地。子孫耕耨。爾有利藪，子孫蒐狩。利藪：財富之藪澤。蒐狩：獵取。樂只君子，保艾爾後。《詩・小雅・南山有臺》：「樂只君子，保艾爾後。」樂只：快乐。只，语助词。保艾：保養安育。

華封三祝

華封三祝，富壽多男。聞之悚息，堯亦辭焉。《莊子·天地》：堯觀乎華。華封人曰：「請祝聖人：使聖人壽。」堯辭。「使聖人富。」堯辭。「使聖人多男子。」堯又辭。封人曰：「壽、富、多男子，人之所欲也。汝獨不欲，何邪？」堯曰：「多男子則多懼，富則多事，壽則多辱。是三者，非所以養德也，故辭。」多男多懼，授職則安。多富多事，分任則閑。壽雖忍辱，遺世登仙。安期為友，褚先生補《史記·封禪書》：方士李少君言於上曰：「臣嘗遊海上，見安期生，食臣棗，大如瓜。安期生仙者，通蓬萊中，合則見人，不合則隱。」師則偓佺。劉向《列仙傳》：偓佺者，槐山采藥父也。好食松實。形體生毛，長七寸，兩目更方。能飛行，逐走馬。以松子與人，受服者皆三百歲。朝遊滄海，暮宿桑田。葛洪《神仙傳》言麻姑見王方平，云：「接待以來，已見東海三為桑田。向到蓬萊，水又淺於往者。豈將復還為陵陸乎？」取麟作脯，葛洪《神仙傳》：麻姑見王方平，坐定，各進行廚，皆金盤玉杯，擘脯食之，云麟脯也。驅鹿駕軿。葛洪《神仙傳》：劉根入華陰山，見一人乘白鹿車，自稱為韓眾，以神方五篇見授。化舄為鳧，見卷二《遊山小啓》注。擲米成丹。嘉樂君子，三祝斯全。

天保九如

《詩・小雅・天保》：「如山如阜，如岡如陵；如川之方至，以莫不增……如月之恒；如日之升；如南山之壽，不騫不崩；如松柏之茂，如不爾或承。」共用九如字。後人常以祝壽之辭。天保定爾，以莫不興。如山如阜，如岡如陵。百川方至，日升月恒。松柏並茂，南山以增。受天百祿，遐福駢臻。遐福，久遠之福。駢臻，一齊到來。齊眉舉案，相對如賓。《後汉书・梁鴻傳》言梁鴻每歸，妻孟光爲具食，舉案齊眉。后泛指夫妻相敬爱。青藜照讀，晉王嘉《拾遺記》：劉向校書天祿閣，夜有老人着黄衣，扶青藜杖，登閣而進。見向在暗中獨坐誦書，乃吹杖端，爛然出火，因以見向。紡績同燈。此言丈夫讀書時妻子與同燈紡績。有女擇配，玉潤冰清。文孫燕翼，《詩・大雅・文王有聲》：「詒厥孫謀，以燕翼子。」指祖先遺謀，以澤及後人。祖武是繩。《詩・大雅・下武》：「昭兹來許，繩其祖武。」指子孫繼承祖先的事業。豈弟君子，無不爾承。《詩・大雅・旱麓》：「豈弟君子，福祿攸降。」

壽周霞城八十

香山九老，唐白居易晚年居洛，稱香山居士，常與胡杲等燕樂，皆高年不仕者。人慕之，繪為香山九老圖。其中胡杲最長，年八十九，而白居易七十四歲。洛社耆英。北宋神宗元豐間，文彥博與富弼及當時老成而有賢德者十一人，用白居易故事，就弼第置酒相樂，尚齒不尚官。已而圖形妙覺僧舍，謂之洛陽耆英會。司馬光為文序其事。後王拱辰亦與其事，故稱「洛社十二耆英」。碩德長者，必享遐齡。旌陽初任，兩袖風清。許遜，即神仙許真君，又稱許旌陽。據仙傳，於晉武帝太康元年起家，為旌陽縣令，頗有惠政，時年四十二。知晉室將亂，乃棄官東歸。後車所載，薏苡輕身。見本卷《祭少師朱恒嶽公文》注。灑然解紱，五斗腰伸。陶淵明為彭澤令。郡遣督郵至縣，吏白應束帶見之，潛歎曰：「吾不能為五斗米折腰，拳拳事鄉里小人邪！」遂解印去縣，賦《歸去來》。居鄉樸茂，不露簪纓。祁公杜衍，傀儡盤鈴。杜衍，原誤作「社衍」，祁公姓杜名衍也。但「傀儡盤鈴」的杜公却不是宋慶曆間為相，封祁國公的山陰人杜衍，而是唐憲宗時為宰相的杜佑。《劉賓客嘉話錄》：杜司徒常言：「我致政之後，必買小駟，飽食訖，跨之，着粗布襴衫，入市看盤鈴傀儡即足矣。」後致仕，果行其志。蠅頭細楷，著書滿籯。《漢書・韋賢傳》：「遺子黃金滿籯，不如一經。」籯，竹編箱籠。中公待聘，安車蒲輪。《漢書・武帝紀》：「遣使者安車蒲輪，束帛加璧，徵魯申公。」注：以蒲裹輪，取其安穩。帝思黃髮，召修老更。黃髮，年邁老人。老更，三老、五更的簡稱。古代設三老、五更之位，天子以父兄之禮養之。《後漢書・明帝紀》：「尊事三老，兄事五更。」杖朝有日，三壽作朋。《詩・魯頌・閟宮》：「三壽作朋，如岡如陵。」三壽即三老。問年幾許，竊比老彭。見本卷《祭伯凝八弟文》注。

詞

遠閣新晴

蝶戀花為祁世培作。按：以下十六首《蝶戀花》，當系為祁彪佳寓山園諸景所作，其中有些是為寓山園景點而寫，有的則是從園內遠眺所見。

山水精神鶯燕喜，好似乾坤，又做乾坤起。柳濯疏眉松刺齒，如人新浴彈冠始。　澀日遮藏羞欲死，澀日：半遮半掩的太陽。一抹輕煙，横截青山趾。如畫秋江多仗紙，遠峰一角餘皆水。

寓山園有「遠閣」，《寓山注》云：「閣以遠名，非第因目力之所極也。蓋吾閣可以盡越中諸山水，而合諸山水不足以盡吾閣，則吾之閣始尊而踞於園之上。閣宜雪、宜月、宜雨，銀海瀾回，玉峰高並，澄輝弄景。俄看濯魄冰壺，微雨欲來，共詫空濛山色，此吾閣之勝概也。然而態以遠生，意以遠韻。……若夫村煙乍起，漁火遥明，蓼汀唱欸乃之歌，柳浪聽睍睆之語，此遠中之所孕含也。縱觀瀛嶠，碧落蒼茫，極目胥江，洪潮激射，乾坤直同一指，日月有似雙丸，此遠中之所變幻也。……」

通臺夕照

西望柯亭真怪絶，萬疊螺青，團簇多層摺。古壑蒼崖如老耋，招提辟咡成童孽。《禮記・曲禮上》：「負劍辟咡詔之，則掩口而對。」此指柯山諸石巖高低參差，如尊長與幼兒的親切耳語。童孽，此指童子。收拾殘山藏繡襭，襭：把衣襟插在腰帶上兜东西。《诗・周南・芣苢》：「采采芣苢，薄言襭之。」霞濕瘢痕，墳起丹丘血。丹丘，原為传说中神仙所居之地。此處僅指為夕陽照成赤色的小丘。孔雀驚飛收不迭，疏翎片片留金屑。

寓山有「通霞臺」，《注》云：「寓山之右為柯山，萬指捶鑿，自吳大帝赤烏以迄於今，幾於刊山之半。絶壁竦立，勢若霞褰，秀出層巖，罩絡群山之表。……柯山之勝，以此甲於越中，今盡以供此臺之眺聽。」可參看本書卷二《越山五佚記》。

清泉沁月

月與清泉居處角，何事幽人，忽與泉通著。聞道江聲精草格，江聲不與書同作。《墨池編》：宋雷簡夫，善真行書，嘗守雅州，聞江聲以悟筆法，蹟甚峻快。說向庸人徒嘯嘑，汲水傾來，那見連金魄。金魄：指月亮。試思吳剛將月琢，《酉陽雜俎》：舊言月中有桂，高一百丈，下有一人常斫之，樹創隨合。人姓吳名剛，學仙有過，謫令伐樹。又一則云：

某人遊山迷路，見一人。其人曰：「君知月乃七寶合成乎？月勢如丸，其影，日爍其凸處也。常有八萬二千戶修之，予即其一。」因開襆，有斤鑿數事，玉屑兩裹，授與二人曰：「分食此。雖不足長生，可一生無疾耳。」**月華片片成飛瀑。**

寓山園有「沁月泉」，《注》云：「浮影臺右第三石下，得泉眼二，一如滿月，一如弦月，旱不涸，潦亦不盈。要其味，豈堪敵中泠、北幹，予謂正不必爾，但得啜之者到舌空雋，有一種松風之韻，可沁詩脾足矣。……」

峭石冷雲

一片奔雲來此駐，奔雲石，在杭州南屏山。張岱《陶庵夢憶》有《奔雲石》一篇，言「石如滇茶一朵，風雨落之，半入泥土，花瓣棱棱，三四層折。人走其中，如蝶入花心，無鬚不綴也。」**雪濕冰團，弱翼難飛去。剝蘚鐫名多受記，平泉草木皆登誌。**平泉為唐李德裕在洛陽郊外的園林，花木臺榭，若入仙府。德裕有《平泉山居草木記》。**思在襄陽袍袖住，**宋米芾守漣水，地接靈壁，畜石甚富。楊次公為察使，知米好石廢事，正色規之。米以手於左袖中取一石，其狀嵌空玲瓏，峯巒洞穴皆具，米舉石宛轉翻覆，以示楊曰：「如此石安得不愛？」**芒碭雲深，個裏藏劉季。**《史記·高祖本紀》：秦始皇常曰「東南有天子氣」，於是東遊以厭之。劉邦即自疑，亡匿於芒、碭山澤巖石之間，而所居上常有雲氣。**喜得嘉朋常覓至，愚公谷口觀雲氣。**劉向《說苑·政理》：齊桓公出獵，入山谷之中，見一老公而問之，對曰：「為愚公之谷。」桓公曰：「何故？」對曰：「以臣名之。」桓公曰：「今視公之儀狀，非愚人也，何為以公名？」對曰：「臣請陳之，臣故畜牸牛，生子而大，賣之而買駒，少年曰：『牛不能生馬。』遂持駒去。傍鄰聞之，以臣為愚，故名此谷為愚公之谷。」明末鄒迪光，號愚公，建園於無錫西惠山東麓，以己號名之，稱愚公谷。《陶庵夢憶》有《愚公谷》一篇。

寓山園有「冷雲石」，《注》云：「寓園之所少，非石也，浮影臺右有巨靈手擘者三，予以當寒山之可語矣。其他虎而踞、獅而蹲者不可指屈。獨是笛亭之旁，一片石如駿馬馳阪，忽然而止，啣勒未收，猶有怒色。上又一石，如半月欲墮不墮，周又新以『冷雲』字之，即未堪具袍笏作丈人拜，亦可呼之為小友矣。」

小徑松濤

步到寒林聲謖謖，龕赭潮生，龕、赭兩山，龕山在今蕭山，赭山在海寧（今已入蕭山境）。二山南北對峙，下夾錢塘江，有海門之稱。為觀錢塘江潮佳處。噴礴來山麓。臥聽簷前風雨迷，「迷」字疑是「速」字之誤，此處應押韻也。秋濤八月驚枚叔。西漢大辭賦家枚乘，字叔，傳世最著名的《七發》，其中對江濤洶湧之勢的描寫，最為動人。入寺知微呼筆墨，奮袂如風，洶洶能崩屋。孫知微，字太古。北宋初大畫家。蘇東坡《書蒲永升畫後》：始知微欲與大慈寺壽寧院壁作湖灘水石四堵，營度經歲，終不肯下筆。一日倉皇入寺，索筆墨甚急，奮袂如風，須臾而成，作輪瀉跳蹙之勢，洶洶欲崩屋也。四壁煙雲傾百斛，江聲入手成飛蹴。

寓山園有「松徑」，《注》云：「園之中不少矯矯虬枝，然皆偃蹇不受約束，獨此處儼焉成列，如冠劍丈夫鵠立通明殿上。予因之疏開一徑，友石榭所由以達選勝亭也。勁風謖謖，入徑者六月生寒。迎門一松，曲折如舞，共詫五大夫何嫵媚乃爾。徑旁盡植草花，紅紫雜古翠間，如韋文女嫁騎驢老叟，轉覺生韻。」

虛堂竹雨

如聽秋聲軍令急，奉詔周昌，口作期期吃。漢高帝欲廢太子，而立戚姬子如意為太子，大臣固爭之，而周昌廷爭之強，上問其說，昌為人口吃，又盛怒，曰：「臣口不能言，然臣期期知其不可。陛下雖欲廢太子，臣期期不奉詔。」疾走含枚風雨集，含枚即銜枚，古時行軍夜襲，為防喧嘩，士兵銜枚於口，不能出聲。千人步履爭呼吸。更似冰絲清欲泣，冰絲：即冰弦，代指古琴。着意吟揉，手重弦聲澀。宛在瀟湘波上立，琵琶怨灑千行濕。白居易《琵琶行》：「座中泣下誰最多，江州司馬青衫濕。」

平疇麥浪

寓山園有遠山堂，有四負堂，又有寓山草堂，不知所指何處。

昔日東坡思栗里，栗里，陶淵明隱居之地。蘇東坡詩：「龍山憶孟子，栗里懷淵明。」良穗懷新，寫盡澄心紙。澄心堂紙，為南唐李後主所製，當時即極名貴。此言農田豐收，蘇東坡用澄心堂紙寫詩來表達自己的心情。此紙雖然至北宋時尚有存者，但東坡未必能有，此處只是形容他對農稼豐穰的關懷。**今見平疇如綠綺，翻來白浪潮頭起。野老豚蹄心更侈，篝滿甌窶，奢願還無已。處處軍輸如吸髓，敢云畎畝忘庚癸。**庚癸：見《張燈致語》注。

寓山園有「豐莊」，《注》云：「莊與園，似麗之而非也。既園矣，何以莊為？予築之以為治生處也。出園北，折渡小橋，迎堤而門，綠疇在望。每對田夫相慰勞，時或課婦子挈榼往餉之，取所餘酒食啖野老，共作田歌，嗚嗚互答。堂之後為場圃，十月納禾稼，鄰火相舂，薦新秔，增老母一匕箸。……」

曲沼荷香

馮謐雖招玄武辱，幾個知章，消得山陰曲。《南唐近事》：金陵城北有玄武湖。一日諸閣老待漏朝堂，語及林泉之事。坐間馮謐因舉玄宗賜賀知章三百里鏡湖事，曰：「予非敢望此，但賜後湖（即玄武湖），亦暢予平生也。」吏部徐鉉應聲而對曰：「主上尊賢待士，常若不及，豈惜一後湖！所少者知章爾。」馮大有慚色。**剪葉為桐封晉叔，**見卷二《賀魯國主冊封啓》注。**若耶帶礪分符籙。**若耶，即若耶溪，在紹興城南。帶礪，以河為帶，以長城為礪，為天子分封諸侯時的誓詞。而分符亦封爵分土之意。（只是「符籙」為道士事，疑「籙」是「祿」字之誤。）以上兩句是說祁彪佳得此耶溪一曲，勝如封君了。**雞幘傳更香氣簇，**雞幘，像雞冠一樣的帽子，此處即指雄雞。傳更，報曉。**露掌仙人，葉上浮輕玉。**此以仙人承露盤比喻荷葉及上面的露珠。**葉底田田魚皛**

宿，翠氤為廓香為國。寓山園有「芙蓉渡」，《注》云：「自草閣達瓶隱，有曲廊俯檻臨流，見奇石兀起，石畔篔簹寒玉，瑟瑟秋聲。小沼澄碧照人，如翠鳥穿弄枝葉上。……唯是冷香數朵，想像秋江寂寞時，與遠峰寒潭共作知己，遂以芙蓉字吾渡。」有曲廊，有小沼，疑即張岱所題。

林寺鐘聲

嶰谷寒灰寸管定，傳說黃帝使伶倫至昆侖之東取嶰谷之竹，以其竅厚而均者，斷兩節之間而吹之，以定五聲。古人用葭灰占律，即於一密封之室，按方位列十二木案，案面內卑外高，將十二律的律管即玉管依序排列，玉管長短不一，內填以葭莩（即蘆葦膜）之灰。直聲音的十二律與十二月相對應，時節一至，葭灰即自動吹起。林寺松筠，自有黃鐘應。十六椽頭枕上聽，耳根更比中郎淨。蔡中郎（邕）嘗經會稽柯亭，見屋東十六椽竹，取以為笛，果有異聲。鐘到深山聲更勁，大地山河，響徹憑誰證？銅澡盆中宮徵正，晉時有人畜銅澡盆，晨夕恒鳴如人扣。以問張華，曰：「此盆與洛鐘宮商相諧，宮中朝暮撞鐘，故聲相應。」洛鐘知奉銅山令。漢順帝時，洛陽殿下鐘鳴，問樊英，英曰：「蜀岷山崩，山於銅為母，母崩子鳴。」後蜀果上言岷山崩，日月相應。

鏡湖帆影

山似芙蓉青百疊，隔住林巒，穿度輕如蝶。樹底疏疏時閃滅，依稀深淺湘裙折。　佇立高岡隨宛折，剡水歸帆，猶帶山陰雪。《世說新語·任誕》：王子猷居山陰，夜大雪，眠覺，四望皎然。忽憶戴安道。時戴在剡，即便夜乘小舟就之。經宿方至，造門不前而返。人問其故，王曰：「吾本乘興而行，興盡而返，何必見戴？」遮在人家林外堞，牆頭又露他山缺。

長堤楊柳

但是長堤楊柳勝，遭際隋煬，賜與隋楊姓。隋煬帝開河成，虞世基請於堤上栽柳，一則鞠護河堤，一則牽舟之女獲其蔭樾，三則牽舟之羊食其枝葉。上大喜，詔民間進柳一株，賜一縑；百姓競獻之。帝自種一株，群臣次第種之。栽畢，上御筆賜垂柳姓楊，曰「楊柳」。千樹桃花相掩映，官家殿脚宮裝靚。隋煬帝乘龍舟下揚州，每舟擇妙麗長白女子千人，執雕板鏤金楫，號為殿脚女。　脂粉六橋淘洗淨，移植柴桑，便得柴桑性。六橋，指西湖蘇堤六橋，堤上植桃柳。柴桑，陶淵明隱居處，門栽五柳，號五柳先生，故祁彪佳說柳有「彭澤家風」。斗酒雙柑長往聽，陰陰黃鳥呼陶令。劉宋時隱士戴顒，春攜雙柑斗酒，人問何之，曰：「往聽黃鸝聲，此俗耳針砭、詩腸鼓吹，汝知之乎？」

寓山園外有「柳陌」，《注》云：「出寓園，由南堤達豳圃，其北堤則豐莊所從入也。介於兩堤之間，有若列屏者，得張靈墟書曰『柳陌』。堤旁間植桃柳，每至春日，落英繽紛，微颸偶過，紅雨滿遊人衣裾。予以為不若數株垂柳，綠影依依，許漁父停橈碧陰，聽黃鸝弄舌，更不失彭澤家風耳。……」

古岸芙蓉

聞道芙蓉能走獺，走獺，驅走水獺。多剪柔條，都向池邊插。葉底離披藏睡鴨，崖前紅蓼連蒲箑。

吹老蕖荷黃裡甲，獨自輕盈，卿自為卿法。《晉書·庾敳傳》：王衍不與庾敳交。敳卿之不置，衍曰：「君不得為爾。」敳曰：「卿自君我，我自卿卿，我自用我家法，卿自用卿家法。」秋水澄澄清似峽，倒垂花影魚吞呷。

隔浦菱歌

畫舫笙簧頃刻過，只有菱歌，菱歌：采菱時唱的歌。不拾人間唾。口既如箕眼似簸，幾回看得興亡破。

至此乾坤方覺大，這艇清謳，那艇能追和。剝了紅菱三四個，侏儒不受官廚餓。《漢書·東方朔傳》：朔上言武帝：「侏儒長三尺餘，奉一囊粟，錢二百四十。臣朔長九尺餘，亦奉一囊粟，錢二百四十。侏儒飽欲死，臣朔飢欲死。不如罷之，無令但索長安米。」

孤村漁火

何必微螢量數斛，遇夜嬉遊，囊火燃山谷。《隋書·煬帝紀》：大業十二年，煬帝幸景華宮，徵求螢火，得數斛。夜出遊山而放之，光遍巖谷。怎比漁燈千萬簇，星星照出田疇綠。疑是天河成反覆，疑是天上的銀河落到地上了。遍野疎星，連住招搖宿。招搖，星名。此句是說地上的漁火如疎星，直與天上星宿相接。此際神槎乘博陸，支機石冷空杼柚。神槎，參見卷五《木猶龍銘》注。而又有一說，漢武帝令張騫使大夏，尋河源。乘槎經月，而至一處，見城郭如州府，室內有一女織，又見一丈夫牽牛飲河。騫問：「此是何處？」答曰：「可問嚴君平。」織女取支機石與騫。騫還後至蜀，問君平。君平曰：「某年某月，客星犯牛女。」支機石則為東方朔所識。見《荆楚歲時記》。又，張騫封博陸侯。

三山霽雪

雪巘晴光如缺列，缺列，即列缺，閃電。閃爍凝睛，入眼翻成瞥。一幅鵝綾無緇涅，條條水道如軌轍。

山入秋湖皆小垤，滋蔓難圖，迢遞如瓜瓞。《詩·大雅·緜》「緜緜瓜瓞」。大曰瓜，小曰瓞。瓜之近根初生常小，其蔓不絕，至末而後大。余到洛伽心膽裂，銀獅蹴起潮頭雪。洛伽即落伽，張岱曾遊普陀落伽山，參見卷三《海志》所述。

百雉朝霞

遠閣晨曦窗外紫，雉堞依稀，雉堞，城牆上的短牆。望見龍山趾。塔影雙尖雲外峙，吳門白練多如齒。《論衡·書虛》講一荒誕傳言：顏淵與孔子俱上魯太山，孔子東南望，見吳閶門外有白馬，而顏淵看到的只如白練狀物。截斷紅塵三十里，煙火城中，遠隔蒹葭水。城內居民垤內蟻，顒顒蠢動蠶筐裏。

丁亥中秋（念奴嬌寓項里作）

雨餘乍霽，見重雲堆垛，天無罅隙。一陣風來光透處，露出半空鸞翮。涼冽無翳，玲瓏晶沁，人在玻璃國。空明如水，階前藻荇歷歷。《東坡志林》：元豐六年十月十二日夜，解衣欲睡，月色入戶，欣然起行。步於中庭。庭下如積水空明，水中藻荇交橫，蓋竹柏影也。歎我家國飄零，水萍山鳥，到處皆成客。對影婆娑，回首問，何夕可方今夕？想起當年，虎丘勝會，真足銷魂魄。生公臺上，幾聲冰裂危石。參見《陶庵夢憶》卷五《虎丘中秋夜》。

丁亥為順治四年。張岱時五十一歲，初移居城南十五里之項王里，暫時結束近兩年的顛沛逃亡生活。

附　原刻序跋

王雨謙序

有大文之人而文始傳。文也者，人也。其人為天地之所屬，則凡天地之所煥不能鬱，與鬱而不克告之天下萬世者，皆匯而委諸其人。由是而日星之蒸變，河嶽之苞孕，勤勤焉提以成之也。然其所際有顯晦，且有不即内之於顯，而困苦拂亂，與以晦晦之遇，而別有以顯之，則天下文章莫大乎是矣。如昔左氏《春秋》、龍門《史記》，皆不屑以爵禄榮之，而特榮以三曾之大也。吾故於陶庵張子之文，而知天地之成之顯之者深且宏也。

陶庵為雨若先生之孫，而陽和公其曾祖父也。陽和公以文章大魁天下，雨若先生成進士，以理學推醇儒。陶庵尊人大滌公，抱命世才，雖烺烺仕籍，竟不克大展其學，乃舉累代清淑之氣，盡以鍾之陶庵。陶庵自束髮為文，發藻儒林，以彼其才，使其立取一名，身都顯要，自當復命造物，爽爽不怍。而以才大莫器，有識者咸為裂眥問天，而陶庵怡然聽之。遂潛名成《石匱》一書，上與《左》、《史》等鼎。甲申以後，屏棄浮雲，益肆力於文章，自其策論、辭賦、傳記、箋贊之類，旁及題額、柱銘，出其大力，為能登之重淵而名諸日月，題曰《嫏嬛文集》。蓋其為文不主一家，而別以成其家，故既能醇乎其醇，亦復出奇盡變，所謂文中之烏獲，而後來之斗杓也。余與陶庵以氣誼文章為世外交，每一篇出，無不披華食實，如李才江之范金呼「島佛」，柳柳州之盥薰讀《昌黎集》也。茲者百家爭喙，俾斯集行之於世，則震風淩雨，應知夏屋之為帲幪也。

陶庵其先蜀產也，其近則越產也，其人其文，幾幾各爭有之。余則曰：此非蜀之有，越之有，而天下之有也，張子天下才也。

曲轅王雨謙撰

祁豸佳序

越故多才，其所最著者，宋有陸放翁，元有楊鐵崖，明有徐青藤。後來才士所生不少，以沉埋帖括，淹屈多人，間有進賢紗帽，遊戲古作，視為緒餘。神宗朝，吾越中以古文名者三先生：一為陸景鄴，一為王謔庵，一為倪鴻寶。陸長於武斷，其蔽也敢；王長於撮巧，其蔽也狎；倪長於黴僻，其蔽也鬼。較之前代，三賢尚難學步，而其所刻文集，又皆榮不擇茅，金常夾礫。此雖作者之過，而選之者亦不得不任其責矣。

鍾伯敬曰：「選者之力，能使作者讀者之精神心目為之頓易。故夫選而後作者，上也；作而自選者，次也；作而待人選者，又次也。」陶庵所作詩文，選題選意，選句選字，少不愜意，不肯輕易下筆，凡有所作，皆其選而後作者也。其後匯所存稿，悉簡其代作、應付諸篇什盡付一炬，有所存貯，又皆其作而自選者也。今茲選刻稿尚盈笥，王白嶽又為之痛芟讎校，在十去七。所定《嫏嬛》一集，譬之文豹留皮，但取其神光威瀋；孔雀墮羽，只拾其翡翠金輝。淘汰簸揚，選擇最核，以視前代，即放翁之《劍南》、《渭南》，鐵崖之《樂府》、《史鉞》，青藤之《櫻桃館》、《闕編》，何遂能過之也！

蓋陶庵先為蜀產，後生會稽，以嵯峨泙渫之奇，席萬壑千巖之秀，其所脫胎結撰，自合磊砢韻秀，亮拔不群，此其生質使然，豈可與之爭鋒角勝乎！昔李研齋見《石匱書》，力爭陶庵決非浙產，言及先世，始嚾然大笑，自謂知人。其藻鑒之確，信有以也。

雪瓢祁豸佳撰

黎培敬刻嫏嬛文集序

從來文字之流傳，每關氣數。一代魁傑之才，其所著作，有傳有不傳，有鬱之久而後傳，如有明山陰張陶庵先生所著《嫏嬛文集》，其明證也。陶庵當明之季，肥遯遜荒，遷流輾轉，此稿猶得於余老友王个峰處藏之。个峰與余共事薇垣凡八閱寒暑，生平耽吟詠，工楷隸，精數學，而於奇書古畫尤鍾愛特甚。每當焚香煮茗，促膝談心，輒斤斤以陶庵《嫏嬛文集》未及梓行為念。光緒丙子春，余於公退之暇，偶一披覽，見其文閎深淵懿，勁折奥衍，詭譎瑰奇，各盡其致。陶庵所著書甚多，惜未獲見，即此已窺一斑。爰促付剞劂，工竣，聊綴數語於簡端，蓋以識个峰佩服陶庵之深，而陶庵是集不至湮没於數百年之後，毋抑有氣數存乎其間耶？是為序。

光緒三年歲在丁丑季秋月　湘潭黎培敬

王惠跋

余束髪時，讀書於山陰余浣公侍御家。檢其藏書，有《嫏嬛文集》一帙，蚊脚細草，蟫蝕襹褷，蓋張陶庵後裔世傳而尚未付雕者也。余見而攫之，五十年來，藏之敝簏，時一披閲，不少廢離。今半肩襆被遊黔，山川萬里，與之偕來。兒子介臣見而悦之，以為陶庵吾越名宿，才蓋當世，聞其生平有徐文長之癖，今讀是編，筆挾風霜，氣吞《莊》《列》，實出文長之上，較余尤加珍重。屬同人錄出，乞余校正，分為六卷，合作一函，什襲藏之，俟客囊稍裕，將付剞劂，以垂久遠，庶不負陶庵一生心血所存、浣公夙昔收藏之意。天下之寶，當與天下共之，豈敢獨作枕中之秘哉！

道光戊戌良月　會稽王惠識

王介臣書嫏嬛文集後

右《嫏嬛文集》六卷，有明於越陶庵張先生岱著也。吾越有明一代才人，稱徐文長、張陶庵。徐以奇警勝，先生以雄渾勝。先生他著，次第傳世。《石匱書》，則毛西河修《明史》作為藍本，《西河集》中上先生書言之詳矣。惟是卷當時經王雨謙、祁止祥兩先生編次評點，會國變未刊，家藏蠅頭本，相傳為先生自攜以避難者，後歸越城余浣公文毅侍御家。當時大觀樓藏書之富甲東南，此書為先君子蘭上公借觀，樓不戒於火，萬卷頃刻成燼，是書以借出獨完。先君子來黔，獨袖是書，厥後越城失守，家藏悉盡，是書亦以攜出獨完。黔亂二十年，介臣攜是冊出入荆棘灰燼中，率無恙，豈造物欲存是書，人亦賴以存耶！書藏浣公及余家二百餘年，迄未付梓，亦不輕示人。昔惟鄭廣文珍見之曰：「精渾勝歸、唐，何論二十四家耶！篋中有此，盜賊水火不能近也。」竭數晝夜力抄錄去，此外無人見也。丙子春，黎簡堂中丞見而愛之，急勸付梓，因述其顛末於後。

光緒丙子春正月　个峰王介臣識

图书在版编目（CIP）数据

娜嬛文集 /（明）张岱著；栾保群注释. —北京：故宫出版社，2012.3（2019.12重印）

ISBN 978-7-5134-0243-9

Ⅰ.①娜… Ⅱ.①张…②栾… Ⅲ.①古典散文—散文集—中国—明代 Ⅳ.①I264.8

中国版本图书馆CIP数据核字(2012)第020121号

娜嬛文集

著　　者：【明】张　岱　栾保群　注
责任编辑：徐　海　江　英
特约编辑：郎　寰
装帧设计：李　猛
出版发行：故宫出版社
　　　　　地址：北京市东城区景山前街4号　邮编：100009
　　　　　电话：010-85007808　010-85007816　传真：010-65129479
　　　　　邮箱：ggcb@culturefc.cn
制　　版：北京印艺启航文化发展有限公司
印　　刷：保定市中画美凯印刷有限公司
开　　本：787×1092毫米　1/16
印　　张：23.5
字　　数：340千字
版　　次：2012年3月第1版
　　　　　2019年12月第4次印刷
印　　数：9,001~14,000册
书　　号：ISBN 978-7-5134-0243-9
定　　价：76.00元

披裘公

毋為負薪老寧是取金人

十竹齋